壺堂遺稿

**지은이**
**류명석** 柳命錫 (1887/고종 24~1966)

　　호는 호당壺堂 또는 이요정二樂亭. 전남 영광군 홍농읍 진덕리 진천 마을에서 고흥류씨 충정공忠正公 탁濯의 19세손으로 출생하였다. 어려서 부친 류희선柳喜善에게 한문을 배웠고, 나중에 영광군 홍농읍의 묵암默庵 김휴의金休儀에게 한학을 공부하였다. 그러나 나라의 국운이 기우는 것을 보자, 과거시험을 포기하고 전통 선비로서의 자신의 길을 가기로 결심하였다.
　　30세를 전후하여 홍농읍 진덕리 진천 마을 진천재眞泉齋에 서당을 열고 아이들을 가르치기 시작하였으며, 1925년 39세 때에 전북 고창군 아산면 반암리 호암 마을로 이거하여, 이곳 인근 마을인 반암리 반암 마을의 수당遂堂 백락규白樂奎의 학문적 영향을 많이 받았다. 이후에, 전남 영광, 전북 고창 일대에서 한학을 가르치는 서당 선생 · 학자 생활을 하였으며, 만년에는 아산면 반암리 호암 마을에 은거하며 유유자적하는 삶을 살았다.

**옮긴이**
**김익두** 金益斗 Kim, Ik-doo

　　한국학술진흥재단 해외파견교수(미국 콜로라도대학, 2001), 옥스퍼드대학교 울프슨 칼리지 및 동양학부 초빙교수(2009), 문화재청 문화재전문위원, 전북대 국문과 교수. 제2회 예음문화상(1991), 제3회 판소리학술상(2003), 제3회 노정학술상(2003)을 수상하였다.
　　시집으로『햇볕 쬐러 나오다가』,『서릿길』,『숲에서 사람을 보다』,『녹양방초』,『지상에 남은 술잔』,『사랑허유, 강』,『작은모래내 일기』,『민하마을의 사계 : 봄』등이 있고, 연구서로『판소리, 그 지고의 신체 전략』,『한국 희곡 / 연극 이론 연구』,『상아탑에서 본 국민가수 조용필의 음악세계 : 정한의 노래, 민족의 노래』,『한국민요의 민족음악학적 연구』,『한국 민족공연학』,『한국 공연문화의 민족공연학적 지평』,『조선 명필 창암 이삼만 : 민족서도의 길을 열다』등이 있다. 역서로는『제의에서 연극으로』,『연극 용어 사전』,『퍼포먼스 이론』,『연극의 이론』,『민족연극학』,『국역 불우헌집』,『건재 김천일 전집』I ~ II, 등이 있고, 그 외에 100여 편의 논문들이 있다.

# 호당유고 壺堂遺稿

**초판1쇄 발행** 2024년 1월 1일

**지은이** 류명석
**옮긴이** 김익두
**펴낸이** 오경희

**주간** 조승연
**편집 · 디자인** 오경희 · 조정화 · 오성현 · 신나래 · 박선주 · 이효진 · 정성희
**관리** 박정대

**펴낸곳** 문예원
**창업** 홍종화
**출판등록** 제2007-000260호
**주소** 서울 마포구 토정로 25길 41(대흥동 337-25)
**전화** 02) 804-3320, 805-3320, 806-3320(代)
**팩스** 02) 802-3346
**이메일** minsok1@chollian.net, minsokwon@naver.com
**홈페이지** www.minsokwon.com

ISBN 979-11-90587-42-6　03810

ⓒ 김익두, 2024
ⓒ 문예원, 2024, Printed in Seoul, Korea

이 책은 저작권법에 따라 보호를 받는 저작물이므로 무단전재와 복제를 금지하며,
이 책의 전부 또는 일부를 이용하려면 반드시 저작권자와 출판사의 서면동의를 받아야 합니다.

# 호당유고
## 壺堂遺稿

류명석 柳命錫 지음
김익두 金益斗 옮김

문예원

저자 호암 류명석 초상

저자의 필적

## 通告文

夫孝者天之經地之義人之則而為百行之源三綱之目也苟有其人則國有襃揚之典鄉有薦揚之義从致風敎也鄙鄉雅山面嚴里高興柳命錫號廣堂忠正公諱濬后喜善之子自幼至孝平生安親病篤不離侍側祝泣禱斗冀住化鄉乾鯨魚得數斗而且嘗于傍煮遠視良肅念切朝夕上食哀泣不絶觀者感嘆父親老患至重帝敎我百藥無效留意雖求有效云四來難得夏門中醫家大忌舍不見效人禎李盛病且章血指延命冊日及其殞也葬一如前朝父上墓哀哭忠返當曆成坎冰廬幾記彌久先山金氏箕孜女校理堤元店婦德善茂愼重言行孝舅姑禮敎夫子天子怪疴疾危欲裂指注口回甦而萬顧今綱倫敎擧于不忝其父父婦人夫夫者淌涌皆是而把走之不若者幾稀觀此夫婦之行豈言過之先明暘耶敢以仰告僊願

兹以闡揚狀顏綱敗俗之地千萬辛甚方敎通于列邵鄉校儒林 金尊座下

孔夫子誕降二千五百四十一年 月 日 高敞鄉校 [印]

齋 興 儒 副 長
長 任 道 支 林 謹
 支 部 謹
 部 長 長 防
    金 朴 柳
    永 炳 命
    淸 [印] 錫

掌 靑 
議 年
  支
  部
  長
安 柳 徐
道 致
淵 翊 倫

多士 柳文錫 曹東燻 姜京秀 洪禮紹 申明激 羅弘榮 曹秉鉐 徐用永 曺基德

多士 宋在德 劉玆鍾 康亨來 金宗鉉 鄭堂基 徐致學 朴明鎭 鄭理圭 吳鎭基

多士 李正範 安相文 趙果奎 曹二永 金善日 姜理元 曺東完 曺顯敎 柳柄沐

朴愛求 柳柱錫 金永基 吳鎭烈 徐誠銖

고창향교에서 1990년에 내린 호당 부부의 효자 효부 통고문

▲ 우리나라 10승지 중의 하나이자 호암 선생 호의 유래가 된 고창군
  아산면 반암리 호암마을 호암/병바위 모습(ⓒ김익두, 2023)
▶ 고창군 아산면 반암리 호암마을 안 동구길 길가에 있는
  호당 류명석 부부의 효열창덕비(ⓒ김익두, 2023)

고창군 아산면 반암리 호암 마을 초여름 풍경(ⓒ김익두, 2023)

고창군 아산면 반암리 호암 마을에 남아 있는 호암 류명석이 살던 집(ⓒ김익두, 2023)

호암팔경壺巖八景 중 금반옥호金盤玉壺[전북 고창군 아산면 영모정길 88]

『호당유고』에 전하는 '호암팔경壺巖八景'은 다음과 같다(류명석 문중 제공).

금반옥호金盤玉壺 · 취와호산醉臥壺山 / 취와선인醉臥仙人 / 선인추월仙人秋月 · 옥녀춘풍玉女春風 / 옥녀농주玉女弄珠 · 덕산춘화德山春花 / 덕산백운德山白雲 / 덕산인천德山仁川 · 인천벽파仁川碧波 / 인천춘풍仁川春風 · 장연조어長淵釣魚 / 장연선유長淵船遊 · 차봉일출遮峯日出 · 선운낙조仙雲落照 / 구황낙조九皇落照 / 선운관등仙雲觀燈

# 머리말

　문학이란 인간의 사상과 감정을 언어로 표현한 것이고, 한국문학은 한국인의 사상과 감정을 한국말로 표현한 것이다. 한국문학은 크게 구비전승口碑傳承으로 이루어지는 구비문학口碑文學과 문자 기록으로 이루어지는 기록문학記錄文學으로 구분되고, 이 기록문학은 다시 한자로 기록되는 한문문학漢文文學과 한글로 기록되는 한글문학으로 구분된다.

　이중에, 우리는 주로 한글문학 혹은 한글 위주의 문학을 주로 한국문학으로 알고 배우고 표현하고 감상하고 산다. 우리의 한문문학 곧 한자어로 우리의 사상과 감정을 표현한 문학에 관해서는 이제 거의 한국문학이라는 생각을 하지 않고 사는 시대가 되었다.

　그러나 우리 한국문학사 전체를 놓고 보면, 오늘날처럼 한글 위주의 문학이 중심이 된 것은 이제 겨우 100여 년밖엔 안 되었으며, 그 이전 곧 1900년대 이전의 우리 한국문학은 한문문학이 그 중심에 있었다. 왜냐하면, 그 1900년대 이전의 시대에는 한자/한문이 우리나라 문학 표현 수단의 중심이 되어 있었기 때문이다. 다시 말해서, 한국인의 사상과 감정을 한국말로 표현한 것을 한국문학이라고 정의할 때, 1900년대 이전의 우리나라 한국말 그 중에서 음성언어가 아닌 문자언어 표현 수단의 중심은 한자/한문이었기 때문에, 이런 시대의 한국 기록문학의 정의는 '한국인의 사상과 감정을 주로 한자/한문으로 표현한 것'이라고 정의해도 지나치지 않을 정도이다.

　이런 역사적 정황을 놓고 볼 때, 우리가 우리 한국문학을 논의하고 이해하기 위해서는 겨우 100여 년밖에 안 되는 한글 중심의 근현대 한국문학만을 다루는 것은 어불성설이고, 천년 이상이나 되는 우리의 한문문학에도 깊은 관심을 기울여야만 한다.

　이런 관점에서 우리 한국문학사를 보게 되면, 대체로 갑오경장 이후로는 점차 한글문학 중심의 시대로 전환되기 시작하긴 하였으나, 구한말 이후 일제강점기 시대까지는 한문문학의 전통과 역량이 상당한 비중을 차지하고 있었던 것이고, 기존의 한문문학의 토양 속에서 성장하고 살아야만 했던 한문문학가들의 전통은 오늘날에까지도 그 영향력을 미치고 있다고도 할 수 있다. 우리 국어사전의 적어도 60퍼센트 이상의 단어들이 다 한자어漢字語에 근거를 둔 것이라는 사실 하나만 놓고 보아도, 이 문제는 쉽게 이해할 수 있는 것이다.

전반적으로 볼 때, 우리 한문문학의 마지막 세대는 대체로 구한말 곧 갑오경장을 전후한 시기에 태어나 성장한 세대들이라고 할 수가 있겠다. 왜냐하면, 바로 이 시대에 태어난 세대의 문학가들은 어려서부터 아직도 그 이전 시대의 문학전통인 한문문학 전통 아래에서 문학을 공부한 세대들이기 때문이다.

바로, 이런 세대의 문학인 가운데 전남 영광 홍농에서 태어나, 나중에 영광과 전북 고창 일대를 중심으로 활동하고 살아간 한문문학가 호당壺堂 류명석柳命錫(1887/고종 24~1966)이란 분이 있다.

호당壺堂 류명석柳命錫 선생은 1887년(고종 24) 전남 영광군 홍농읍 진덕리 진천 마을에서 고흥류씨 충정공忠正公 탁濯의 19세손으로 태어나, 어려서 부친 류희선柳喜善에게 한문을 배우고, 나중에 전남 영광군 홍농읍의 묵암黙庵 김휴의金休儀에게 한학을 공부하였다. 그러나 구한말 나라가 기울어지자 과거시험을 포기하고, 초야에 묻혀 자신의 길을 가기로 결심하였다.

30세를 전후하여 고향인 홍농읍 진덕리 진천 마을 진천재眞泉齋에 서당을 열고 아이들을 가르치기 시작였고, 그의 나이 39세 때인 1925년에는 전북 고창군 아산면 반암리 호암 마을로 이거하여, 이곳 인근 마을인 반암리 반암 마을의 수당遂堂 백락규白樂奎 선생의 학문적 영향을 많이 받으며 문학에 열중하였다.

이후에, 전남 영광과 전북 고창 일대에서 한학을 가르치는 서당 선생과 문학가로 활동하였으며, 만년에는 전북 고창군 아산면 반암리 호암 마을에 은거하며 유유자적하는 삶을 살다가, 1966년 80세를 일기로 이곳에서 서거하였다.

이 한문 문학가가가 우리의 주목을 끄는 것은 다음 몇 가지 중요한 점에서이다.

첫째, 호당壺堂의 문학은 갑오경장 이후 우리의 근현대문학 곧 한글중심의 우리문학이 전면을 지배해 나아가는 시대의 후면에서, 이 시대 우리 한문문학의 행방을 알려주는 하나의 대표적인 사례라는 점이다.

둘째, 그의 한문문학은 이 시대의 한문문학 중에서도 호남지역 특히 영광·고창지역의 이 시대 한문문학의 행방을 알려주는 대표적인 사례가 되고 있다는 점이다. 그의 문학작품들 전체를 들여다보면, 그의 작품들은 이 지역의 '지역성locality'를 매우 강하게 반영하고 있기 때문에, 그의 문학은 이런 점에서 이 지역의 '지역문학地域文學' 혹은 '지역문학사'의 일부로 다룰 수 있는 중요한 자료가 되고 있다.

셋째, 마지막으로 그의 문학을 통해서 우리는 그의 문학이 담지하고 있는 사상성과 문학적 장점들을 도출해낼 수가 있다는 점이다. 즉, 그의 문학작품들을 통해서 우리는 그와 같은 전통세대들이 가지고 있었던 동양적-한국적인 사상적 비전과 인생관 등을 살펴볼 수가 있으며, 특히 그가 가장 중시하였던 유유자적의 자연친화적 풍류도風流道의 인생관, 그리고 그에 근거한 자연-합일에의 삶의 비전과 문학적 표현의 성취들은, 오늘날 전지구적 생태 위기에 처한 우리 시대의 삶과 환경에 새로운 구원적 비전으로 다가오는 바가 크다.

이런 몇 가지 점에서, 호당壺堂 류명석柳命錫의 삶과 문학은 이제 새로운 시대적 전환기에 봉착해 있는 우리 한국인들과 동서양 인류들이 문득 자신을 되돌아볼 수 있는 우연찮은 새로운 문학적 조우가 될 것임을 기대한다. 우연찮은 만남이야말로 현실은 물론이고 문학에 있어서도 필연적인 상봉이 되는 수가 많다는 것을, 우리는 익히 잘 알고 있기 때문이다.

이 책이 나오기까지, 호당 류명석 선생의 후손 류덕상 · 류연창 · 류연상님의 노고가 특히 컸다. 이분들의 적극적인 도움이 없었더라면, 이 책은 다시 세상에 나오지 못하였을 것이다. 이 자리를 빌려 본서의 발간에 도움을 주신, 이분들을 비롯한 호당선생 문중의 여러 분들께 깊은 감사의 말씀을 드리는 바이다.

2023년 10월 30일
옮긴이 김익두
삼가.

# 차례

화보　　　005
머리말　　011
일러두기　022

해설. 호당壺堂 류명석柳命錫의 생애와 문학 ──────── 023

## 제1권 ─────────────────────────── 041

| | |
|---|---|
| 서문 | 43 |
| 영광 홍농 진천재에 살며지은 만음漫吟 10수 | 47 |
| 임자년 봄 청사青史 족장께서 찾아오시다 | 53 |
| 모양 한산사 | 54 |
| 봄을 마지막 보내며 | 55 |
| 만음漫吟 2수 | 56 |
| 진천재 초파일 모임을 하며 | 58 |
| 우연히 읊조리다 | 59 |
| 초여름 용전재 모임 2수 | 60 |
| 인파寅坡 박재익을 보내며 | 62 |
| 고창 화수재花樹齋에서 | 63 |
| 내를 건너며 | 64 |
| 진천재에서 지은 3수 | 65 |
| 고창 신상재에서 지은 2수 | 67 |
| 진천재에서 만촌 김여장·시송 방원근과 더불어 술을 마시며 지은 5수 | 68 |
| 회승으로 4수의 시를 짓다 | 71 |
| 황곡의 벗 송군·이군과 더불어 지은 3수 | 74 |
| 시우時雨가 크게 내리다 | 76 |
| 우연히 읊조린 5수 | 77 |
| 무오년 시월 진천재에 서당을 열며 | 80 |

우연히 읊조린 2수 · 81
의관議官 정제강과 더불어 회포를 펴다 · 83
유학자 박정빈과 더불어 회포를 편 2수 · 84
동짓날 화운和韻하여 짓다 · 86
사송四松 박성재와 더불어 회포를 편 2수 · 87
김학사學士의 『동계집』을 보고 느끼어 짓다 · 89
박성재와 더불어 회포를 펴다 · 90
화엽운和葉韻으로 지은 2수 · 91
기미년 봄 진천재에서 지은 3수 · 93
봄밤 제군들과 더불어 화엽운으로 짓다 · 95
박성재와 더불어 회포를 펴다 · 96
단곡에서 송주松洲 나창환을 만나 을진포로 내려가다 · 97
만촌晚村 김형과 더불어 계마포에 가서 · 99
사송四松 방형과 더불어 봄 지나 회포를 펴다 · 100
만촌晚村 김형, 영초嶺初 송형과 더불어 상주相酬하다 · 101
복날 하자何字 운韻으로 지은 2수 · 102
단산 진사進士 이강제와 오강梧崗 이형이 찾아와 회포를 펴다 · 104
칠석 · 105
영초嶺樵 송형, 만촌晚村 김형, 석우石愚 이형과 더불어 회포를 편 5수 · 106
삼가 단곡丹谷 사문계師門禊 모임에 차운次韻하여 · 109
지석리支石里 서재에서 설후雪後 허형을 만나 회포를 펴다 · 110
진천재에서 파접례罷接禮 운韻으로 짓다 · 111
황곡黃谷의 약헌藥軒 주경중 · 성재誠齋 박정빈과 더불어 회포를 펴다 · 112
여러 벗들과 술 마시고 해시海市를 보고 시를 짓다 · 113
수재 김응천에게 술을 권하며 · 114
장성의 맥동서재麥洞書齋를 지나며 · 115
아곡서재에서 · 116
남사서재에서 · 117
광주 대자리서재에서 · 118
보성의 호곡서재에서 · 119
고흥에 이르러 시중侍中 선조 묘소를 살펴 본 회포 · 120
금성재에서 · 121
간천재에서 · 122
다시 또 짓다 · 123
죽계재에서 여러 학생들에게 주다 · 124
읍내 등암재에 들어와 · 125
순천 광청재 접장께 · 126
동복의 애곡재에서 · 127
단풍을 보며 : 병오 구월 봉산재에 있을 때 집안 어르신 계은 선생을 모시고 쓴 절구시 · 128
달을 기다리며 · 129

| | |
|---|---|
| 가을걷이 | 130 |
| 기유년 봄에 지은 2수 | 134 |
| 여럿이 청했는데 가지 못하고 산별散別 후 나 홀로 가서 | 136 |
| 진사進士 이강제, 통정通政 최화중이 찾아오다 | 137 |
| 진천재에서 지은 17수 | 138 |
| 을묘년 사월 초파일 원송재에서 | 146 |

## 제2권 ─────────────────── 147

| | |
|---|---|
| 호암壺岩으로 이거 후 호산재壺山齋 늦봄 시모임에서 창주唱酬하다 | 149 |
| 종친 청계淸溪 류형이 찾아오다 | 150 |
| 사월 초파일 회당晦堂 박형 방남方南 조형과 더불어 선운사에 가다 | 151 |
| 사월 십육일 인천강에 모여 놀다 | 152 |
| 주아酒峨에게 연연자薷薷字 운으로 놀이삼아 지어 주다 | 153 |
| 다시 교관 박회당과 더불어 회포를 펴다 | 155 |
| 소요사 구로회 모임을 차운次韻하여 | 156 |
| 무진년 첫 봄밤 모임에 차운하여 | 158 |
| 정참봉의 태호정 시 운자를 차운하여 짓다 | 159 |
| 삼가 이희천 교의의 덕호정 운을 차운하여 | 160 |
| 변산 명월암 백학래 시를 차운하여 짓다 | 162 |
| 반남서재에서 족형 동곡東谷 류원석을 만나 회포를 펴다 | 163 |
| 반남서당 주인 이광언을 위로하며 | 164 |
| 장연정시 운을 차운하여 짓다 | 165 |
| 삼가 김길중님 호은정 시 운을 차운次韻하여 | 167 |
| 삼가 문시엽님의 임정 원운原韻을 차운하여 짓다 | 168 |
| 목화 | 169 |
| 삼가 묵암默庵 김휴의金然儀님의 시를 차운하여 짓다 | 170 |
| 백옥리 소연小蓮 주약헌周藥軒 형의 시 원운原韻을 운차하여 짓다 | 171 |
| 수당遂堂 백낙규 선생을 애도하는 2수 | 173 |
| 열친계 계원들을 대신하여 수당遂堂 선생의 만장에 | 174 |
| 용산폭포 세심정 시를 차운하여 짓다 | 175 |
| 장연강 뱃놀이 | 176 |
| 중양절 뒤에 김반계 · 이운강 · 서래운과 회포를 펴다 | 177 |
| 흥덕 맹감교 시의 원운原韻을 차운次韻하여 짓다 | 178 |
| 신우新愚 황공의 원운原韻을 차운하여 짓다 | 180 |
| 삼가 죽포竹圃 김공 회갑 잔치 시를 차운하여 짓다 | 181 |
| 섣달 그믐날 밤에 | 182 |
| 이심정시 운을 차운하여 짓다 | 184 |

| | |
|---|---|
| 삼가 덕림정사 원운을 차운하여 지은 2수 | 185 |
| 덕림정사 강회講會 운으로 짓다 | 187 |
| 가을밤 래운來雲 서병태를 만나 읊다 | 188 |
| 래운來雲 서병태와 더불어 운강雲崗 이종택을 찾다 | 189 |
| 삼가 정와靜窩 김인중님 회갑에 차운하여 짓다 | 190 |
| 장성 연동재蓮洞齋에 가서 우송 이경집 형과 서로 화답하다 | 191 |
| 용계의 벗 김원근을 찾아 서로 주고받다 | 192 |
| 송남시사松南詩社에서 가을 달 시작詩作을 차운하여 짓다 | 193 |
| 창랑滄浪 김사백金詞伯을 만나 주고 받은 6수 | 194 |
| 래운來雲 서병태와 운강雲崗 이종택을 만나 시를 주고받다 | 197 |
| 선운사 지나는 길에 금호선사 시의 운을 차운하여 짓다 | 198 |
| 선운사에 머물 때 송계 이형·반계 김형·백중이 암자로 찾아와 보기를 청하다 | 199 |
| 다음날 벗 이송계·김반계 백중들을 이별하며 | 200 |
| 삼가 회산晦山 류면규 족장님의 운곡정사시 원운을 차운하여 짓다 | 201 |
| 운곡사의 주자·백암·농암·강호·점필재 다섯 선생 조두소시를 차운하여 짓다 | 202 |
| 삼가 학초당 고성유님의 원운을 차운次韻하여 짓다 | 203 |
| 후의계 이화용의 부친 생신잔치 때 차운하여 짓다 | 204 |
| 벗 래운來雲 서병태 형이 함읍에 있을 때 지은 두 수의 시에 답하여 지은 2수 | 205 |
| 삼가 소탄小灘 이거사 수신晬辰 시를 차운하여 지은 2수 | 207 |
| 삼가 호송재湖松齋 김권용님의 시를 차운하여 | 208 |
| 족숙 쌍계공 류계선님을 애도하여 | 209 |
| 족숙 석천공 류정선님을 애도하여 | 210 |
| 니산거사尼山居士 변종혁 공을 애도하여 | 211 |
| 광사光沙 박필환이 찾아와 시를 주고 받다 | 212 |
| 삼가 옥구 한림동에 있는 최고운·고문충·고문영 세 선생 조두소, 염의서원廉義書院 중창重創 추모시를 차운하여 짓다 | 213 |
| 삼가 춘파春坡 진달홍 님의 회갑잔치 시를 차운하여 | 214 |
| 정해년 6월 16일 곧 회갑일에 느낌이 있어 읊다 | 215 |
| 집안 어르신 회산공 류면규님을 애도하여 | 216 |
| 호은거사壺隱居士 김길중을 애도하여 | 217 |
| 호은거사를 추억하며 느낌이 있어 지은 2수 | 218 |
| 인봉거사 오노수님을 애도하여 | 219 |
| 삼가 우봉 고재원님 회갑에 차운하여 | 220 |
| 경인년 가을 래운 서병태 형을 만나 시를 주고 받다 | 221 |
| 송봉松峯 신현길과 벗 김장원을 만나 상화하다 | 222 |
| 강릉유씨 화표동 삼대종비를 차운하여 짓다 | 223 |
| 삼가 위은渭隱 강창영님 회갑시를 차운하여 짓다 | 224 |
| 가을밤 래운來雲 서병태 형을 만나 회포를 펴다 | 225 |
| 동짓달 완산시사完山詩社 압운을 차운하여 | 226 |
| 용계龍溪의 효자 김수현님을 애도하여 | 228 |

|  |  |
|---|---|
| 성외醒窩 거사 이승달님을 애도하여 | 229 |
| 삼가 호송湖松 김권용님 회갑시 운을 차운하여 | 230 |
| 삼가 야은당野隱堂 배성수님 시를 차운하여 짓다 | 231 |
| 갑오년 겨울 동천재 보소譜所에서 느낀 바 있어 짓다 | 232 |
| 삼가 석탄정石灘亭 원운을 차운하여 | 233 |
| 삼가 동천재 원운을 차운하여 | 234 |
| 삼가 탄운정 원운을 차운하여 | 235 |
| 을미년 사월 초파일 래운來雲 서형이 동참한 부안 웅연포 시회에서 | 236 |
| 삼가 부안 연봉정사蓮峯精舍 김길상의 원운을 차운하여 짓다 | 237 |
| 족형 탄운공灘雲公 류춘석을 애도하여 | 238 |
| 병신년 겨울 주산재珠山齋 절운絶韻 19수 | 239 |
| 기해년 가을 호은재에서 지은 절구絶句 11수 | 245 |
| 전주 박양사를 만나 서로 시를 주다 | 249 |
| 능주 서은瑞隱 양회택을 만나 서로 시를 주고 받다 | 250 |
| 봄을 보내는 2수 | 251 |
| 봄을 보낸 다음날 회포로 짓다 | 252 |
| 박양사와 더불어 창주한 2수 | 253 |
| 서암恕菴 김귀수의 집 벽에 희제戱題하다 | 254 |
| 구월 초 호산재에서 | 255 |
| 삼가 만취당晩翠堂 성경수 님의 시를 차운하여 | 256 |
| 집안 대부님 영산공 류기춘을 애도하여 | 257 |
| 삼가 용산의 율산栗山 이응률님 회갑에 차운하여 | 258 |
| 삼가 반암 마을 호은壺隱 김길중의 원진당 운을 차운하여 | 259 |
| 갱음 2수 | 260 |
| 임신년 춘삼월 족형 류석운님을 모시고 회포를 펴다 | 262 |
| 효자 신재愼齋 강은영 공과 열부 박씨의 행록行錄에 쓰다 | 263 |
| 반남정사盤南精舍에서 백청사와 임은 부자를 만나 창주唱酬하다 | 264 |
| 호산재에서 성산 이아李雅를 만나 회포를 펴다 | 265 |
| 부안 김백술 둘째 손자 6세 아이 김정기가 아침저녁으로 조모 새 묘소에 성묘함에 이 시를 지어 주다 | 266 |
| 부안의 사문 김연사와 석암 종형제가 성묘 왔을 때 느껴 이 시를 짓다 | 267 |
| 호산재에서 지은 3수 | 268 |
| 삼가 오구근의 조부 별장 사가정四嘉亭 원운을 차운하여 짓다 | 270 |
| 사가정을 중수함에 차운하여짓다 | 272 |
| 주산재에서 절구로 지은 8수 | 273 |
| 섣달 그믐날 밤에 | 276 |
| 입춘에 지은 2수 | 277 |
| 삼가 청담淸潭 박민호의 풍영정 원운을 차운하여 | 279 |
| 삼가 성송면 선동 학천 강진수님 회갑에 부쳐 | 280 |
| 경담鏡潭 서상준을 만나 회포를 펴다 | 281 |

|  |  |
|---|---|
| 남일南一 김용진님이 이리로 이사를 감에 이별하며 드리다 | 282 |
| 장사의 벗 검재儉齋 김윤용을 찾아가 차운하여 짓다 | 283 |
| 석남의 청담淸潭 박민호를 찾아가 회포를 펴다 | 284 |
| 호송湖松 김권용 해은海隱 김수현 청담淸潭 박민호와 함께 회포를 편 2수 | 285 |
| 삼가 화산 송하松下 선생 자제 유학자 김민용님의 후송당 원운을 차운하여 | 286 |
| 삼산三山 기로회 운을 차운하여 | 287 |
| 삼가 운림정雲林亭 김녕준님의 시 원운原韻을 차운하여 | 288 |
| 인암거사 김훈석을 애도하여 | 289 |
| 삼가 송우암 선생 박두남 처사 조두소俎豆所인 노양서원시 원운을 차운하여 짓다 | 290 |
| 영친왕 환국시 환영회에 차운하여 | 292 |
| 삼가 월촌月村 이공의 「삼세 육효 증 동몽교관 정려문」 시의 운에 차운하여 짓다 | 293 |
| 운강거사雲岡居士 김재진에게 주다 | 294 |
| 집안 동생 백천거사 류진석 회갑잔치에 차운하여 짓다 | 295 |
| 학천鶴川 강진수 거사를 만나 회포를 펴다 | 296 |
| 고창 서장 오창옥 교풍회矯風會 풍자風字 운을 차운하여 짓다 | 297 |
| 삼가 가산可山 김재남님 생일잔치에 차운하여 짓다 | 298 |
| 삼가 문안공 김량감 조두소 화정원우華亭院宇 운을 차운하여 짓다 | 299 |
| 백천白泉 이용초를 만나 상화하다 | 300 |
| 삼가 진사 우천牛泉 이약수 선생 인산사 모의당 운을 차운하여 짓다 | 301 |
| 신축년 삼월 그믐날 호은서재에서 봄을 보내며 짓다 | 302 |
| 집안 숙부 현곡처사 류영선님을 애도하며 | 303 |
| 삼가 신림면 가평 종중인 류종성님의 수송정秀松亭 운을 차운하여 짓다 | 305 |
| 정와거사 김인중을 애도하여 | 306 |
| 원평의 연은거사蓮隱居士 김공을 애도하여 | 307 |
| 주은珠隱 오구근의 생일잔치에 차운하여 짓다 | 308 |
| 가호稼湖 이강식 거사를 애도하여 | 309 |
| 삼가 류일평 허재 두 선생 조두소 용강사우의 원운을 차운하여 | 310 |
| 삼가 죽포거사竹圃居士 박병현님 원운을 차운하여 | 311 |
| 아내 김씨를 추도하다 | 312 |
| 유학자 변영호를 애도함 | 313 |
| 삼월 그믐날 서암 귀수를 만나 봄을 보내며 | 314 |
| 동갑계날 주은珠隱 오구근과 차운하여 | 315 |
| 삼가 석탄정 연자年字 운을 차운하여 | 316 |
| 계묘년 봄에 77세의 늙은이가 스스로를 위로하며 | 318 |
| 유학자 김권용에게 답함 | 320 |
| 상제喪制 이강식李康植을 위로하며 | 324 |
| 이요정사 원운 | 325 |
| 이요정사기 | 328 |
| 집안 어르신 계은溪隱 선생이 주신 류명석의 자字 성택性澤에 관한 설說 | 332 |

# 부록 ——————————————————————————— 335

| | |
|---|---|
| 이요정사기 ······································································· | 337 |
| 이요정사를 추모하며 ······················································· | 341 |
| 이요정사를 추모하며 ······················································· | 343 |
| 호산재에서 저문 봄날 여러 선비들이 시를 창수唱酬하다 ········· | 344 |
| 만장 ············································································· | 350 |
| 제문 1 ·········································································· | 357 |
| 제문 2 ·········································································· | 360 |
| 『호당유고』 발문 ······························································ | 363 |
| 『호당유고壺堂遺稿』를 간행하며 ········································ | 364 |
| 역자 발문  조선시대 이후 우리나라 시골 선비들의 행방 - 호당壺堂 류명석柳命錫의 생애와 문학 ······· | 365 |

21

## 일러두기

- 원문의 뜻을 가급적 그대로 옮기도록 하였다.
- 원문의 뜻을 이해하기 쉽게, 어려운 말들에는 각주를 붙여 풀이하였다.
- 원문에 사용된 전거典據들은 각주를 붙여 설명하였다.
- 원문대로 직역하여 옮기면 어색할 경우에는 약간의 의역을 가하였다.
- 시적인 의미가 효과적으로 드러나도록, 표현과 운율을 전체적으로 가다듬었다.
- 원문의 오류가 보일 경우에는 각주를 붙여 설명하였다.
- 각 작품들과 관련된 사진 자료들을 가급적 많이 첨가하여, 작품 감상에 도움이 되게 하였다.
- 맨 앞에 해설을 추가하여 문집 전체의 이해에 도움이 되도록 하였다.

해설

# 호당壺堂 류명석柳命錫의 생애와 문학

김익두
(전 전북대 국문과 교수, 현 사단법인 민족문화연구소장)

# 호당 류명석의 생애와 문학

## 1. 출생, 시대, 이거

### 출생

호당壺堂 류명석柳命錫 선생은 고흥류씨高興柳氏 충정공忠正公 탁濯의 19세 손으로, 일제가 그 간악한 마수를 우리나라에 뻗혀 들어오기 시작하던 무렵인 1887년(고종 24년, 정해년, 단기 4220년) 음력 6월 16일 현 전남 영광군 홍농읍 진덕리 진천 마을에서, 부친 류희선柳喜善과 모친 남평문씨南平文氏 사이에서 독자로 태어났다. 그의 부친 희선喜善은 나이 마흔이 되도록 슬하에 여식만 두고 아들을 두지 못하다가, 마흔이 넘어서 호당을 얻었다고 한다.

### 시대

그러나 그가 태어난 시대는 조선시대 말기이자 갑오동학농민혁명이 일어나기 6년 전이었다. 그의 나이 8세 때에 갑오동학농민혁명(1894)과 갑오경장(1894)이 있었고, 그의 나이 9세 때 민비시해(1895)가 일어났으며, 그의 나이 24세 때 한일합방(1910)이 있었다. 그는 비분강개한 24세의 청년기에 나라가 망하고 일본제국주의가 이 나라 강토를 짓밟는 꼴을 스스로 지켜보아야만 했다.

이러한 시대적 상황에서, 호당은 과거시험을 포기하고, 초야에 묻혀서 자신의 길을 가기로 결심하였다. 이렇게 결심한 그는 24세 때부터 59세 때 해방이 될 때까지 36년 동안을 나라 잃은 시골 선비로서, 전남 영광 홍농, 전북 고창을 거주지로 해서, 전통 서당에서 아이들에게 한문을 가르치며 살아야만 했다.

일제가 물러간 뒤에는 다시 해방(1945)과 남북분단, 백범 암살(1949), 이승만 정권(1948~1960), 6.25 한국전쟁(1950~1953), 박정희 군사쿠테타(1961) 등, 우리 근현대사가 감당하고 겪어내어야만 했던 거의 모든 격동기 전체를 스스로 지켜보고 체험하면서 살다 간 분이다.

### 이거

그는 그의 나이 39세 되던 해인 1925년(을축년)에 그의 고향인 현 전남 영광군 홍농읍 진덕리에서 전북 고창군 아산면 반암리 호암 마을로 이주하게 되었다. 그 중요한 이유 중의 하나는, 그의 부친이 평소에 자신의 고향인 고창 땅으로 다시 돌아가기를 바라는 마음이 많았기 때문이기도 하였다. 부친 희선喜善은 본시 고창군 고수면 봉산리 봉산 마을에서 살다가 호당이 태어난 전남 영광으로 이주하였으나, 늘 고향인 고창을 잊지 못해 하였다고 한다.

또 한 가지 이거의 이유는, 호당 자신이 집안과 후손들을 위한 명당지지를 찾고자 하는 풍수지리적인 열망도 강하였기 때문이라고도 한다. 호당은 그러한 부친의 뜻을 받들고 자신의 염원을 실현하고자 환향還鄕을 결심하고, 고창의 마땅한 산수를 두루 살펴본 후, 호당의 나이 39세 되던 해인 1925년, 전북 고창군 아산면 반암리 호암 마을로 이주하게 되었다.

## 2. 성장과 독서

호당은 나이 13세 되던 해인 1899년(기해년, 대한제국 광무 3년)에 모친 남평문씨가 돌아가시어, 부친을 모시고 살림을 맡아 해야만 하게 되었지만, 어려서부터 총명하고 학문에 깊은 뜻을 두어, 부친 슬하에서 한문을 배우기 시작하여, 나중에는 거의 자습으로 한학에 몰두하여 거의 자득으로 사서삼경을 독파하였다고 하며, 부친의 가르침 다음에는 전남 영광군 홍농읍의 묵암默庵 김휴의金休儀 선생에게 한학을 공부하였다.

그는 어려서부터 남들보다 뛰어난 글재주와 성실한 심성을 갖추었으나, 혹독한 가난이 그의 이 천질天質을 억누르고, 시대가 심히 어지러운 지경에 처하게 되어, 평생의 수심愁心을 자연과의 화해를 통해 극복하면서, 거의 독학으로 터득한 글로, 심회가 있을 때마다 자유롭게 글을 읊어 기록으로 남기었다.


## 3. 스승의 길

그의 남다른 한학 공부는 그가 태어난 전남 영광군 홍농 고을에도 널리 알려져서, 그의 문집 『호당유고壺堂遺稿』에 의하면, 그의 나이 32세 때이자 3.1 독립만세운동이 터지기 전해인 1918년에는, 그가 태어난 마을인 현 전남 영광군 홍농읍 진덕리 진천 마을의 진천재眞泉齋에서 자신의 서당을 열어, 아이들을 가르치기 시작하고 있음을 알 수 있다. 이러한 사실은 다음 시에서 확인할 수 있다.

| | |
|---|---|
| 遯世經綸有海東 | 속세를 피하여 사는 경륜經綸이 해동에 있으니 |
| 硯田數畝道今同 | 진천재 서당의 도道는 지금도 옛날과 똑같아라. |
| 願君那得精深力 | 원컨대, 그대들 뜻을 얻어 그에 깊이 힘을 써 |
| 復有文明闢此中 | 이를 잘 밝혀 우리 문명을 다시 회복시키게나. |
| —戊午十月眞泉齋設硯 | — 무오년[1] 시월 진천재에 서당을 열며 |

이 시를 보면, 그는 그의 나이 32세 때인 1918년에 그의 고향인 전남 영관군 홍농읍 진덕리 고향 진천재에 서당을 열어 아이들을 가르치고 있음을 알 수 있으며, 그가 아이들을 가르치려는 뜻은, "옛날과 똑같은 도道 곧 유학儒學 도道에 깊이 힘을 기울여 그 뜻을 깨우쳐 얻어, 우리의 문명文明 곧 유도 중심의 우리 전통 문명을 다시 회복시키도록 하기

---

1  1918년. 호당의 나이 32세 때.

위함"이라는 것을 분명히 알 수 있다.

이렇게 시작된 그의 서당 선생에로의 인생길은 그가 살아간 평생 동안 계속해서 이어졌다. 그의 문집에 보이는 바 그가 관여한 서당 이름을 보면, 그의 고향인 현 전남 영광군 홍농읍 진덕리의 진천재, 홍농 용전 마을 용전재龍田齋, 홍농 덕림정사德林精舍, 고창읍 신상리의 신상재新上齋, 그리고 39세 때 고창군 아산면 반암리 호암 마을로 이거 후의 호산재壺山齋, 장소 불명의 주산재珠山齋 등이 그가 직접 혹은 간접적으로 관여한 서당으로 나타나고 있다.

## 4. 그의 인생관

호암의 인생관 곧 삶에의 태도를 그가 남긴 『호당유고』를 통해 살펴보면, 다음과 같은 점들이 구체적으로 드러나고 있다.

첫째, 가장 분명하게 드러나는 점은, 우리의 전통 유도儒道를 지키거나 계승하면서, 그에 입각한 학생 교육을 통한 우리의 전통 문명의 회복의 태도를 보이고 있다. 이 점을 잘 드러내 보여주는 작품이 바로 앞서 인용한 다음 시이다.

| | |
|---|---|
| 遯世經綸有海東 | 속세를 피하여 사는 경륜經綸이 해동에 있으니 |
| 硯田數畝道今同 | 진천재 서당의 도道는 지금도 옛날과 똑같아라. |
| 願君那得精深力 | 원컨대, 그대들 뜻을 얻어 그에 깊이 힘을 써 |
| 復有文明闢此中 | 이를 잘 밝혀 우리 문명을 다시 회복시키게나. |
| —戊午十月眞泉齋設硯 | — 무오년 시월 진천재에 서당을 열며 |

둘째, 그의 시들 속에는 전통 선비로서 품을 수밖에 없었던 나라를 걱정하는 우국충정의 마음이 그의 시 전체를 밑받침하는 기반 정서가 되고 있다. 이런 점은 그의 시를 읽어나가면서 독자들이 스스로 깨닫게 될 것이다.

셋째, 탈속적이고 탈물욕적인 선비의 삶, 자연 속에서 유유자적하는 선비의 풍류적인 삶을 지향하는 시들이 상당한 수를 차지하고 있으며, 이런 성향은 그의 거의 모든 시들의 밑바탕이 되고 있다. 다음을 보자.

| | |
|---|---|
| 農山淑氣關人村 | 농산農山 맑은 기운 사람을 피한 이 마을 |
| 別有居生俗不昏 | 속세를 떠나 사니 속됨에 흐려지지 않네. |
| 勝會如雲多郁郁 | 성대한 글 모임 구름처럼 많이 무성하고 |
| 情交似水有源源 | 정다운 이 사귐은 물처럼 근원이 깊어라. |
| 能文天下名還重 | 능란한 문장 천하 이름 떨침 신중히 하고 |
| 遊酒世間事不煩 | 술을 마시고 노님 세상사 번거롭지 않네. |
| 同道須臾相不遠 | 이 벗들 잠시도 서로 멀리하지 아니하니, |
| 何羞往古月朝論 | 어찌 옛적의 그 월조론 부끄러워하리. |
| —寓居靈光弘農 | —영광 홍농 진천재에 살며 지은 만음漫吟 |
| 眞泉齋漫吟 十首 | 10수 중 첫 수 |

이 시에 잘 나타나는 바와 같이, 이 시가 노래하고 있는 것은 '속세를 떠나 속됨에 (마음이) 흐려지지 않고, 세상사에 번거롭지 않게 술 마시고 노닐음'을 노래하고 있다. 이러한 취향을 우리는 전래적으로 이른바 '풍류風流' 혹은 '풍류도風流道'라 불러 온 것으로, 우리의 전통적 정서의 근원을 이루어 온 것이다.

넷째, 자신과 사신 주변의 자연·인물·환경을 구체적으로 시화 하는 삶의 방향이 잘 구사되고 있다. 이러한 방향은 그의 문학을 오늘날의 '지역문학'의 범주에서 새롭게 다룰 수 있는 중요한 지평을 열어 놓고 있다고 할 수 있다. 즉, 그의 시들은 그가 머물러 살았던 전남 영광군 홍농읍 일대, 그리고 전북 고창군 일대를 중심으로 한 지역의 문화·역사·삶을 아주 구체적으로 시화하여, 문학의 경지에로 작품화 하고 있다. 이러한 그의 시의 방향은, 시로 표현되기 이전에는 그저 사물·환경에 불과하던 이 지역의 인간·사물·환경들이 문학적 가치를 부여받음으로써, 그 지역의 사물과 환경들이 예술적 아름다움을 갖춘 문학세계로 다시 태어나게 하고 있다.

특히, 그의 이러한 방향의 시적 작업들은 그가 중년 이후 말년까지 살아간 고창군 아산면 반암리 호암 마을과 그 일대의 자연·풍물의 시화에 많은 부분을 할애하고 있다. 다음은 그러한 사례들 중의 하나이다.

| | |
|---|---|
| 千載牟陽獨擅名 | 천년 역사 고창은 유독 이름 드날렸으니 |
| 寒山又是姑蘇城 | 한산사寒山寺 또한 백제 고소성姑蘇城 같네. |
| 曾從雲水塵心絶 | 일찍이 구름 물 좇아 속세 마음 끊었으니 |
| 別有乾坤法界成 | 여기에 별천지 법계法界가 이루어졌구나. |
| | |
| 夜靜香樓雙佛座 | 밤은 고요 향기로운 다락 두 부처님 좌정 |
| 春深雄殿一鍾鳴 | 봄 깊은 대웅전 종소리 한 번 뎅하고 운다. |
| 淸緣偶得省楸路 | 맑은 인연 탓 우연히 성추로省楸路 들어 |
| 今日如忘返我行 | 오늘은 돌아갈 내 길도 잊어버릴 것 같네. |
| ―牟陽寒山寺 | ―모양 한산사 전문 |

이 시는 호당의 부친이 살던 인근이자 그의 선조들의 묘소가 있는 고창군 고수면 은사리에 있는 '문수사/한산사'라는 자연·사물 소재를 자신의 체험의 일부로 받아들이고, 그것을 자신의 시 작품으로 시화詩化 함으로써, 자기가 살아간 시대의 '지역'을 예술화하는 작업으로 나아가고 있다. 이러한 그의 작품들은 오늘날의 시각에서 보자면 고창의 '지역문학'이라는 시각에서 다시 재조명할 수 있는 방향을 제시하고 있는 것이다.

## 5. 그의 사승관계 및 교우 관계

### 스승

호당의 스승이 누구인지는 구체적으로 나타나 보이는 자료가 없어서 정확히 알 수는 없으나, 일단 그의 처음 스승은 그의 부친 류희선柳喜善으로 보인다. 집안에 전해오는 구전에 의하면, 호당은 어려서 몹시 총명하여 그의 부친 류희선에게 처음 한문을 배우기 시작하였다고 하며, 그 당시 집안에는 많은 한문 서적들이 전해지고 있었다.

두 번째 스승은 호암이 태어나 살던 전남 영광군 홍농읍 사람 묵암 김휴의이다. 『호당유고』에는 이 묵암 선생에 관한 다음과 같은 시가 실려 있다.

| | |
|---|---|
| 斯道由來在此東 | 우리 유도儒道의 유래는 이 동방에 있나니 |
| 先生認默不打空 | 선생은 묵연히 알아 헛된 일들 아니하시네. |
| 學究聖賢千載後 | 성현聖賢을 배워 구하자니 오랜 세월 뒤에는 |
| 理通日月四時中 | 이치에 통달하고 일월사시에 맞게 되리라. |
| 淡和家計琴與酒 | 거문고 술로 가계家計에 담화淡和하며 |
| 瀟灑心神浴且風 | 심신을 소쇄하고 목욕하고 바람 쐬네. |
| 欲模眞境未能盡 | 진경眞境 본뜨려 하나 능히 다하지 못하니 |
| 長水高山趣志同 | 긴 강 드높은 산, 그 취지는 매한가지일세. |
| —謹次默庵金公烋儀原韻 | —삼가 묵암默庵 김휴의金烋儀[2]님의 시를 차운하여 짓다 |

칠언율시로 지은 이 시는 자신의 스승이 지은 율시의 시 원운原韻을 차운하여 지은 것인데, 그 내용은 스승의 높은 뜻을 잘 받들어 이치에 통달하고 세상의 진경眞境을 터득하고자 노력하는 자세를 노래하고 있다.

세 번째 스승은 수당遂堂 백락규白樂奎 선생이었다. 이 분은, 그가 39세 때인 1925년(을축년)에 전남 영광군 홍농읍 진덕리 진천 마을[지금의 진정 마을]에서 전북 고창군 아산면 반암리 호암 마을로 이거한 후에, 호암 마을 바로 옆 마을인 반암리 반암 마을에서 만나게 된 분이다. 이분은 우리나라 최초의 현대 경제학자이자 일제의 주요 감시 대상 인물로, 나중에 북한 최고인민회의 대의원·교육상·최고인민회의 의장 등을 지낸 백남운白南雲(1895~1979)의 부친이다.

수당에 관한 시로는 수당의 서거를 애도하는 다음과 같은 만장시挽章詩가 『호당유고』에 실려 있다.

---

2  호당이 스승으로 모시던 유학자. 전남 영광군 홍농 사람.

| | |
|---|---|
| 淵翁門下有先生 | 연옹淵翁의 문하에는 선생이 계시어서 |
| 文學孝廉夙著名 | 문학과 효염孝廉이 일찍이 저명하셨네. |
| 無心富貴浮雲合 | 부귀에 무심하여 뜬 구름과 합치하시고 |
| 存義春秋白日明 | 의義에 있어서 춘추가 대낮같이 밝았네. |
| 七旬偕老能享福 | 칠순을 해로하시며 능히 복을 누렸으며 |
| 四子二孫已見榮 | 네 아들 두 손자 이미 영화를 보이었네. |
| 燭斷昏衢天未曙 | 촛불 꺼진 어둔 거리 날은 아직 안 새니 |
| 幾人如我萬愁成 | 나 같이 온갖 수심 짓는 사람은 몇인가. |
| —乾遂堂白先生樂奎二首 | —수당遂堂 백낙규 선생[3]을 애도하는 2수 중 1수 |

한편, 이 반암리 반암 마을은 울산김씨 세거지로서, 일찍이 중종~명종 때 사람 하서河西 김인후金麟厚(1510년/중종 5~1560년/명종 15)가 이 마을에 와서 인근 아이들을 가르친 곳이기도 하며, 그 학문적 분위기가 매우 충만한 곳이었다. 지금도 이 반암 마을에는 하서 김인후 강학 기념비 비각과 비문이 서 있다.

이런 학문적 계보와 전통에 깊은 영향을 받은 호암은 이후에 하서와 관련된 시 작품들을 자신의 문집인 『호당유고』 속에 남김으로써, 자신도 하서의 학문적 계보에 관련되어 있다는 것을 은연중에 피력하였다. 다음은 그런 관련을 암시하는 호당의 시 중에 하나이다.

| | |
|---|---|
| 聖門正學大如天 | 성문聖門의 바른 학문 크기가 하늘같아 |
| 天道循環理自然 | 대도大道의 순환 이치가 스스로 그러하네. |
| 不捨眞源千載又 | 참된 근원을 버리지 아니함이 또 천 년, |

---

[3] 전북 고창군 아산면 반암리 반암 마을 사람. 호당이 스승으로 모신 학자로, 우리나라 최초의 현대 경제학자이자 일제의 주요 감시 대상 인물로, 나중에 북한 최고인민회의 대의원, 교육상, 최고인민 회의 의장 등을 지낸 백남운白南雲(1895~1979)의 부친.

| | |
|---|---|
| 同包元氣四時全 | 우리 동포同包의 원기가 사시에 온전쿠나. |
| 神功化育無形外 | 조물주의 신공神功은 형체 없이 화육하고 |
| 霽月徘徊太極邊 | 비 갠 밝은 달은 태극의 주변에서 배회하네. |
| 一堂禮設尊三位 | 한 집안 예를 베풂이 삼위三位를 높이니 |
| 世世雲仍勿替連 | 대대로 운잉雲仍들이 쇠함 없이 이어지네. |

| | |
|---|---|
| 孔朱同道道原天 | 공자 주자는 하나의 도道, 도道 근본은 하늘 |
| 湛祖當年見確然 | 담조[4]는 당년에 확연함을 보이시었네. |
| 萬古綱常刪筆在 | 만고萬古 강상綱常과 산필刪筆 있고 |
| 百家註解集成全 | 백가百家 주해註解 모여 온전함 이루네. |
| 霽月光風想像裡 | 광풍제월光風霽月 상상想像하는 가운데 |
| 德山仁水欲居邊 | 덕산德山 인수仁水 가에 살자 하네. |
| 揭額長春人坐了 | 현액을 걸어 두고, 긴 봄 사람들 들뜨게 해 |
| 乾坤和氣一團連 | 온 세상이 일단화기一團和氣로 이어지네. |
| ─賡吟二首 | ─갱음 2수 |

특히, 이 시 중의 다음 부분은 그의 이러한 하서에의 경향을 은연중에 피력하고 있다.

| | |
|---|---|
| 孔朱同道道原天 | 공자 주자는 하나의 도, 도 근본은 하늘 |
| 湛祖當年見確然 | 담조는 당년에 확연함을 보이시었네. |
| 萬古綱常刪筆在 | 만고萬古 강상綱常과 산필刪筆 있고 |
| 百家註解集成全 | 백가百家 주해註解 모여 온전함 이루네. |

 이 부분에서, 도道의 근본은 하늘이고, 공자·주자는 그 하늘의 도를 잇는 하나의 도道라고 한 다음, 담조湛祖 곧 하서河西가 그의 당년에 그런 도道의 확연함을 보이셨다고

---

4  담조湛祖 : 하서 김인후.

함으로써, 자신이 생각하는 유도儒道의 정통성을 하서河西 김인후에게서 찾고자 하고 있음을 알 수 있다.

이러한 전통 유학의 강한 영향력 하에서 이루어진 반암리와 그 인근 마을인 호암리 일대의 유도적 전통은, 이후에 이 지역을 중심으로 많은 유수한 선비와 학자들을 배출하게 하였고, 그 전통을 구한말에 이어받은 인물 중의 하나가 바로 수당遂堂 백락규白樂奎라는 인물이었던 것으로 보인다. 수당 백락규의 아들 백남운白南雲(1895~1979)은 우리나라 최초의 현대 전문 경제학자로서 나중에 북한으로 올라가 북한 정계의 최고 반열에 오르기도 하였다.

### 교우관계

호당의 교우관계는 『호당유고』의 여러 시편들의 제목에서 살펴볼 수 있는데, 이 문집에 나타나 있는 호당의 교우 관계를 살펴보면 전남 영광군 홍농읍 진덕리 진천 마을 시절과 고창군 아산면 반암리 호암 마을 이거 후 시절로 나누어 살펴볼 수 있는데, 이를 정리해 보면 다음과 같다.

**전남 영광군 홍농읍 진덕리 진천 마을 중심 교우관계[5]** : 인파寅坡 박재익朴在翊, 만촌晩村 김여장金汝長, 사송四松 방원근方源根, 의관議官[직명] 정제강鄭濟康, 성재誠齋 박정빈朴正彬, 송주松洲 나창환羅昌煥, 만촌晩村 김여장金汝長, 진사進士[직명] 이강제李康濟, 오강梧崗 이아무개, 영초嶺椘 송아무개, 석우石愚 이아무개, 약헌藥軒 주경중周敬中, 김응천金應天, 최화중崔化中, 문시업文時業, 묵암默庵 김휴의金休儀[호암의 스승]

**전북 고창군 아산면 반암리 호암 마을 중심 교우관계[6]** : 설후雪後 허아무개, 계은溪隱, 청계淸溪 柳아무개, 교관敎官[직명] 회당晦堂 朴아무개, 방남方南 曺아무개, 주아酒娥, 정참봉鄭參奉, 이희천李熙川, 동곡東谷 류원석柳元錫, 반남서당盤南書堂 주인 이광언李光彦, 호은壺隱 김길중金佶中, 수당遂堂 백락규白樂奎[호암의 스승], 반계盤溪 김아무개, 운강雲崗 이종택李鍾澤, 래운来雲 서병태徐丙泰, 신우新愚 黃아무개,

---

5   이에 해당하는 교우 인물들은 주로 『호당유고』 1권을 중심으로 맺어져 있는 것으로 추정됨.
6   이에 해당하는 교우 인물들은 주로 『호당유고』 2권을 중심으로 맺어져 있는 것으로 추정됨.

정와靜窩 김인중金仁中, 죽포竹圃 金아무개, 용계龍溪[지역] 김원근金源根, 창랑滄浪 김사백金詞伯, 송계松溪 이아무개, 회산晦山 류면규柳冕圭, 학초당鶴樵堂 고성유高聖有, 이화용李樺用, 소탄小灘 이거사李居士, 호송재湖松齋 김권용金權容, 쌍계雙溪 류계선柳繼善, 석천石川 류정선柳鼎善, 니산거사尼山居士 변종혁卞鐘嫌, 광사光沙 박필환朴弼煥, 춘파春坡 진달홍陳達洪, 인봉거사仁峯居士 오노수吳魯洙, 우봉又峯 고재원高在元, 송봉松峯 신현길申鉉吉, 김장원金長元, 위은渭隱 강창영姜昌泳, 용계龍溪[지명] 김수현金秀鉉, 성와거사醒窩居士 이승달李承達, 호송湖松 김권용金權容, 야은당野隱堂 배성수裵聖洙, 김길상金吉相, 한운공漢雲公 류춘석柳春錫, 서암恕菴 김귀수金龜洙, 만취당晩翠堂 성경수成卿修, 영산공瀛山公 류기춘柳基春, 용산龍山[지명] 율산栗山 이응률李應律, 석운石雲 柳아무개, 청사青史 白아무개, 임은林隱, 성산城山 이아李雅, 주은珠隱 오구근吳九根, 성송면 학천鶴川 강진수姜珍守, 경담鏡潭 서상준徐相俊, 석남 마을 청담淸潭 박민호朴珉鎬, 남일南一 김용진金龍鎭, 검재儉齋 김윤용金允容, 회은晦隱 김수현金秀鉉, 후송당원운 김민용金珉容, 운림정雲林亭 김녕준金寧俊, 인암거사仁菴居士 김훈석金勳錫, 운강거사雲岡居士 김재진金在瑱, 동생 백천거사白川居士 류진석柳震錫, 고창서장 오창옥吳昌玉, 가산可山 김재남金在南, 백천白川 이용초李容初, 우천牛泉 이약수李若水, 숙부 현곡처사玄谷處士 류영선柳永善, 종중인 류종성柳種聲, 정와거사靜窩居士 김인중金仁中, 원평 연은거사蓮隱居士 김공, 가호稼湖 이강식李康植, 죽포거사竹圃居士 박병현朴炳現, 유학자 변영호卞榮濩

**기타**: 서은瑞隱 양회택梁會澤[전남 능주], 종형제 연사蓮史 김아무개, 종형제 석암石菴 김아무개[부안], 박양사朴陽簑[전주]

이상의 교우 관계 인물들을 총합해 보면, 다음과 같은 특징들을 발견할 수 있다.

첫째, 전체 교우관계와 관련된 인물 총수는 90여 명으로 나타나고 있다. 이러한 호당의 교우 및 사승 관계는 그가 한 시골 선비로서의 삶을 살아갔지만, 초야에 닫혀 사는 인물이 아니라, 자신이 가능한 활동 범위 안에서는 매우 개방적이고 활발하고 빈번한 교우/사승 관계를 맺고 살았다는 것을 말해준다.

둘째, 그가 교우/사승 관계를 맺은 인물들의 범위를 보면, 그가 태어나 머물러 살았던 지역인 전남 영광군 홍농읍 진덕리와 전북 고창군 아산면 호암리를 중심으로 분포되어 있으면서, 이 두 지역의 인물 혹은 이 두 지역과 연고를 가진 인물들로 이루어져 있는 것으로 나타나고 있다. 이러한 사실은 호당의 문학을 이 지역의 '지역문학'의 시각에서 다룰 수 있는 중요한 포인트를 제공해 주고 있다.

셋째, 그의 전기 문학은 그가 태어나 살았던 전남 영광군 홍농읍 진덕리를 중심으로 해서 이루어지고 있고, 그의 후기 문학은 그가 39세 때에 이거해서 생을 마칠 때까지 살아간 전북 고창군 아산면 반암리 호암 마을을 중심으로 해서 이루어지고 있다.

넷째, 전기 문학의 사표가 되는 사람은 그의 전기 시대의 스승으로 묵암默庵 김휴의金休儀가 나타나고, 후기 시대의 스승으로는 아산면 반암리 반암 마을 수당遂堂 백락규白樂奎가 보이고 있다.

넷째, 이 교우/사승 관계의 인물들은 주로 당대의 구학문/한학을 한 '선비들'로 이루어져 있어서, 이러한 그의 교유관계가 그의 사회적 성격을 조선 후기~1960년대 초 사이의 '전통 선비'의 교우/사승 관계로 이루어져 있음을 알 수 있게 한다.

다섯째, 특히, 그가 후반기 50여 년을 머물러 살았던 고창군 아산면 반암리 호암 마을 중심의 문학은 이 지역의 '지역성'을 문학의 지평에서 예술화해낸 중요한 업적으로 평가될 수 있다.

## 6. 그의 문학 세계

호당의 문학세계는 그 형식과 내용 면으로 나누어 살펴볼 수 있는데. 형식면에서는 특히 7언율시를 그 주요 표현 형식으로 삼았으며, 내용 면에서는 첫째, 나라를 걱정하는 우국의 정신, 둘째, 교육을 통해 나라를 구할 인재 양성 의지, 셋째, 탈속적 유유자적의 선비적 풍류정신의 발현 등이 그 중심을 이루고 있다.

### 형식 및 표현

호당의 문학에서 가장 중요한 위치를 차지하는 것이 7언율시이고, 그 다음이 7언절구이다. 그의 가장 많은 시들이 4운 8구 7언으로 이루어지는 칠언율시가 중심을 이루고 있다.

그런데, 이에 덧붙여 또 하나의 특징은 많은 시들이 7언율시로만 끝나는 것이 아니라, 7언율시들이 계속해서 이어져 나아가는 7언율시 연작들이 많고, 그 다음엔 7언절구 연작

이 많다는 점이다. 이러한 특징은 호당문학의 가장 중요한 형식상 특징 중의 하나이다.

그 원인으로는 다음 두 가지를 들 수 있을 것이다. 첫째, 호당의 개인적 - 시대사회적인 문학에의 열정이 매우 강렬하여, 7언율시 단시나 7언절구 단시로만은 그 끓어오르는 정서와 시대적 울분 등을 제대로 다 표현해낼 수가 없었기 때문이었을 것이라는 것이다. 둘째, 그의 문학적 재능이 매우 탁월하여 시를 이루어내는 능력이 그로 하여금 장시 형태에로 나아가도록 했을 것이라는 점이다.

이외에, 5언절구 형식도 얼마간 보이고는 있으나, 그의 장기는 7언율시 연작과, 7언절구 연작들이라 하겠다.

이외에, 산문 형식도 일부 사용하고 있는데, 어떤 사건·사물에 관한 사실을 그대로 적어나가는 기記 형식을 일부 다루고 있다.

여기서 특히 강조해야할 것은 호당의 탁월한 문학적 표현 능력이다. 호당은 한시인漢詩人이 반드시 갖추어야만할 적절한 전고典故들의 활용, 그리고 그런 한계를 벗어나 자신의 독창적인 표현 세계를 개척해 나아가는 창의創意의 능력이 탁월함을 독자들은 이 문집의 도처에서 발견하게 될 것이다.

### 내용

이 『호당유고』에 나타나고 있는 내용상의 주요 주제 내용들로는 다음 세 가지를 들 수 있겠다.

첫째, 교육을 통해 나라를 구할 인재 양성 의지를 양성적 혹은 음성적으로 드러내는 시들이 중요한 한 영역을 이루고 있다. 이는 호당이 평생 전통 한문교육을 몸소 실현하는 서당 선생으로 평생을 살았던 데에도 원인이 있겠지만, 더 중요한 것은 그가 계승하여 현실 속에 구현하고자 했던 우리의 전통적 삶의 규범과 가치와 비전 때문이기도 하다.

둘째, 호당문학에서 빼놓을 수 없는 것은 역시 나라를 걱정하는 우국정신의 표현이다. 호당의 시들을 자세히 곱씹어 읽어보면, 이러한 우국의 정신은 시의 도처에서 직접적으로 혹은 간접적으로 수없이 꿈틀거리고 있다. 우리나라의 가장 험난했던 근현대사 전체를 구한말에서부터 1960년대 초반까지 스스로 몸소 겪고 살아야만 했던 그로서는, 이 문제야말로 그가 한시도 떠날 수 없는 초미의 문제였기 때문이다. 이런 면에서 호당의 시는 찬찬히 깊이 음미하며 읽을 필요가 있다.

　셋째, 또 한 가지 반드시 언급해야만 할 것은 그의 탈속적 유유자적의 선비적 풍류정신이다. 이 문제는 긍정적인 측면에서와 부정적인 측면에서 논의가 가능할 것이나, 우리는 좀 더 긍정적인 측면에서의 이해와 해석이 필요하다고 본다. 호당의 이 탈속적 - 선비적 풍류정신을 혹여 나라를 잃는 선비의 현실도피적 행각이라고 치부하는 것은 결코 바람직하지 않다.

　호당은 여러 조건상 시대의 전면에서 독립운동과 같은 현실운동에 직접 참여할 수 있는 조건이 아니었고, 그가 이어받아 익힌 학문적 전통 자체가 우리의 전통 유교/유학이었기 때문이다.

　이러한 시대 - 사회적 여건 속에서 그는 전통학문의 교육을 통해서 나름대로 '역사'에 기여하고자 부단히 노력하였으며, 그런 과정에서 오게 되는 아픔과 한을 선비적 풍류정신으로 작품화 하였다.

## 7. 그의 서거와 사후

　앞서 언급한 바와 같이, 호당은 그의 나이 39세 되던 해에 전북 고창군 아산면 반암리 호암 마을로 이주하게 되는데, 그는 이곳에다 집 자리를 잡고 초당을 지어, 평생 동안을 이곳에서 소요음영逍遙吟詠하며 살다가, 1966년 8월 13일 이곳 호암 마을에서 향년 80세로 돌아가, 전남 무안군 몽탄면 승달산 선영에 들었다.

## 8. 문학사적 의미와 가치

　호당의 문학사적 가치는 다음 다섯 가지 점에서 찾아볼 수 있다.

　첫째, 그의 문학은 우리 문학사 중에서 구한말~1960년대 초까지의 고창 - 영광 지역을 중심으로 한 한문 시문학의 행방을 대변해주는 역할을 하고 있다.

둘째, 그의 문학 작품들을 통해서, 이 풍운의 격변기 시대의 뒷면, 특히 중앙의 현실과는 상당한 거리감이 있는 '전통적 지역문학'의 행방을 살펴볼 수 있는 중요한 자료가 된다.

셋째, 그의 문학은 호남문학, 특히 정읍 태인 고현내古縣內에 남북국시대 말기 태산태수 고운 최치원이 강하게 활성화해낸 우리 고유의 '풍류도風流道'/풍류문학의 전통이, 구한말~1960년대 초 사이에 이 관련 지역인 고창 - 영광 지역에서 어떻게 전개되어 나아갔는가를 살펴볼 수 있는 중요한 자료이다.

넷째, 그의 문학은 또한 21세기 글로컬리즘 시대, 곧 구체적인 지역문화를 통해서 세계화 방향으로 나아가는 시대적 전환기 '지역문학'의 매우 중요한 자양분을 제공하고 있다. 그의 거의 모든 작품들은 곧 그가 살아간 구체적인 지역, 고창 - 영광 지역 중심의 '로컬리티'를 매우 강력하게 구현하고 있기 때문이다.

다섯째, 그의 문학은 문학사적으로 우리 '지방화 시대'의 지역문학사, 특히 고창 - 영광 지역의 '지역문학사' 구축에 매우 중요한 문학 작품과 관련 자료들을 제공해주고 있다.


## 9. 서지書誌 사항

이 번역본의 첫 원본은 호당 집안 후손들에게 전해지는 호당의 육필 원고본인 『壺堂新題 호당신제』라는 제목의 초고본과 후손 집안에 원고 뭉치로 전해 오던 여러 기록물들이다.

이 원본 자료들을 호당의 장자 류제두柳濟斗 옹이 자신의 장자인 류문상柳文相과 함께 이 초고 원본들을 정리한 것이 본 역서의 원본인 『壺堂遺稿호당유고』이다. 이 『壺堂遺稿호당유고』를 실제로 정리하는 작업에는 이재구李載九의 선별·정리 작업을 거쳤고, 맨 앞에는 임종수林鍾洙의 서문이 붙어 있다.

이 『壺堂遺稿호당유고』는 호당 후손들에게 전해오던 호당 자신이 정리해둔 『壺堂新題 호당신제』 원고를 중심으로 하고, 이 원고 뒤에다가 「附錄」을 추가하는 방식으로 이루어져, 이 번역서의 원본이 된 『壺堂遺稿호당유고』 원본은 본문 「卷一」·「卷二」과 「附錄부록」으로 이루어져 있다.

그 중에 본문 「卷一」은 대체로 호당이 그의 출생지인 전남 영광군 홍농읍 진덕리를 중심으로 활동하던 시기의 작품들이 중심이 되어 있고,「卷二」는 그가 39세 때에 새로 이거하여 자리를 잡은 전북 고창군 아산면 반암리 반암 마을을 중심으로 활동하던 시기의 작품들이 중심이 되어 있다. 그리고「附錄」은 주로 호당과 관련된 다른 분들이 호당과 관련하여 쓴 창수시唱酬詩·만장輓章·제문祭文 등이다. 본문「卷二」의 말미 부분에는 호당의 산문들도 실려 있다.

그런데, 이런 편집 체계로 볼 때 부록으로 들어가야 할 작품이 본문에 있는 경우가 있어서, 이런 경우에는 본 번역서에서 위치를 바로잡아 부록의 적당한 자리에 옮겨서 번역해 넣었다. 즉, 본문「卷二」의 말미 부분에 있는 김권용金權容의 글「二樂精舍記이요정사기」는 호암의 글이 아니라서「附錄」으로 옮기어 실어 놓고 번역하였다.

## 10. 결어

본 번역은 역자가 30년 전인 1994년에 번역한 것을 이번에 좀 더 본격적으로 새로 번역한 것이다. 벌써 한 세대의 시간이 흘러갔다. 이제 와서 다시 살펴보니 어설픈 곳도 많고 좀 더 자세하고 깊이 있는 주석 작업도 필요함을 깨닫게 되어, 이번에 다시 새 번역 작업을 하게 되었다. 30년 전에는 주로 축자적인 번역에만 의존했다가, 이번에 이 문집을 놓고 문집은 물론 이 문집을 둘러싸고 전개된 고창 - 영광 지역의 전통문학, 그리고 그것을 둘러싸고 연계되어 나아간 수많은 문화인들의 교유관계와 역사 - 문화사 전개 등에까지 깨달아 알게 되어, 개인적으로도 매우 큰 공부의 기회가 되었다.

앞서 머리말에서도 잠깐 언급한 바와 같이, 본 역서의 간행에는 호암 선생의 후손, 특히 본인의 고우 류연창 원장님과의 인연이 아니었으면 불가능한 일이었다. 그리고 이 번역 작업은 물론이고 이 문집에 실려 있는 시들이 관련된 유적 및 유적지들의 답사와 사진 촬영에 몸소 함께 하며 적극 도와주신 류연상·류하상님께도 이 자리를 빌려 깊은 감사를 드리고, 본 작업을 전체적으로 원만하게 조율해주신 류덕상 부지사님께도 깊은 사의를 표하고자 한다.

# 壺堂遺稿

호당유고

卷之一 제1권

## 壺堂遺稿序

嗚呼 今天下 自島兒肆毒迨 至西潮滔天 人皆趨利滅頂 西方泯然一色 經傳之不講而四維不張 義利混而人道熄 安有所謂述先明道之義乎 吾鄉柳缾山濟斗 以九耋老德 携其先稿遺詩文 請鍾洙丁乙 且命弁卷首一言 顧無德不文者所不堪而世誼重 難孤其誠 公生忠孝文獻古家 當夷禍波蕩之日 懷風泉麥黍之恨 入而述先孝親 出而敎學導迪 童習白紛 矻矻而軒軒 其無添先祖 其七歲祖 成均館進士以澤 英祖辛壬之際 館學掌議 聯名陳八九疏 且請文廟釋奠祝辭 斥去虜號 義嚴尊攘 宜其學之正行之篤也 所以重行義而不事空言 貧窶之勘而盡事親之道 明於是非誠其好惡 不以親疏强弱而有所撓 中歲挈家眷寓居于武靈弘農 未幾 又移於高敞之壺巖 其山水之勝 甲于湖南 故因卜居而安堵 嘯詠吟哦 逍遙歲月 欲築二樂之亭 詩成而屋未就 於是而槪其志事也 令胤公 收覓篋笥 謀諸剞劂 於經傳土苴之世 孝子述先之誠 可謂有源有流也 公號壺堂 諱命錫 字性澤云

# 서문

아아. 지금 천하에는 일본 도아島兒[1]들이 그 독한 성미를 함부로 부리고 서양 풍조까지 하늘 높이 밀려오고 있어, 사람들이 모두 이곳을 따라 근본을 잊어버렸으니, 사방이 민연泯然[2] 일색이다. 경전經傳을[3] 읽지 아니하니 사유四維[4]가 베풀어지지 않고, 정의正義와 영리營利가 혼동되고, 사람의 마땅한 도道가 사라졌으니, 이 어찌 이른바 선조先祖의 업적을 기술기술記述하고 도道를 밝혔다 할 수 있겠는가?

우리 고장 병산甁山 류제두柳濟斗 옹은 구십의 노덕老德[5]으로, 그 선친先親이 남기신 시문詩文 유고遺稿를 나에게 가지고 와서 교정을 청하고 또 책머리에 한 마디 서문을 얹어 주기를 청하여왔다. 돌이켜보건대, 덕德도 없고 글도 잘 모르는 내가 이를 감당하기 어려웠으나, 세의世誼[6]가 도타워 그 성의를 외면하기가 어려웠다.

공公은 충효의 문헌文獻 고가古家에서 태어나, 이화夷禍[7]로 파탕波蕩[8]하던 날을 당하여 풍천風泉 맥서麥黍의 한[9]을 품으시었다. 집에 들어서는 먼저 어버이에게 효도하며, 밖에 나가서는 학문을 가르치고 후학을 이끌어주시었다. 어려서부터 동몽백분童蒙白紛[10]하

---

1 일본인을 낮추어 부른 말.
2 멸망하는 모양.
3 유학의 성현聖賢들이 남긴 글.
4 예의염치禮義廉恥.
5 원문의 '구질九耋'이란 구십 먹은 노인. '노덕老德'이란 나이 든 스승을 높이는 말.
6 대대로 사귀어 온 정의情誼.
7 오랑캐 외적의 침략.
8 파도가 걷잡을 수 없이 휘몰아침.
9 나라가 쇠망하는 한.
10 어려서부터 흰 머리가 되도록 학문을 하는 것.

심이 굴굴汔汔[11]하고 헌헌軒軒[12]하시어, 그 선조들에게 누를 끼친 적이 없었다.

공公의 7대조 이택以澤 어른은 성균관 진사였는데, 영조英祖 신임사화辛壬士禍[13] 때 관학장의館學掌議[14]가 되어, 성균관 유생들의 연명聯名으로 8~9회의 상소를 올리셨고, 또 문묘文廟 석전제釋奠祭[15] 축사祝辭에서 오랑캐의 노호虜號를[16] 버리자고 청원을 하시는 등, 존양尊攘[17]의 대의를 엄격히 하셨으니, 그 배움이 정의롭고 그 행실이 돈독했음을 잘 알 수가 있다.

그런 까닭으로, 공은 옳은 일 행하기를 중히 여기시고 빈말을 일삼지 아니하셨으며, 가난한 집안 형편을 감내하고 어버이를 섬기는 도리를 다하시었다. 옳고 그름에 밝았으나 좋아하고 싫어함에는 신중을 기하셨으며, 친소親疏의 관계나 힘의 강약을 좇아 마음이 흔들리지 아니하셨다.

일생의 중년에는, 가권家眷[18]을 이끌고 전남 무령武靈[19] 홍농弘農[20] 땅에 우거하시다가, 얼마 지나지 않아 다시 전북 고창 호암壺巖[21]으로 이사하시었는데, 이곳은 산수 풍광이 빼어나 호남의 으뜸인지라,[22] 이곳에 새집을 짓고 안도安堵[23]하시어, 시를 지어 읊조리고 노래하며 세월을 보내시었다. 공은 이곳에 이요정二樂亭이란 정자를 짓고자 하셨는데, 그러나 시를 짓는 일은 이루시었으나 이요정 집을 짓는 일은 이루지 못하셨던 바, 여기에

---

11 부지런히 일하는 모양.
12 당당하고 훤출한 모양.
13 1721년(경종 1)부터 1722년에 걸쳐 일어난 사류士類들의 참변. 신축년辛丑年과 임인년壬寅年에 일어났으므로 신임사화라 한다. 임인년에 주로 일어났으므로 '임인옥'이라고도 함. 왕위 계승문제를 둘러싼 노론과 소론 사이의 당파싸움에서 소론이 노론을 역모로 몰아 소론이 실권을 잡은 사화.
14 조선시대 성균관 유생들의 자치기구인 재회의 임원.
15 음력 2월과 8월의 상정일上丁日에 문묘文廟에서 유가儒家의 공자 등을 비롯한 선성先聖·선사先師에게 지내는 큰 제사.
16 오랑캐의 연호.
17 왕실을 존중하고 오랑캐를 배척함.
18 집안 식구들.
19 지금의 전남 영광.
20 지금의 전남 영광군 홍농면.
21 전북 고창군 아산면 반암리 호암 마을.
22 이곳은 풍수지리 상으로 이른바 '10승지十勝地' 중의 한 곳으로 유명함.
23 사는 곳에서 평안히 지냄.

있어서 대개 그 일의 뜻을 알겠다.

　이제 공의 영윤令胤[24]께서 공이 남기신 협사篋笥[25]를 거두어 찾아 이를 기궐剞劂[26] 하고자 하니, 경전經傳을 마치 토저土苴[27] 같이 취급하는 세상에서 선조의 업적을 기록하여 남기고자 하는 이 효자의 성의는, 가히 물줄기의 근원根源이 있는 곳에서부터 물줄기의 흐름도 시작됨과 같다 하겠다.

　공公의 호는 호당壺堂 또는 이요정二樂亭이라 하고, 휘諱는 명석命錫이며, 자는 성택性澤이라 이른다.

경오년[28] 여름 4월 상순에<br>
평택 임종수 삼가 쓰다.

---

24　남의 아들을 높여 부르는 말.
25　버들가지·대나무 따위로 상자처럼 결어 만든 작은 손그릇으로, 여기서는 시문 원고들을 모아 넣어 둔 서적물 장사를 가리킴.
26　나무판에 글자를 새겨 인쇄에 붙임.
27　썩은 거름흙.
28　1990년.

호암 마을의 유래가 된 마을 앞 인천강 물가 호암/병바위 모습 (ⓒ김익두, 2023)

## 영광 홍농 진천재[1]에 살며 지은 만음漫吟[2] 10수[3]
## 寓居靈光弘農眞泉齋漫吟十首漫吟十首

| | |
|---|---|
| 農山淑氣闢人村 | 농산農山[4] 맑은 기운 인적을 피한 이 마을, |
| 別有居生俗不昏 | 속세를 떠나 사니 속됨에 흐려지지 않네. |
| 勝會如雲多郁郁 | 성대한 글 모임 구름처럼 일어 무성하고 |
| 情交似水有源源 | 정다운 이 사귐은 물처럼 근원이 깊어라. |
| 能文天下名還重 | 능란한 문장 천하 이름 떨침 신중히 하고 |
| 遊酒世間事不煩 | 술을 마시고 노님 세상사 번거롭지 않네. |
| 同道須臾相不遠 | 이 벗들 잠시도 서로 멀리하지 아니하니, |
| 何羞往古月朝論 | 어찌 옛적의 그 월조론을[5] 부끄러워하리. |
| | |
| 天南佳氣雪初晴 | 하늘 남쪽 맑고 화창한 날 눈 비로소 개니 |
| 幽興無限細律成 | 그윽한 흥취 무한해 가느다란 음률 이루네. |
| 夜暖尨眠新月砌 | 밤은 포근, 잠든 삽살개, 섬돌엔 초승달 |
| 歲寒鶴淚白雲城 | 찬 바람에 학이 우니 백운성[6]이 아니던가. |

---

1 진천재眞泉齋 : 지금의 전남 영광군 홍농읍 진덕리에 소재했던 서당 이름. 시인은 이곳 홍농읍 진덕리 진천[지금의 진정] 마을에서 태어나 이곳에서 38세까지 살았음.
2 글제가 없이 생각나는 대로 시를 지어서 읊음.
3 전남 영광군 홍농읍 자택 진천재에서 지은 시. 어려운 현실 속에서도 우리 민족의 유구한 역사와 미래지향적인 희망을 노래하고 있다.
4 홍농의 산간.
5 월조론月朝論 : 옛날, 매월 초에 지나간 날의 잘잘못을 따져 묻던 월례 감사의 일종.
6 신선이 사는 곳.

| | |
|---|---|
| 一派鳴泉驚枕夢 | 한줄기 울며 흐르는 샘물 꿈자릴 놀래키고 |
| 千家亂杵擣衣聲 | 집마다 어지러이 두드리는 다듬이질 소리. |
| 借問牆梅誰爲立 | 뭇노니, 담장 매화나무[7] 누굴 위해 서 있나. |
| 弄珠美女是分明 | 구슬을 희롱하는 미인[8] 그분이 분명하구나. |
| | |
| 滿堂和氣動春風 | 집안에 가득한 화기和氣 봄바람을 일으키니 |
| 來自西東六七童 | 동서쪽으로부터 예닐곱 명 아이들 오는구나. |
| 閱書千古心猶豁 | 책을 펴니 천고의 마음 오히려 활달해지고, |
| 觀物四時興不同 | 사물을 보니 철마다 흥취는 서로 다르구나. |
| 烽岾北高星斗落 | 봉대산[9] 북쪽 높아 북두 남두[10] 떨어져 있고 |
| 鯨湖西圻水宮通 | 경호鯨湖[11] 서쪽 경계는 수궁으로 통하네. |
| 百年文酒須行樂 | 이 한 평생, 모름지기 글과 술로 즐기리라, |
| 壯士英雄逆旅中 | 장사壯士[12] 영웅英雄 나그네로 떠돌고 있나니.[13] |
| | |
| 佳境烟雲看更奇 | 아름다운 이곳, 안개 구름은 볼수록 기이하고 |
| 湖山十里任捿遲 | 이 호산湖山 십 리 의지해 깃들인 내 삶 더디구나. |
| 雨多西驛連三夜 | 서쪽 역사驛舍에 사흘 밤 연일 비가 내리더니 |
| 春近南梅第一枝 | 봄은 남쪽 매화나무 첫 번째 가지로 다가오네. |
| 慷慨何嫌遊俠劍 | 세상일 강개慷慨[14]하면 어찌 유협검[15] 싫어하며 |

---

7 여기서는 나라를 걱정하는 절조 있는 임금 혹은 우국지사憂國之士.
8 여기서는 임금.
9 옛날 법성포 법성진의 봉수대가 있던 진덕리 남쪽의 산 이름.
10 성두星斗 : 북두성과 남두성.
11 진천재 인근 지명인 듯함.
12 여기서는, 기개와 골격이 굳센 사람이지만, 세상이 어지러워 현실 속에서 뜻을 제대로 펼칠 수 없는 사람을 말함.
13 시인이 살던 시대를 한탄한 마음이 배어 있는 구절.
14 의롭지 못한 것을 보고 정의심이 복받치어 슬퍼하고 한탄함.
15 유협검遊俠劍 : 협객 곧 의협심이 있는 남자의 칼.

| | |
|---|---|
| 風流不惜故人巵 | 풍류를 알면 오랜 벗의 술잔 아끼지 않으리. |
| 同舟學海前程遠 | 함께 노 저어 가는 이 학문의 바다 앞길 멀어 |
| 萬里順風待有期 | 만 리에 순풍 불기 기다리며 훗날을 기약하네. |
| | |
| 芳隣日日好相求 | 꽃다운 이웃 나날이 서로서로 구함 좋아하니 |
| 仁智斯間興不幽 | 어짊과 지혜로움 그 가운데 생겨 어둡지 않네. |
| 風雪寒懷三宿客 | 눈바람 추우면 사흘 밤 손님도 맞아 쉬게 하고 |
| 雲林別業一書樓 | 구름 숲 속 서루書樓에서 글 읽기 별업別業하네. |
| 壓地江聲能裂口 | 땅을 짓누르듯 강물소리 목 터져 울어예도[16] |
| 插天峰勢自炎頭 | 하늘 찌르는 산봉우리 형세 스스로 염두炎頭,[17] |
| 數曲陽春兼美酒 | 몇 곡조 양춘곡陽春曲[18] 아름다운 술 곁들이나 |
| 今人何似故人遊 | 지금 사람 풍류 어찌 옛사람 유유자적 같을꼬. |
| | |
| 斗北物華接漢南 | 두북斗北[19] 물산 번화해 한남漢南[20]에 접해 |
| 千秋幾個傑豪男 | 천추만고 호걸 남아들 몇 명이나 있었던고. |
| 讀書何必能其百 | 책을 읽는다고 어찌 만사에 다 능통하리요. |
| 交友猶難益者三 | 벗을 사귐엔 이로운 세 벗도 어렵다 하네.[21] |
| 樓檣櫛比多奇石 | 누대樓臺의 담장 가엔 기암괴석들 즐비하고 |
| 門檻澄淸傍小潭 | 문 난간 맑고 깨끗한 곁엔 작은 연못 있네. |
| 雪月今宵難盡興 | 이 설월雪月의 달밤, 흥취를 다하기 어려워 |
| 行歌歸路酒相酣 | 노래 부르며 돌아가는 길 술이 서로 취하네. |

---

16 시인의 당대에 대한 시대의식이 담긴 구절.
17 불타는 머리, 젊은이들의 기상을 표현한 것.
18 봄을 기리는 노래.
19 북쪽 백두산.
20 한수漢水 곧 한강의 남쪽 땅.
21 『논어』계씨편季氏篇 제16에, "孔子曰 益者三友 損者三友, 友直 友諒 友多聞 益矣. 友便辟 友善柔友便佞 損矣."란 구절에서 인용한 것.

| | |
|---|---|
| 一片西湖似杭州 | 한 조각 서호西湖 중국의 항주杭州와 같아 |
| 小山圍處半江流 | 작은 산들 에두른 곳 강물 갈라져 흐르네. |
| 竹葉詩題同我會 | 댓잎 시제詩題 쓰며[22] 우리 모임 함께하고, |
| 梅花酒算爲君酬 | 매화꽃 주산酒算[23]은 그대 위해 술 권하네. |
| 雪霽深林晨月照 | 눈 갠 깊은 숲속에 새벽달이 비치어 들고 |
| 風歸遠郭暮烟收 | 바람소리 사라진 먼 성곽 연기 스러지누나. |
| 多情成功人不得 | 사속 정과 세상 성공은 내 얻지 못하리니 |
| 謾將懷思坐悠悠 | 장차 아득히 품은 생각만 유유히 끝없어라. |
| | |
| 江深至月草堂寒 | 강 가운데 달이 이르니 초당은 싸늘한데, |
| 詩思鄕愁每倚欄 | 시 생각하는 향수 늘 누대 난간 기대 있네. |
| 屛間花草春心睡 | 병풍 사이의 화초는 봄 마음에 졸고 있고, |
| 案上詩書古意看 | 책상 위 시서詩書들 옛 뜻이 드러나 있어라. |
| 歌惟一曲滄浪可 | 노래는 다만 창랑가[24] 한 곡조로도 되지만 |
| 世亦萬端道路難 | 세상은 또한 만 갈래 길이라 참 어렵구나. |
| 渺渺余懷無問處 | 막막한 나의 심정은 그 물을 곳도 없으니 |
| 一方何處是長安 | 어느 쪽 어느 곳이 그 장안[25]이란 말인가. |
| | |
| 濟濟衣冠檀海東 | 아름답고 높은 해동 단군나라 선비들이여 |
| 淸遊一代願相同 | 맑게 노는 한 평생 서로 더불어 하나이기를, |

---

22 시를 지을 때 대나무 잎에다 운자韻字를 써서 독에다 넣고 하나씩 꺼내는 즉시 이 운에 따라 시를 짓는 속작시 속작시速作詩 놀이. 이를 화엽운和葉韻이라 함.
23 술을 마실 때 매화 꽃잎으로 마신 술잔 수를 계산하던 고인들의 풍류를 말함.
24 중국의 옛 노래 '창랑가滄浪歌', 곧 굴원屈原의 『초사楚辭』 중 「어부사漁父辭」에 어부가 굴원에게 들려주었다는 노래 내용이 나오는데, 이 노래 중에 "창랑수滄浪水 맑아지면 갓 끈을 씻을 것이며, 창랑수 흐려지면 내 발을 씻을 것이다(滄浪之水淸兮 可以濯吾纓 滄浪之水濁兮 可以濯吾足)."라는 구절을 인용한 것. 그 뜻은 세상이 맑으면 나아가 벼슬을 하고, 세상이 흐려지면 물러나 은거한다는 것임.
25 서울. 여기서는 삶의 의문을 다 풀 수 있는 곳.

| | |
|---|---|
| 史在山川千載後 | 역사는 천 년 후에도 산천에 깃들일 것이고 |
| 春生人物萬和中 | 새봄[26]은 천변만화 중 인물을 많이 낳으리라. |
| 今宵有約相看月 | 오늘밤 내일 기약을 두며 서로 달 바라보나 |
| 勝日攜懷每遡風 | 좋은 날 이끄는 회포엔 늘 맞바람이 부네. |
| 長沙十里逢何晩 | 긴 모래펄 십 리 길 그만 제 때를 늦게 만나 |
| 倍惜文章健且雄 | 아까움만 더하는 문장들 강건 웅장하여라.[27] |
| | |
| 禮樂千年講八條 | 천 년 예악禮樂은 8조의 금법[28]을 강론하여 |
| 書中誓向洛雲橋 | 글 가운데 맹서 낙운교洛雲橋[29]를 향하더라. |
| 文勝誰人兼武用 | 글이 승勝한 어느 누가 무용武用을 겸하리요. |
| 陽生他日必陰消 | 양陽이 생하면 음陰은 언젠가 필경 사라지리.[30] |
| 江檻新潮來客棹 | 강나루에 새 물결이 오니 길손은 노를 젓고, |
| 山樓明月降仙簫 | 산루山樓에 달 밝으니 신선 내려 퉁소 부네. |
| 抱負平生眞若此 | 진실로 이와 같은 것이 내 평생의 포부러니, |
| 男兒何處不相邀 | 대장부 남아 어디선들 서로 만나지 못하리. |

---

26  국권이 회복된 이후를 말함.
27  이 시의 이 부분은 시인의 시대의식을 엿볼 수 있는 곳.
28  고조선시대에 이루어졌다는 8조금법八條禁法을 말함.
29  미상. 민족사의 긍정적 - 미래지향적인 방향을 말함인 듯함.
30  시인의 미래지향적인 역사의식이 엿보이는 구절.

좌 : 전남 홍농읍 진덕리 '진천眞泉' 마을. 지금은 '진정眞井' 마을로 이름이 변한 호당의 출생지 '진정' 마을 표지석 (ⓒ 김익두, 2023)
우 : 전남 영광군 홍농읍 진덕리 진천 마을[지금의 진정 마을]에 있던 진천재 서당터[홍농읍 진덕리 48-1] 모습 (ⓒ 김익두, 2023)

## 임자년[1] 봄 청사靑史 족장[2]께서 찾아오시다[3]
### 壬子靑舍族丈見訪

| | |
|---|---|
| 百里相逢兩省春 | 백 리 길에 서로 만난 양성兩省[4]엔 봄이 들어 |
| 東風花樹倍生新 | 동풍에 집안 꽃나무들[5] 새로움을 더하누나. |
| 山醪待熟柳橋店 | 유교점柳橋店[6]의 산막걸리가[7] 익기를 기다려 |
| 海錯買生桂浦隣 | 인근마을 계포桂浦[8]에서 바다 횟감 사노라.[9] |
| | |
| 一代衣冠依故國 | 평생 의관衣冠[10]은 내 나라 법도 의지하시어 |
| 千年禮義愧今人 | 그 천 년 예의 지금 사람을 부끄럽게 하시네. |
| 借問桃源何處在 | 내 묻노니, 무릉도원은 그 어느 곳에 있는고. |
| 更從塵外訪仙眞 | 다시 티끌세상 밖 참된 신선을 찾아 따르리. |

---

1 1912년. 호당의 나이 26세 때. 호당이 전남 영광 홍농읍 진덕리 진천 마을에 거주할 당시.
2 청사靑史 : 찾아오신 족장분의 호. 족장族丈 : 동성同姓이되 상을 당했을 때 상복을 입지 않는 집안의 윗 항렬行列 어르신.
3 시인의 삶의 태도, 인생관이 잘 나타나 있는 시.
4 양성兩省 : 지명인 듯함.
5 화수花樹 : 겨레붙이. 한 집안 혈족들.
6 시인이 살던 곳 인근의 술집인 듯.
7 산료山醪 : 산막걸리.
8 지금의 전남 영광군 홍농읍 계마포인 듯함.
9 해착海錯 : 바다에서 나는 먹거리. 횟감. 매생買生 : 산 채로 삼.
10 옷 입는 예의범절.

전북 고창군 고수면 은사리 문수산 중턱에 있는 문수사 한산전寒山殿 (ⓒ 김익두, 2023).

## 모양[1] 한산사[2]
### 牟陽寒山寺

| | |
|---|---|
| 千載牟陽獨擅名 | 천년의 역사 모양牟陽, 유독 이름 드날렸으니 |
| 寒山又是姑蘇城 | 이 한산사寒山寺 또한 고소성姑蘇城[3] 밖에 있네. |
| 曾從雲水塵心絶 | 일찍이 구름과 물을 좇아 속세 마음 끊었으니 |
| 別有乾坤法界成 | 바로 이곳에 별천지 법계法界가 이루어졌구나. |
| | |
| 夜靜香樓雙佛座 | 밤은 고요하고 향기로운 다락 두 부처님 좌정 |
| 春深雄殿一鍾鳴 | 봄은 깊어져 대웅전 종이 뎅 하고 한 번 운다. |
| 淸緣偶得省楸路 | 맑은 인연 탓으로 우연히 성추로省楸路[4] 들어 |
| 今日如忘返我行 | 오늘은 돌아갈 나의 길도 잊어버릴 것 같네. |

---

1　고창의 옛 이름.
2　전북 고창군 고수면 은사리 문수산 중턱에 있는 문수사를 말함. 이 절 언에 한산전寒山殿이 있어서, 이 시에서 문수사를 한산사寒山寺로 표현한 것으로 보임. 원래 '한산사寒山寺'란 중국 남부 강소성江蘇省 소주蘇州에 있는 절 이름.
3　고소성姑蘇城 : 중국 강소성 소주에 있는 성. 이 성 밖에 '한산사寒山寺'가 있다. 중당中唐 시인 장계張繼의 시 「풍교야박楓橋夜泊」이란 시에, "姑蘇城外寒山寺/ 夜半鐘聲到客船 (고소성 밖 한산사/ 한밤중 종소리가 나그네 뱃전에 이르네)"란 구절이 있다. 여기서 고소성은 고창읍에 있는 '모양성牟陽城'을 비유적으로 표현한 것.
4　성묘길.

# 봄을 마지막 보내며[1]
## 餞春

| | |
|---|---|
| 暮春三月餞詩家 | 저무는 봄 삼월을 보내며 시를 짓는 이 집안에 |
| 把筆難堪此暉斜 | 붓을 잡으니 기우는 이 석양빛 견디기 어려워라. |
| 遊人野寺相携酒 | 노는 이들 야사野寺[2]에서 서로 이끌어 술 마시고 |
| 兒女城東共嘆花 | 아녀자들은 성 동쪽에서 함께 지는 꽃 탄식하네. |
| | |
| 自由天理明年又 | 하늘 이치로 말미암아 명년 봄도 다시 오겠지만 |
| 不爲世情數日加 | 이 세상 그리운 정 위해 며칠 더 늘리진 못하네. |
| 千山萬水未能挽 | 천산千山 만수萬水도 이 봄을 붙잡지를 못하나니, |
| 風月同來吾且哦 | 함께 온 바람과 달에 나 또한 시를 읊조려 보네. |

새로 피어난 봄 수양버들
(직접 촬영)

---

1 시인이 또 한 해의 봄을 보내는 아쉬움과 탄식을 노래한 시.
2 야사野寺 : 민간 서민들이 사는 마을.

## 만음漫吟[1] 2수
### 漫吟二首

| | |
|---|---|
| 長沙遊客今又行 | 장사長沙[2]의 유객遊客은 지금 또 떠나가나 |
| 三十同年結我情 | 삼십 년 간 동갑내기로 나와 정을 맺었네. |
| 靑雲入夢三才合 | 청운靑雲은 꿈에 들어 삼재三才[3] 합해지고 |
| 活水通心一鑑明 | 활수活水는 마음에 통해 한 거울이 밝구나. |
| 春酌無巡花算亂 | 봄 술잔 수없이 돌아 꽃잎 헤아리기 어렵고[4] |
| 夜吟成練月椎生 | 밤샌 시 단련[5] 쇠뭉치로 달을 생기게 하네. |
| 聖君無復堯天地 | 요임금 때 성군聖君 세상 다시는 없으리니 |
| 何日康衢樂太平 | 어느 날에 강구락康衢樂[6]으로 태평해 보리. |
| | |
| 多年吾道不須離 | 오랫동안 나의 길은 도에서 어긋나지 않아 |
| 欣慰相看括眼眉 | 기쁘게 서로 바라보며 눈웃음을 짓는다. |
| 酒禮能言鄕飮大 | 술 마시는 예법엔 향음鄕飮[7]이 크다 하는데 |
| 詩交還惜看情衰 | 시교詩交[8] 도리어 아끼니 정情이 쇠하는구나. |

---

1 일정한 글제 없이 생각나는 대로 시를 지어 읊음. '무제'와 비슷한 뜻.
2 지금 전북 고창군 무장면의 옛 이름.
3 음양설陰陽說에서 만물萬物을 제재制裁한다는 뜻으로, 하늘·땅·사람을 길컸는 말.
4 화산花算 : 꽃잎을 가지고 마시는 술잔의 수를 세는 풍류 음주의 방식. '꽃잎을 헤아리기 어렵다'는 말은 술이 거나해져서 이 꽃으로 하는 술잔 계산이 어렵게 되었다는 뜻.
5 야음성련夜吟成練 : 밤늦도록 시를 읊어 시의 수렴함을 이룸.
6 태평한 시절의 풍류악.
7 향음주례鄕飮酒禮. 곧 온 고을 안의 유생이 모여 향약을 읽고 술을 마시며 잔치하는 예절.

春歸芳草皆愁色  봄 돌아가니 꽃다운 풀들도 모두 다 근심빛
夏至桐花亦好枝  하지夏至 오동나무꽃 또한 가지가 아름답네.
江北江南無盡興  강북江北 강남江南 의 흥겨움 다하는 법 없어
芒鞋竹杖好相隨  죽장망혜竹杖芒鞋 서로 뒤따르기 좋아하누나.

---

8  서로 함께 시를 지으며 사귀는 것.

# 진천재[1] 초파일 모임을 하며
## 眞泉齋四月八日修禊

| | |
|---|---|
| 一年初八適良宵 | 오늘은 일 년 중 초파일, 마침 밤이 좋으니 |
| 賓主相逢美興挑 | 손님 주인 서로 만나 아름다운 흥을 돋우네. |
| 燈燭千竿懸素月 | 등촉燈燭은 천 간, 흰 달처럼 걸리었고, |
| 酩酊十斗飮紅潮 | 명정酩酊[2]은 열 말, 홍조紅潮[3]를 마시노라. |
| | |
| 宦海無心歸客棹 | 환해宦海[4]에 무심한 나그네는 뱃노를 젓고 |
| 風塵有計學仙簫 | 티끌세상 두는 계책은 선소仙簫[5] 배우는 것. |
| 爲算來期今日事 | 다가올 기약 헤아리는 것이 오늘의 일이요, |
| 吾遊更在契中邀 | 우리의 놂은 다시 이 모임 중에 만나는 것. |

---

1 　진천재眞泉齋 : 지금의 전남 영광군 홍농읍 진덕리 진정 마을에 소재했던 서당 이름.
2 　흠뻑 취하게 마시는 술.
3 　취하여 달아오른 얼굴빛. 그와 같이 불그레한 술.
4 　벼슬길.
5 　신선이 부는 퉁소.

# 우연히 읊조리다
## 偶吟

| | |
|---|---|
| 男兒須讀古今文 | 남아男兒가 모름지기 고금의 글 읽노라니 |
| 霽月光風聖代群 | 광풍제월光風霽月[1] 성대聖代가 모여 있네. |
| 靑春燕舞收簾見 | 젊은 날 제비춤, 거둔 주렴珠簾으로 보이고 |
| 白日鶯簧倚樹聞 | 밝은 낮 꾀꼬리 피리, 나무에 의지해 듣노라. |
| 世好飮盃吾亦醉 | 세상이 술을 좋아하니 나도 또한 취하리니, |
| 地難行路客相分 | 세상길 어려워 나그네들 서로 나뉘는구나. |
| 早晩功名君試否 | 이르고 늦은 공명 그대는 시험치 아니하니 |
| 洛橋浮有四時雲 | 낙교洛橋[2] 위에 떠 있구나. 사시四時의 구름. |

저녁노을 구름 비낀 다리
(출처 : unsplash)

---

1  비가 갠 뒤의 맑게 부는 바람과 밝은 달. 그와 같이 마음이 넓고 쾌활快活하여 아무 거리낌이 없는 인품人品.
2  중국 황하 낙양洛陽에 있는 유명한 다리. 천진교天津橋라고도 함. 낙양은 3천 년 전 중국 주周나라의 도읍지. 낙양은 주로 몰락한 왕조의 쓸쓸하고 허무한 인생무상의 이미지로 많이 쓰임.

## 초여름 용전재[1] 모임 2수
### 初夏龍田齋修禊二首

今人學得古人遊　　이제 사람은 고인의 풍류를 배워 얻어
禊事新成醉興悠　　이 모임 새로 이루니 취흥이 아득하네.
數旬送春黃鳥谷　　한 때의 봄 보내는 꾀꼬리 우는 골짜기
一竿消世白鷗洲　　낚싯대 하나, 세상 잊은 백구白鷗 물가,
覓花行路心如醒　　꽃을 보니 갈길 마음 깨어난 듯 하고,
種竹成樓境轉幽　　대를 심으니 다락을 이룬 곳 그윽하네.
某某嘉名青史在　　이러저런 아름다운 이름 청사에 있으니
無窮千載好風流　　다함없는 이 세월, 풍류로나 즐기세나.

---

1　지금의 전남 영광군 홍농읍 용전마을에 있던 서당.

| | |
|---|---|
| 樓有蟻樽海有魚 | 다락엔 안 거른 술동이, 바다엔 물고기들, |
| 今春懷事爲君舒 | 올 봄 마음에 품은 것들 그대 위해 펴노라. |
| 同車不遠前行路 | 한 수레를 타고 가니 앞길은 머지 아니하고 |
| 分手猶難已結裾 | 손 놓기 어려워 이미 옷자락을 묶었구나. |
| 一部山川詩老會 | 한 고을 산천 시노詩老들이 모두 다 모이고 |
| 千家烟月野人居 | 집집마다엔 태평하게 야인野人²들이 사네. |
| 濟濟衣冠童子又 | 의관衣冠 갖추어 입은 어른들과 아이들이 |
| 風乎浴矣興何如 | 바람 쐬고 목욕하니³ 이 흥취가 어떠하리. |

---

2  벼슬 하지 않고 사는 양반 계급의 사람들이나 시골에 사는 사람.
3  『논어』 선진편先進篇 제11에 "늦은 봄 봄옷을 만들어 입고 어른 5~인, 아이 5~6인이 기수에서 목욕하고 무우[기우제 제내는 곳]에서 바람 쐬고 돌아오겠습니다 暮春者 春服旣成 冠者五六人 童子五六人 浴乎沂 風乎舞雩 詠而歸."라는 구절에서 용사한 것.

## 인파寅坡 박재익을 보내며
### 送朴寅坡在翊

湖南此日送君行  호남湖南 땅 오늘, 그대 길을 떠나보내며
離曲難堪悵結情  이별 곡조 견디기 어려워 맺은 정 한탄하네.
三旬同苦今秋晩  한 달이나 함께 동고동락, 이제 가을 깊어,
千里相思又月明  천리에 서로 그리워하리니 또 달은 밝구나.
宇宙徬徨吟壯士  그대 우주를 방황하며 읊조리는 장사壯士요
草田落拓愧書生  나는 풀밭에 낙척落拓[1]한 부끄러운 서생,
停盃爲問他時約  다음 만날 약속 날짜 물으려 술잔 멈추며
花柳長安賞太平  꽃 버들 핀 장안[2]에서 태평성대 구경하세.

달밤 (ⓒ김익두, 2022)

---

1  불우한 환경에 처함.
2  서울. 여기서는 나라를 되찾을 날의 국도 서울을 암시하는 듯함.

## 고창 화수재花樹齋에서
### 高敞花樹齋

| | |
|---|---|
| 花樹新齋勝月波 | 새로 지은 화수재花樹齋[1] 풍광 좋은 이 월파루[2] |
| 天倫盛會地靈多 | 천륜天倫[3] 성대히 모이고 땅기운도 풍윤하구나. |
| 斯間惟有詩書在 | 그 사이에 오직 시서詩書들을 마련해 두었으니 |
| 早晚經綸不讀何 | 앞으로의 경륜[4]에 어찌 이 책들을 읽지 않으리. |

---

1  집안 문중의 제사를 모시는 제각.
2  화수재에 있는 정자 이름인 듯함.
3  부모 형제 사이에서 마땅히 지켜야 할 도리 또는 그런 관계로 이루어지는 사람들.
4  어떤 포부를 가지고 일을 조직하고 계획하는 것 또는 천하를 다스리는 것.

# 내를 건너며
## 涉川

十里明沙斷一橋　　고운 모래 십리길 다리 하나 끊어진 곳,
江風初宿柳烟消　　강바람 잠이 드니 버들 안개 사라지네.
淺則揭衣深則厲　　얕으면 옷을 들고 깊으면 옷 걷을 뿐,
不愁落日急流潮　　해 진들 물살 빠른들 무슨 근심 있으리.

좌 : 경북 영주 무섬 마을 외나무다리 (ⓒ 유연상, 2023)
우 : 전남 영광군 홍농읍 진덕리 진천 마을[지금의 진정 마을]에 있던 진천 우물[홍농읍 진덕리 468-3]의 현재 모습 (ⓒ 김익두, 2023)

# 진천재¹에서 지은 3수
## 眞泉齋三首

| | |
|---|---|
| 君皆白面我眼青 | 그대들은 다 백면白面²이요 나는 청안靑眼³ |
| 二美東南一好亭 | 그 두 아름다움 동남東南에 이룬 이 좋은 정자, |
| 玉山散落依梅雪 | 옥산玉山은 흩어져 떨어져 매설梅雪에 의지하고⁴ |
| 銀漢澄淸帝月星 | 은하수엔 징청澄淸⁵한 제월성帝月星⁶이 빛난다. |
| 故舊知音琴又在 | 옛 벗이 지음知音⁷을 하던 거문고도 여기에 있고, |
| 文章擊節酒初醒 | 사람들 글 솜씨 겨루는 소리에 비로소 술 깨어 |
| 遊賞無窮如許地 | 마냥 노닐며 그걸 바라보는 즐거움도 끝없어라. |
| 願將車馬四時停 | 이보게. 우리 수레와 말은 늘 그냥 매어 두세나. |

---

1 지금의 전남 영광군 홍농에 소재했던 서당 이름.
2 백면서생白面書生. 글이나 읽고 지내어 세상일에 조금도 경험이 없는 사람을 이르는 말.
3 남을 기쁜 마음으로 대하는 뜻이 드러난 눈초리.
4 진천재 주위 겨울 산의 형세를 비유적으로 표현한 구절.
5 몹시 맑고 깨끗함.
6 『신당서新唐書』「예지禮志」'교사례郊祀禮'에서 하늘에 제사를 지낼 때 제3등석에 모시던 제석帝席과 월성月星.
7 『열자列子』「탕문편湯問篇」에 나오는 백아伯牙와 종자기鍾子期의 고사에서 유래한 고사성어. 춘추전국시대의 이름난 거문고 연주가인 백아와 종자기는 가까운 벗이었다. 종자기는 늘 백아가 연주하는 곡을 듣고 백아의 마음속을 알아채곤 했다. 백아가 산을 오르는 생각을 하면서 연주하면 종자기는 태산과 같은 연주라 말하고, 흐르는 강물을 생각하며 연주하면 흐르는 강의 물소리가 들리는 것 같다고 이야기 하였다. 이에 백아는 진정으로 자신의 소리를 알아주는[知音] 사람은 종자기밖에 없다고 하였고, 이로부터 지음이라는 말은 자신을 잘 이해해주는 둘도 없는 친구를 빗대어 말하는 것이 되었다. 이렇게 자신을 알아주던 종자기가 병에 걸려 먼저 세상을 떠나자, 백아는 자신의 연주를 더이상 알아주는 사람이 없다며 한탄하고 거문고의 현을 끊고 다시는 연주하지 않았다고 한다. 이 일화에서 전해져 내려오는 또 다른 고사성어로 '백아절현伯牙絶絃'이 있다.

| | |
|---|---|
| 尺地曲欄步步登 | 지척의 굽은 난간 한 걸음씩 걸어 올라보니 |
| 古今書籍伴靑燈 | 고금古今의 서적들이 청등靑燈을 짝하여 있네. |
| 九秋晚節冬又三 | 구추九秋 만절晚節 지나면 또 삼동三冬 오리니 |
| 四友芳隣客二增 | 사방 벗들 꽃다운 이웃 손님 둘 다 늘어나리. |
| 海上雷雲天欲雨 | 바다 위 뇌운雷雲[8] 있으면 하늘엔 비 움직임, |
| 日中雪水夜還冰 | 한낮 설수雪水, 밤엔 다시 얼음으로 돌아가리. |
| 余心渺渺美人遠 | 내 마음 멀리 아득히, 미인[9]도 멀리 있느니, |
| 何處長安見漢澄 | 어느 곳 장안[10]에서나 한징漢澄[11]을 볼거나. |

| | |
|---|---|
| 四時淸興一陽佳 | 일 년 내내 맑은 흥취 일양一陽[12] 아름다워 |
| 樽酒文章醉似麻 | 삼[13] 향기 취하듯 항아리 술 문장에 취하네. |
| 竹實參差歲寒久 | 대나무 열매 참치參差[14]해 찬 겨울은 길고 |
| 梅容淡泊月明加 | 담백한 매화 얼굴 맑은 달빛으로 더욱 희네. |
| 十載風塵今世界 | 지금의 이 세상은 십 년 동안 풍진의 세월,[15] |
| 萬卷詩書是生涯 | 만 권 시서詩書가 곧 이내 생애일 뿐이라네. |
| 自南自北從遊遠 | 남쪽 북쪽으로 좇아 멀리에까지 노닐어가니 |
| 夫子遺風不樂耶 | 공자님 끼치신 이 유풍遺風 즐겁지 아니하랴. |

---

8　소나기구름.
9　재덕을 갖춘 임금.
10　서울.
11　한漢나라의 맑은 기운을 뜻하는 듯함. 한漢나라는 서민 출신 한고조 유방이 한신·장량 등 유능한 신하와 장수들의 도움을 받아 천하를 통일하여 세운 나라.
12　일양一陽 : 동지 혹은 동지에 시작되는 천지의 양기운陽氣運.
13　삼베를 짜는 대마大麻. 이 잎으로 대마초를 만듦.
14　참치부제參差不齊 : 길고 짧고 들쭉날쭉하여 가지런하지 아니함.
15　호당이 살던 구한말~일제강점기 시대의 시대적 상황을 말함.

## 고창 신상재[1]에서 지은 2수
### 高敞新上齋二首

| | |
|---|---|
| 青春作伴政同年 | 젊어서 동무되어 같은 나이 동갑내기 |
| 詩一床頭酒一邊 | 시 짓는 상머리 한 옆에는 술도 있어라. |
| 惟有鄕山梅月好 | 생각건대, 향산鄕山 매화 달 참 좋으니 |
| 勸君今夜莫相眠 | 그대여. 오늘밤 우리 서로 잠들지 말자. |
| | |
| 歲色江南日漸長 | 강남의 세월 빛깔 나날이 점점 자라 |
| 循環天理覺春陽 | 천리天理가 순환하니 봄볕이 다가왔네. |
| 千里逢迎多此地 | 천리 이곳에선 봉영逢迎[2]도 많으니 |
| 北堂出入有其方 | 북당北堂에 출입함[3]도 예법이 있을 걸세. |
| 遯跡雲林無適處 | 숨어살던 깊은 숲은 그 어디런가. |
| 泛舟烟月莫相忘 | 연월烟月[4] 배 띄운 기억 서로 잊지 마세. |
| 沈吟到夜才何拙 | 밤늦도록 시 읊는 재주 보잘 것은 없어 |
| 諸座還羞次一章 | 둘러 앉아 다음 장 짓기 부끄러워하네. |

---

1 고창군 고창읍 신상리에 소재했던 서강. 신상 마을은 시인의 일가들이 모여사는 집성촌.
2 손님맞이. 서로의 뜻을 맞추어줌.
3 아침저녁으로 부모에게 문안 올리러 다닌다는 뜻. 부모님 문안하기.
4 안개 속에 보는 은은한 달. 태평연월太平烟月.

## 진천재[1]에서 만촌 김여장·사송 방원근과 더불어 술을 마시며 지은 5수
### 眞泉齋與金晩村汝長房四松源根相酬五首

| | |
|---|---|
| 同志曾年我有君 | 뜻을 같이하기를 여러 해, 내 그대들 있으니 |
| 交如淡水會如雲 | 사귀기는 맑은 물 같고 모이기는 구름 같네. |
| 長沙名勝晩村在 | 장사長沙[2]의 명승지들은 만촌晩村[3]에 있고 |
| 眞谷芳隣德岫分 | 진곡眞谷[4]의 방린芳隣[5] 덕수德岫[6]에서 나뉘네. |
| 興致相酬今日酒 | 오늘은 흥 일어 서로 수작하며 술을 마시나 |
| 經綸大讀古人文 | 경륜經綸[7]은 커서 고금의 글들을 읽는다네. |
| 何事後生來又後 | 무슨 일로 후생들은 오고 또 가는 것인가. |
| 賡吟還愧未多聞 | 남 노래 이어 읊음 아는 것 없어 부끄럽네. |
| | |
| 男兒樽酒又長歌 | 사내들 항아리 술 마시고 길게 노래하니 |
| 宇宙相逢慷慨多 | 우주가 서로 맞닿듯 강개慷慨[8]한 일 많아라. |
| 河漢初晴星斗轉 | 은하수 비로소 맑아 북두성 남두성 바뀌고 |
| 霄雲欲斷玉峰峨 | 구름은 드높은 옥봉玉峯을 자르려는 듯하네. |

---

1 호당이 태어나 살던 전남 영광군 홍농읍 진덕리 진천 마을[지금의 진정 마을]의 사저이자 서당.
2 고창군 무장면 옛 이름. 여기서는 영광·무장 지역을 말함인 듯.
3 고창 무장현 만촌 마을. 김여장의 호.
4 전남 영광군 홍농읍 전덕리 골짜기.
5 꽃다운 이웃. 지명인 듯함.
6 덕산德山 묏부리. 진덕리 망덕산.
7 세상에 대한 포부와 계획.
8 의롭지 못한 것을 보고 정의심이 복받치어 슬퍼하고 한탄함.

| | |
|---|---|
| 楊柳翠增分手客 | 버들가지 푸름 더하는데 나그네들 이별하고 |
| 桃花紅妬畫顔娥 | 복숭아꽃 붉어 그림 얼굴 항아[9]를 시샘하네. |
| 由來日日春風坐 | 온갖 사물들은 나날이 봄바람을 불러 앉혀 |
| 元氣四時一太和 | 원기元氣가 사시 중에 한껏 크게 퍼지누나. |

| | |
|---|---|
| 南國逢君酒政寬 | 남국에서 그대 만나 주정酒政[10]이 너그럽고 |
| 二難三語摠衣冠 | 이난二難[11]삼어三語[12] 모두 다 의관衣冠[13]의 일. |
| 筵前花筆春心暖 | 술자리 앞의 꽃들은 봄 마음 온화함 그리고 |
| 窓外溪山夜氣寒 | 창밖의 시냇물과 산에는 밤 기운이 차구나. |
| 詩禮曾年徒傳訓 | 시 예법은 예전 훈전訓傳[14]을 좇으면 되나, |
| 農桑何日見民安 | 백성들 농상農桑[15] 어느 때나 편안해지리. |
| 復有登臨西景好 | 다시 산에 올라보니 서쪽 경치가 볼만하여 |
| 千帆漁火對天看 | 수많은 고깃배 불빛 하늘에 닿아 보이누나. |

| | |
|---|---|
| 叢會春衫五色班 | 오부룩이 모여 춘삼春衫[16]은 오색 무늬, |
| 家庭詩禮日承顔 | 가정의 시례詩禮는 나날이 이어 드러나네. |
| 桑麻細雨千村暗 | 상마桑麻[17]에 가는 비 내려 온 마을 그윽 |
| 梅竹淸風一室閒 | 매죽梅竹에 맑은 바람, 온 집안 한가하네. |
| 驚夢不嫌鶯欲老 | 꿈을 깨치니 꾀꼬리 늙음 싫치 아니하고 |

---

9  항아姮娥 : 달 속에 있다는 전설 속의 선녀.
10 주정酒政 : 술좌석에서 술을 마시는 일이나 그 절차.
11 이난二難 : 세상에 만나기 어려운 두 사람. 곧 어진 임금과 훌륭한 손님.
12 삼어三語 : 군자가 지켜야할 3가지 덕목. 곧 군신, 부자, 부부의 도리.
13 옷차림에 관한 예의범절.
14 경서經書를 풀이한 책.
15 농사일과 누에치는 일.
16 봄에 입는 홑옷.
17 뽕나무와 삼 곧 대마.

| | |
|---|---|
| 知音却喜燕初還 | 지음知音하니 문득 제비 첫 돌아옴 기뻐라. |
| 文章樂事今何在 | 문장의 즐거운 일 이제 그 어디에 있느냐. |
| 第一詠觴歷代間 | 인류 역사에 제일은 시 읊기와 술 마시기. |
| | |
| 玉壺三月賦春鶯 | 옥호玉壺[18] 삼월, 봄 꾀꼬리 시를 지으며 |
| 獨步登臨長短城 | 홀로 걸어서 장단성長短城을 올라 보네. |
| 落花寂寂前朝恨 | 적적한 저 낙화落花는 옛 왕조의 한이요, |
| 杜宇聲聲故國情 | 소리소리 두견새는 고국故國의 정이로고. |
| 時雨農談西已夕 | 때마침 비 내리고 농사 얘기 저무는 저녁 |
| 和風漁笛海初晴 | 화풍和風 어적漁笛 소리, 비로소 개는 바다, |
| 君詩多日皆淸絕 | 그대들의 시 오래도록 다들 맑고 빼어나, |
| 誦口芳香去後名 | 가신 뒤 그 이름 꽃다운 향기로 구송되리. |

전남 영광군 홍농읍 진덕리 진천 마을[지금의 진정 마을] 당산 모습. 음력 1월 14일 날 밤에 이곳에서 당산제를 지낸다(ⓒ 김익두, 2023)

---

18 글자 그대로는 옥으로 만든 병, 옥으로 만든 물시계. 또는 깨끗한 마음, 여기서는 지명인 듯함.

## 화승<sup>1</sup>으로 4수의 시를 짓다
### 火繩作四首

| | |
|---|---|
| 偶到書隣每受嘲 | 우연히 들어온 글이웃, 매양 조롱을 받으나 |
| 終看習鳥自成巢 | 마침내 습조習鳥²도 제 스스로 집을 지으리라. |
| 炊烟猶晚青生屋 | 밥 짓는 푸른 연기 오히려 늦게 오르는 집들, |
| 農雨時多白滿郊 | 농우農雨 내리는 때면 온 들이 온통 하얗다. |
| 夕照何嫌生峽路 | 저녁노을이 어찌 삶의 좁은 길을 싫어하리, |
| 月明又是在花梢 | 밝은 달은 또 저 꽃나무 가지 끝에 걸렸어라. |
| 三笑三眠情愈厚 | 삼소三笑³ 삼면三眠⁴에 정은 더욱 두터워지고, |
| 青春好作忘年交 | 청춘이라는 것은 망년지교⁵를 좋이 짓나니 |
| | |
| 蓂莢今春歲有占 | 올 봄에도 명협蓂莢⁶은 새해 운수 점치는데 |
| 世間惟我士農兼 | 세간에서는 내가 사농士農을 겸한다고들 하네. |
| 漏響微寒風入戶 | 문틈으로 드는 바람소리에 찬 기운 새어들고, |

---

1 화승火繩 : 긴 실에 불을 붙여 놓고 그 실이 다 타기 전에 시를 짓는 놀이.
2 날기를 연습하는 어린 새. 여기서는 아직 글짓기에 서투른 글이웃[書隣]을 말함.
3 동양화 화제畫題 중의 하나인데, 중국 진晉의 혜원 법사가 여산廬山의 동림사東林寺에 은거하면서, 호계虎溪를 건너지 않기로 하였으나, 도연명·육수정陸修靜을 배웅할 때 무심코 건너 버려서, 세사람이 함께 크게 웃었다는 고사를 바탕으로 한다.
4 잠삼면[蠶三眠]의 뜻. 누에는 본디 네 잠을 자고나서는 섶에 올라가 집을 짓는 것이므로, 세 잠을 잤다는 것은 곧 인생의 반평생이 이미 지났음을 비유한 말이다.
5 망년교忘年交 : 망년지교忘年之交. 나이 차이를 잊고 허물없이 사귀는 교우관계.
6 명협蓂莢 : 중국 요임금 때 났다는 풀 이름. 이 풀의 변화를 보고 달력을 만들었다 하여 달력풀 또는 책력풀이라 함.

| | |
|---|---|
| 圖華潤濕雨生簾 | 주렴발에 돋은 빗물로 그림들이 눅눅해지네. |
| 斷金最愛君爲德 | 단금지교斷金之交[7]는 그대 덕 가장 사랑함이니 |
| 食玉還羞士不廉 | 식옥食玉[8] 바꾼 부끄러운 선비 청렴치 못하리. |
| 淸夜新詞因被管 | 맑은 밤 새로 사詞[9]를 지음은 저 피리 때문이니, |
| 月中數曲透雲纖 | 달 가운데 그 몇 곡조 구름 비단을 꿰뚫는구려. |

| | |
|---|---|
| 春滿湖天雨滿池 | 봄은 호수 하늘 가득하고 비는 못에 가득하여 |
| 樓臺宴會罷筵遲 | 누대樓臺 연회宴會는 파연罷筵[10]이 더욱 늦어지네. |
| 酒後誰歌三尺劍 | 술을 마신 뒤엔 저 으기 삼척三尺 칼을 노래하고 |
| 詩餘客賭一枰棊 | 시 안 짓는 손님들은 한 판 바둑에 돈을 거네. |
| 半世功名將乃己 | 이 내 반평생, 공명功名은 장차 이미 끝났어라, |
| 孤舟烟月更何之 | 고주孤舟 연월煙月[11]에 다시 무엇을 바라리요. |
| 非但眞緣今夜重 | 참된 인연 다만 오늘밤만 중한 것이 아니니 |
| 蓬仙他日又留期 | 훗날 봉래산蓬萊山 신선 노닐기 또 기약하세. |

| | |
|---|---|
| 樂歲今春野有登 | 세월 즐기어 올 봄도 촌스럽고 변함없으니[12] |
| 陸棉水稻勃然興 | 밭에는 목화, 논엔 벼 힘차게 자라 오르네. |
| 滿地林香新雨過 | 온 땅에 숲 향기는 가득, 새로 비가 지나가니 |
| 連天花氣紫霞蒸 | 꽃기운 하늘에 닿고 자주빛 노을은 빛나네. |
| 農桑須用行餘力 | 농상農桑하고 모름지기 남은 힘은 수행하니 |

---

7 단금斷金 : 단금지교斷金之交. "쇠라도 자를 수 있는 굳고 단단한 사귐"이란 뜻으로, 친구의 정의情誼가 매우 두터움을 이르는 말.
8 식옥食玉 : 식옥취계食玉炊桂. "식량으로 옥을 먹고, 계수나무로 밥을 짓는다."는 뜻으로, 생활이 어려움을 이르는 말.
9 여기서는 시문詩文을 말함.
10 연회宴會를 마침.
11 안개 낀 은은한 달. 태평한 세상.
12 야유등野有登 : 촌스럽고 변함이 없음.

| 書劍何多學未能 | 서검書劍은 하도나 많아 배워도 못 능하리. |
| 三月物華將欲暮 | 봄 삼월 물화物華¹³들도 이제 저물려 하나니 |
| 風光使我苦吟增 | 풍광風光은 나에게 괴로운 읊조림을 더하네. |

운수를 점치는 명협풀

---

13 산과 물 따위의 자연계自然界의 아름다운 현상現象.

# 황곡¹의 벗 송군 · 이군과 더불어 지은 3수
## 與黃谷宋李諸友酬三首

| | |
|---|---|
| 與歌復在武城西 | 현가絃歌²는 다시 무성武城³의 서쪽에 있어서 |
| 山斗高名曾不低 | 산두山斗⁴ 높은 이름 일찍이 낮아진 일 없었네. |
| 道心晩學三傳禹 | 만학晩學 도심道心 요순堯舜 거쳐 우임금께 전해 |
| 禮俗終看一變霽 | 예속禮俗은 마침내 한 번 변해 가지런해 졌다네. |
| 君詩浩蕩遊江海 | 그대의 시는 호탕浩蕩하여 강과 바다에 노닐고 |
| 客夢澄清枕澗溪 | 나의 꿈은 청결하여 간계澗溪⁵를 베게로 한다네. |
| 更有漁樵生計足 | 다시 고기 잡고 나무해 생계는 부족함 없으니 |
| 此居何似楚山捿 | 이러한 삶, 어찌 초산楚山⁶에 사는 것 같으리요. |
| | |
| 晩契南來子與吾 | 남쪽에서 와 모임에 늦게 참여한 나와 그대들 |
| 二三年甲第兄呼 | 이 삼 년 차이 서로 비슷한 나이 형제로 부르세. |
| 欲夢香花能試筆 | 향기로운 꽃들을 꿈꾸려고 능히 붓을 시험하고 |

---

1 전남 영광군 홍농읍 가곡리 황곡 마을.
2 가야금과 같은 현악기에 맞추어 부르는 노래. 학문을 부지런히 하는 것. 정사를 법도에 맞게 하여 백성들이 안락하게 지내는 것.
3 무령 곧 옛 영광의 서쪽에 있는 성 이름. 현가무성絃歌武城 : 조그마한 고을 수령의 어진 정사를 말함(『논어』 양화편 참조).
4 태산북두泰山北斗 : 중국 제일의 명산인 태산泰山과 북두성北斗星이라는 뜻으로, 어떤 분야의 대가, 남에게 존경받는 뛰어난 존재를 말함.
5 산골자기 시냇물.
6 항우가 살던 중국 초나라의 산. 곧 전쟁을 일삼는 곳을 말함.

| 爲聞好鳥更提壺 | 좋은 새소리를 들으려 다시 술항아리를 드노라. |
| 人事麥秋登野色 | 인사人事는 보리타작 시절, 들빛은 더욱 푸르고, |
| 童謠烟月滿天衢 | 태평한 아이들의 노래소리는 길거리 가득하네. |
| 浪遊寒食端陽又 | 떠돌이 유랑 생활 또 한식과 단오를 당하나니, |
| 何意浮生如此夫 | 떠도는 이 인생, 어찌 이와 같이 산단 말인가. |

| 丈夫心事劍爲歌 | 대장부 이 심사, 칼이 변하여 노래가 되니 |
| 故國興亡慷慨多 | 고국의 흥망에 강개慷慨⁷한 일도 참 많아라. |
| 回首青天吟白日 | 청천青天으로 머릴 들어 백일白日을 읊조리고 |
| 待人千載見黃河 | 천 년 영웅 기다리며 황하수黃河水 바라보네.⁸ |
| 庭前垂柳春歸後 | 뜰 앞의 능수버드나무에 새봄이 돌아온 후 |
| 戶外南山雨過俄 | 창밖의 남산에 잠시 비 지나가는 소리로다. |
| 野酒更挑騷客興 | 야주野酒⁹는 다시 나그네 흥취를 뒤흔드니 |
| 年豊消息近如何 | 풍년 소식은 요즈음에 어떠할지 궁금하구나. |

전남 영광군 홍농읍 가곡리 황곡 마을 지형도 (ⓒ 카카오맵)

---

7  비분강개悲憤慷慨.
8  중국 황하수가 맑아지기를 기다리듯이 나라를 구할 새로운 영웅을 기다린다는 뜻. 중국 고사 백년하청百年河淸의 고사를 인용하여 자신의 애국심을 강하게 드러낸 것.
9  시골 마을에서 만든 술.

## 시우時雨가 크게 내리다
### 時雨大作

| | |
|---|---|
| 昨今雨事是還非 | 어제 오늘 비온 일은 다시 돌이킬 수 없어라. |
| 大水山川禹貢飯 | 이 큰물 진 산천 우禹임금 공로로 돌아가네.[2] |
| 白屋最難三食火 | 초라한 초가집 제일 어렵기는 세끼 밥인데 |
| 孤舟不防一簑衣 | 고주孤舟로 도롱이 하나 못 건지고 말았구나. |
| 愁懷旅館眠無得 | 수심과 회포, 나그네 방에 잠 이룰 수 없으나 |
| 移種農家事不稀 | 이종移種[3]의 농가農家일 드문 일이 아니라네. |
| 天翁欲潤群生物 | 조물주는 무릇 생물들 윤택潤澤케 하시려고 |
| 注下人間疾若飛 | 비를 퍼부어 인간 질고疾苦 날려버리시는가. |

---

1  모내기 때 내리는 못비.
2  하나라 우임금이 9년 동안에 황하黃河의 치수사업을 이룩한 고사를 말함.
3  모종을 다시 옮겨 심음. 이식移殖.

## 우연히 읊조린 5수
### 偶吟五首

| | |
|---|---|
| 書樓欲暮爨烟青 | 서루書樓에 날이 저물고 밥 짓는 연기 푸른데 |
| 不偶仙筇際是停 | 짝 없는 신선 지팡이[1] 집안 끝에 놓여 있어라. |
| 已經霖夏愁雲雨 | 여름 장마 이미 지나가니 저 수심의 비구름들 |
| 爲報新晴見日星 | 보답이라도 하듯 새로 개니 해와 별 드러나네. |
| 草堂高臥先生夢 | 초당草堂에 드높이 누운 선생은 꿈을 꾸시고 |
| 澤畔行吟放客醒 | 연못가 읊조리며 걷는 나그네는 술이 깨노라. |
| 綠樹淸風蟬語在 | 푸른 물 맑은 바람에 매미 우는 소리 있어 |
| 歸來平地一閑亭 | 이 평지에 한가한 이 정자로 되돌아오노라. |
| | |
| 義利兩端重且輕 | 의義와 이利, 한 끝은 막중 한 끝은 가벼워 |
| 春秋筆法古今明 | 춘추春秋[2]의 필법筆法이 고금에 환하구나. |
| 聖世一千希有運 | 천 년 성세聖世 바라지만 운수 또한 있는 법, |
| 浪年三十愧無名 | 이름 없이 떠 돌은 내 서른 해 부끄러워라. |
| 玉燭詩魂來耿耿 | 아름다운 촛불에 시혼詩魂은 화안히 오고 |
| 竹樓碁子落丁丁 | 죽루竹樓의 바둑소리 정정丁丁[3]히 멀어라. |
| 縱橫時事君休說 | 이런저런 요즘 세사, 그대 말을 그치게나. |

---

1 손님을 비유한 말.
2 중국 노魯나라의 역사책. 사서 오경의 하나.
3 바둑 두는 소리.

飮水讀書樂此生　　　　　물마시고 책 읽는 이 삶이나 같이 즐기세.

相逢宇宙日昏迷　　　　　우주宇宙가 서로 맞닿아 날이 혼미하니
前路悲歌醉似泥　　　　　지나온 길의 비가悲歌로 진흙처럼 취하네.
一室芝蘭通竹友　　　　　일실一室 지란芝蘭⁴은 죽우竹友와 통하고
半山風月又梅妻　　　　　반산半山 풍월은 또 매화를 아내로 삼나니.
孤燈白髮驚秋雁　　　　　외로운 등불 늙은이 가을 기러기 소리 놀라
更漏新詩達曉鷄　　　　　다시 눈물 흘리며 시 짓다 새벽 닭울음소리,
長沙歸路明春約　　　　　장사長沙⁵로 돌아갈 길 내년 봄의 약속에
花柳城南共馬蹄　　　　　버들꽃 핀 성 남쪽에서 말도 함께 우네.

一樓卜築海之東　　　　　바다 동편 터를 잡아 다락 한 채 지었더니
士友相尋座不空　　　　　사우士友들 서로 찾아와 자리가 비지 않으이.
淸秋見月他鄕客　　　　　이 맑은 가을 밤 타향 나그네는 달을 보고
白酒送君此夜僮　　　　　막걸리 한 잔, 그대 이 밤 조심히 보내노라.
人生三夢分猶定　　　　　인생 세 가지 꿈의 분수, 오히려 정해 있으나
物色四時興不同　　　　　사시四時의 물색物色에 흥은 같지를 않구나.
交接年來吾有術　　　　　세월은 연이어 흘러와도 내 계책은 있으니,
家貧惟贈北窓風　　　　　집안 가난 오히려 북창北窓 바람 더해 주네.

鏡水如磨玉垈剛　　　　　맑은 물은 옥 같고 집터는 굳고 단단하여
仙區一片漏塵間　　　　　물과 언덕 사이 신선이 사는 곳이로구나.
蛩音亂壁淸秋冷　　　　　귀뚜라미 소리 벽에 가득, 맑은 가을 차고
蟬語登空白日閑　　　　　매미 소리 높이 솟구쳐 한낮이 한가하네.

---

4　지초芝草와 난초蘭草. 지란지교芝蘭之交. 난초같이 향기로운 사귐. 벗 사이의 맑고도 높은 사귐.
5　중국 초나라 시인 굴원屈原의 고향. 여기서는 호당의 집안 고향 고창을 비유적으로 표현한 것.

詞賦擅鳴才子手　　사부詞賦를 마음대로 하는 재자才子 손이요,
盃樽洽暢丈夫顔　　준배樽盃⁶에 화창히 젖는 장부 얼굴이로다.
先生定座書樓重　　선생께서 좌정하신 서루書樓는 막중하시어
恰如今朝對雪山　　마치 오늘 아침 설산雪山 대하는 듯하여라.

초가을 산길 (ⓒ 김익두, 2022)

---

6　술동이와 술잔.

# 무오년[1] 시월 진천재에 서당을 열며
## 戊午十月眞泉齋設硯

| | |
|---|---|
| 遯世經綸有海東 | 속세를 피해 사는 경륜經綸[2] 해동[3]에 있으니 |
| 硯田數畝道今同 | 진천재 서당의 도道는 지금도 옛날과 똑같아라. |
| 願君那得精深力 | 원컨대, 그대들 뜻을 얻어 그에 깊이 힘을 써 |
| 復有文明闡此中 | 이를 잘 밝혀 우리 문명을 다시 회복시키게나. |

김홍도의 서당 풍속화 (국립중앙박물관 소장)

---

1  1918년. 호당의 나이 32세 때. 전남 영광군 홍농읍 진덕리 진천[지금의 진정] 마을에 거주할 당시.
2  어떤 포부를 가지고 일을 조직하고 계획하는 것. 또는 그러한 포부.
3  우리나라.

# 우연히 읊조린 2수[1]
## 偶吟二首

| | |
|---|---|
| 斯道彬彬質又文 | 유교 도는 그 형식과 내용이 잘 조화를 이루기에[2] |
| 人乎所貴敬心君 | 사람들 귀히 여기는 공경하는 마음의 그대. |
| 暮暉影子鳥生色 | 해질 무렵 그림자 지니 새들 빛깔 고웁고 |
| 秋水精神鷺出群 | 가을물 정신에 백로 무리지어 날아오르네. |
| 妖雰西起天降雨 | 요사한 안개 서쪽에 일어나 하늘 비 내리고 |
| 瑞氣東來海有雲 | 상서로운 기운 동쪽에서 오니 바다에 구름. |
| 當日傷心千萬事 | 이런 날 당해, 상심될 일 참 많기도 많아, |
| 不如座上一樽分 | 둘러앉아 한 동이 술 나눔만 같지 못하리. |
| | |
| 採得青山鈞得江 | 청산에선 나물을 캐어 얻고 강에선 낚시질 |
| 此身活計獨無雙 | 이 몸 살 길은 홀로일 뿐 그 아무도 없어라. |
| 乘昏有約吾携燭 | 해가 지면 나는 내 방에 촛불이나 켜 놓고 |
| 滯雨無心客掩窓 | 추적이는 비에 무심한 길손은 창을 닫아라. |
| 寒來遠浦驚千雁 | 먼 포구엔 추위 다가와 뭍 기러기 놀래키고 |
| 夜久前村吠一尨 | 밤 깊어 앞마을에는 삽살개가 짖는 소리. |
| 萬里烟塵消息斷 | 만 리 안개와 먼지에 모든 소식들 다 끊기고 |
| 士農自在舊居邦 | 농사짓는 선비 스스로 옛 제齊 나라[3]에 사네. |

---

1 호암이 자신이 처한 시대와 자신의 삶을 깊이 노래한 시.
2 문질빈빈文質彬彬 : 형식과 내용이 잘 조화를 이루어 아름다운 모양(『논어』 옹야편).

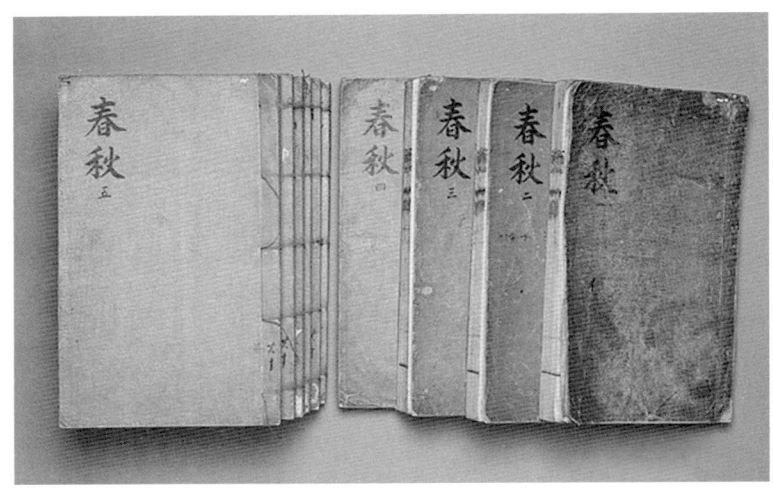
기원전 5세기경 공자가 엮은 중국의 역사서 『춘추』
(국립중앙박물관 소장)

---

3   중국 춘추전국시대 천하 제일의 부국.

## 의관議官[1] 정제강과 더불어 회포를 펴다[2]
### 與鄭議官濟康敘懷

| | |
|---|---|
| 南來士氣一天寒 | 남쪽에서 온 선비, 그대 기상에 온 하늘이 차 |
| 樽酒別離此夜難 | 한 동이 술로도 이별하기란 이 밤엔 어렵구나. |
| 植杖無心雲出岫 | 지팡이 짚으니 구름 무심히 굴에서 솟아나고 |
| 釣臺乘興月生灘 | 낚시터 흥을 실으니 여울물엔 달이 나오누나. |
| 春秋大義同君語 | 그대의 말씀은 춘추春秋[3]의 큰 뜻과도 같으니 |
| 朝暮人情推世看 | 조석朝夕으로 변하는 세정 그에 미루어 보리라. |
| 一以蔽言回首立 | 이제 모든 말들 다 덮어 두고 머리 돌려 서니 |
| 可憐何處是長安 | 가련하구나. 어느 곳에 우리 장안長安[4] 있는고. |

---

1 대한제국 시절에 중추원中樞院의 한 벼슬. 조선 고종高宗 32년에 실시하여 광무光武 9년에 찬의贊儀로 고침.
2 호암 당시의 세상 어지러움을 한탄한 시.
3 춘추春秋 : 오경五經의 하나인 『춘추』. 또는 오경의 하나인 『춘추』와 같이 비판批判의 태도態度가 썩 엄정嚴正함. 대의명분大義名分을 밝혀 세우는 사필史筆의 준엄峻嚴한 논법論法.
4 주권이 회복된 내 나라의 서울.

## 유학자 박정빈과 더불어 회포를 편 2수
### 與朴斯文正彬敍懷二首

| | |
|---|---|
| 惟願我東朝復朝 | 오직 바라는 것 우리 동방 아침 다시 밝는 것[1] |
| 金坮何處有賢招 | 금대金坮[2] 어느 곳에 어진이의 부름이 있을거나. |
| 把筆難堪風物極 | 붓을 잡고 풍물風物[3] 극진히 말하기 난감하여 |
| 撫琴爲喜故情挑 | 거문고를 타 기쁨을 삼으니 옛 뜻이 살아나네. |
| 九秋木落山容瘦 | 깊은 가을 나뭇잎 떨어져 산山 얼굴이 수척하고 |
| 十月天寒雪意驕 | 시월 하늘 차가우니 눈[雪]의 뜻이 씩씩하구나. |
| 昨夜旗亭同未唱 | 간밤 기정旗亭[4]에서 함께 노래하지 못했으니 |
| 還羞甲乙定科料 | 돌아가 그 부끄럼 갑을甲乙로 과료科料[5]를 하세나. |
| | |
| 於讀於耕我以兼 | 책 읽고 논밭 갈기 내 겸하여 살아가나니 |
| 更無俗累一毫纖 | 그 외에 다시 무슨 한 터럭 속누俗累가 있으리. |
| 竹間細雨寒生戶 | 대숲 사이 가는 비, 지게문[6]엔 찬 기운이 돌고 |
| 樓外靑山翠滴簾 | 다락 밖의 푸르른 산, 주렴에 비취빛 적셔주네. |
| 詩書惟願第兄學 | 바라는 건 오직 형제 함께 시서詩書 배우는 것, |

---

1  이런 구절에는 호암의 전통적 선비의 시대적 비전이 잘 나타나고 있다.
2  벼슬길을 말함인 듯함.
3  풍경.
4  술집, 요리집, 기를 세워 표시를 하던 데서 온 말.
5  가벼운 잘못에 부과하는 재산형의 일종. 여기서는 술집에서 술 마시고 놀지 못해 아쉬우니, 집으로 돌아가 시회를 열어 등수를 정해 풍류로 술내기를 하자는 것.
6  옛날식 가옥에서, 마루와 방 사이에 돌쩌귀를 달아 만든 문이나 부엌의 바깥문.

儀禮不嫌師友廉　　의례儀禮 싫어하지 않으니 사우師友가 청렴하네.
處世經綸將有得　　세상에 처하는 경륜經綸[7]은 이제 장차 얻으리니
自來勤儉又恭謙　　내 스스로부터 근검勤儉하고 공겸恭謙[8]하리라.

---

7　어떤 포부를 가지고 일을 조직 계획하는 것. 또는 그러한 포부.
8　공경하고 겸양함.

## 동짓날 화운和韻[1]하여 짓다
## 和冬至韻

| | |
|---|---|
| 南來氣候一陽先 | 남쪽에서 온 기후가 일양一陽을 먼저 보태어, |
| 病起爲詩感舊年 | 병석에서 일어나 시 지으니 지난 세월 느꺼워라. |
| 律已黃鍾更漏又 | 음율은 이미 황종黃鍾[2]에서 또 새어나오고 |
| 書行紅曆暮江邊 | 홍역[3]에 글을 쓰니 강변이 저물어 가누나. |
| 地下大音驚萬物 | 땅 아래에선 큰 소리 있어 만물들이 놀라고[4] |
| 人間玄酒學神仙 | 사람들은 현주玄酒[5]로 신선神仙놀음 배우네. |
| 推從此夜知春近 | 오늘밤으로 좇아 봄이 점점 가까워옴 아노니, |
| 庶事心籌復豁然 | 만사에 마음의 기틀이 다시 활연豁然[6]해지누나. |

---

1  남이 지은 시의 운자를 써서 답시를 지음.
2  동양 음악 십이율十二律 중에서 첫 번째에 해당하는 것으로, 음력 11월을 달리 부르는 말. 동양음악 십이율은 양성陽聲의 육률六律과 음성陰聲의 육려六呂로 이루어진다. 이 중에 육률은 태주太蔟 · 고선姑洗 · 황종黃鍾 · 이칙夷則 · 무역無射 · 유빈蕤賓이고, 육려는 대려大呂 · 협종夾鍾 · 중려仲呂 · 임종林鍾 · 남려南呂 · 응종應鍾이다.
3  홍역紅曆: 요임금이 지은 농사 율력.
4  풍물패/농악대가 동짓날 마당밟이굿을 치는 것을 표현한 것인 듯함.
5  제사 때 술 대신으로 쓰는 냉수.
6  눈앞을 가로막는 것이 없이 환하게 터져서 시원스러운 모양. 의문시되던 것을 막힘없이 탁트리게 깨달은 모양.

## 사송四松 박성재와 더불어 회포를 편 2수[1]
### 與房四松朴誠齋敍懷二首

| | |
|---|---|
| 感於情景發於詩 | 정다운 경치에 감동되어 시심이 우러나오니 |
| 歲暮舊緣知有期 | 세모歲暮에 옛 인연 기약 두었음을 알겠구려. |
| 淸音又在琴三尺 | 삼 척 거문고엔 아직 맑은 소리 남아 있고 |
| 孤節爲隣竹數枝 | 대나무 몇 가지는 이웃을 위한 외로운 절개. |
| 年當始仕浪吟客 | 나그네는 벼슬 당년부터 떠돌며 읊조리고 |
| 才等弱冠必達兒 | 재주 있는 무리들은 약관弱冠에도 영달하네.[2] |
| 吾友簞瓢誰可識 | 내 벗의 단표簞瓢[3]는 그 누가 가히 알아주리, |
| 晏然樂道莫如玆 | 안연晏然[4]히 낙도樂道함도 이와 같진 못하리. |
| | |
| 一陽得旺十寒歸 | 일양一陽 왕성함 얻으니 십한十寒[5]이 돌아가고 |
| 人道順天庶不違 | 인도人道 하늘에 순종하니 만사 어긋나지 않네. |
| 石出前溪冰玉結 | 집앞 돌 사이 샘솟는 시냇물 얼어 옥을 이루고 |
| 風高庭樹雪花飛 | 뜰에 서 있는 나무 바람 높아 눈꽃 휘날리네. |
| 支離鄕俗皆蛙井 | 지리支離한 향속鄕俗은 모두 다 우물 안 개구리, |
| 瀟灑仙裝一羽衣 | 그대는 소려瀟灑[6]한 선장仙裝[7] 날개옷 한 벌. |

---

1 시인이 연말 무렵에 느끼는 세태와 인생에의 소회를 읊은 시.
2 호암 당시의 세태를 암시하는 구절.
3 단표簞瓢 : 한 도시락의 밥을 먹고 한 표주박의 물을 마심. 안빈낙도(『논어』옹야편).
4 마음이 편안하고 침착한 모양.
5 한겨울.

長夜憂心君莫說　　　이 긴 밤 근심스런 마음 그대 말하지 말게나,
即看曙日更生輝　　　머지않아 새벽 오면 해 다시 살아서 빛나리니.

---

6　맑고 깨끗함.
7　신선의 복색.

# 김학사學士¹의 『동계집』²을 보고 느끼어 짓다
## 見金學士東溪集有感

| | |
|---|---|
| 先生古宅不知年 | 선생의 고택은 그 세월을 모르나니 |
| 義氣文章獨有傳 | 의기義氣와 문장이 홀로 전함이 있네. |
| 蹤跡可論江海士 | 그 자취 가히 강해江海 선비³를 말하고, |
| 風流何似竹林賢 | 풍류는 어찌 죽림칠현⁴과 비슷한고. |
| 琴三尺許能知友 | 삼 척 거문고 소리 능히 아는 벗이요 |
| 酒一平生不願仙 | 술을 벗 삼은 한 평생 신선 원치 않네. |
| 到此詩人多感發 | 이 경지 이른 시인 느끼는 바도 많아, |
| 徘徊擊節歲寒天 | 이 추운 겨울을 격절擊節⁵히 배회하네. |

---

1  학사 : 학문에 전념하는 사람.
2  미상.
3  강해사江海士 : 강해지사江海之士. 벼슬을 하지 않고 자연 속에 노니는 선비.
4  죽림칠현竹林七賢 : '대나무의 숲의 일곱 현인'이라는 뜻으로, 중국 진晉나라 초기에 유교의 형식주의를 무시하고, 노장老莊의 허무주의를 주장하며, 죽림에서 청담清談을 나누며 지내던 일곱 선비. 곧 완적阮籍·완함阮咸·혜강嵇康·산도山濤·향수向秀·유영劉怜·왕융王戎 등을 이르는 말.
5  박자나 음률에 맞춤.

# 박성재와 더불어 회포를 펴다
## 與朴誠齋敍懷

| | |
|---|---|
| 義路入行仁里居 | 옳은 길로 들어가 행하는 어진 마을 살아 |
| 勉其不足愼其餘 | 늘 부족한 것에 힘쓰고 여유로움 삼가네. |
| 林間蹤跡因何事 | 숲 사이 난 발자취는 무슨 일로 인함인가. |
| 案上經綸讀此書 | 책상 위 경륜經綸, 이 책들이나 읽는다네. |
| 覺得天心看日月 | 해와 달 보고 하늘의 마음을 깨달아 얻고 |
| 察來物理取鳶魚 | 소리개 물고기 취해 세상이치 살펴가니.[1] |
| 芳隣余樂誰能識 | 꽃다운 이웃 내 즐거움 누가 능히 알리요. |
| 學在賢親與色疎 | 어짊을 배움에 여색 함께 하긴 어려운 법. |

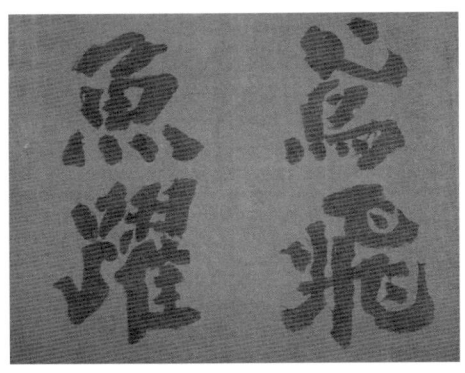

조선 후기 조선 3대 명필 창암 이삼만이 죽필로 쓴
연비어약鳶飛魚躍 글씨 (ⓒ김익두)

---

1 『시경詩經』 대아大雅 한록편旱麓篇에 "鳶飛戾天 魚躍于淵" 곧 소리개는 하늘에 날고 물고기는 연못에 뛴다"는 말이 있는데, 이는 도道가 세상 천지에 두루 행해지는 조화로운 세상 형편을 이르는 말이다.

## 화엽운和葉韻[1]으로 지은 2수[2]
## 和葉韻二首

| | |
|---|---|
| 叢詩字字芼生花 | 글자마다 생생한 꽃들 뽑아 시를 정리하며 |
| 歲色爲吟逆旅過 | 세상 세태 꼴 읊조리며 나그네길 지나간다. |
| 幽懷溪檻烟雲暮 | 그윽한 회포, 시냇가 배 위엔 안개구름 저물고 |
| 晴景湖山雪月多 | 비 갠 호수 산에는 눈 위에 달빛 그득하네. |
| 玄黃物色今時局 | 지금 이 시국의 물색物色 하도 현황玄黃[3]하여 |
| 飜覆人情即海波 | 이리저리 뒤집히는 인정 바다 물결 같구나. |
| 有爾臘梅知節運 | 오직 너 납매臘梅[4]만은 절개 운수를 아나니, |
| 春皇消息徜如何 | 춘황春皇[5] 소식은 어떻게 떠돌고 있느냐. |

| | |
|---|---|
| 登臨高處有詩坮 | 높이 올라 임한 곳에 시대詩坮[6]가 있어서 |
| 超出人間不見矣 | 인간 세상 멀리 벗어나니 티끌 볼 수 없어라. |
| 自隣獨樹他鄕在 | 스스로 외로운 나무 이웃해 타향에 있으니 |
| 只說靑山故國開 | 다만 청산 고국故國의 길 열리기만 헤아리네. |
| 斗星遙落鷄三唱 | 북두칠성 멀리 떨어져 있고 닭 세 번 우니 |

---

1 화엽운和葉韻 : 대나무 잎에다 운자韻字를 써서 독에다 넣고 하나씩 꺼내는 즉시 이 운에 따라 시를 짓는 속작시速作詩 놀이.
2 호암 당시의 세태를 암시하며 노래한 시.
3 검은 하늘빛과 누런 땅빛. 여기서는 천지가 병든 기색을 띤 것을 말함.
4 납매臘梅 : 섣달에 피는 매화.
5 춘황春皇 : 봄 봉황새. 미상. 임금이나 나라를 뜻하는 듯함.
6 시를 짓는 돈대墩臺.

海雨初晴雁一來　　　바다엔 비가 개어 날아오는 한 마리 기러기,
元脈眞泉通半畝　　　진천재로 내린 원맥은 반무半畝7 들로 통하고
盈科活水碧如苔　　　영과盈科8의 활수活水는 이끼처럼 푸르구나.

---

7　작은 밭뙈기.
8　영과盈科 : 빈곳을 채우고 흘러감. 영과이후진盈科而後進 곧 "구멍을 가득 채운 뒤에 나간다."는 뜻으로, 물이 흐를 때는 조금이라도 오목한 데가 있으면 우선 그곳을 가득 채우고 아래로 흘러간다는 말. 사람의 배움의 길도 속성으로 하려 들지 말고 차근차근 닦아 나가야 한다는 말.

# 기미년[1] 봄 진천재[2]에서 지은 3수
## 己未春眞泉齋三首

| | |
|---|---|
| 芳隣別業有書樓 | 꽃다운 이웃 별업別業을 서루書樓에 두니 |
| 才子文章往往留 | 재자才子 문장들이 이따금씩 머물게 되네. |
| 德岫雲林行過路 | 덕수德岫[3]의 운림雲林은 지나가는 길이요, |
| 眞泉水石到來頭 | 진천眞泉[4]의 수석은 머리맡에 다달아 오네. |
| 二美東南同日會 | 이 두 아름다움 동남쪽에 같은 날에 모여 |
| 一場翰墨伴春遊 | 한 바탕 한묵翰墨[5]으로 봄과 더불어 노네. |
| 尋常淸債求花鳥 | 항상 맑은 글빚, 꽃과 새를 찾아 구하니 |
| 爲我東風且莫愁 | 나를 위해 동풍東風은 또 근심이 없어라. |
| | |
| 眼得心田防意城 | 눈으로 심전心田[6] 얻으니 뜻 지키는 성이요 |
| 一生鑑戒此中明 | 내 한 평생 감계鑑戒[7]는 이 가운데 밝아라. |
| 春暮雨添鄕思淚 | 봄 저물고 비 뿌려 고향 생각, 흐르는 눈물 |

---

1  1919년. 호암의 나이 33세 때. 3.1독립운동이 일어난 해.
2  전남 영광군 홍농읍 진덕리 진천 마을[지금의 진정 마을]에 있던 서당 이름. 이곳에서 호당이 아이들을 가르쳤음.
3  진천재가 있었던 진천/진정 마을 인근 단덕리에 있는 덕림산德林山 묏부리를 말함인 듯함. 이곳에 덕림정사德林精舍가 있음.
4  진천재의 자연.
5  문한文翰과 필묵筆墨이라는 뜻으로, 글을 짓거나 쓰는 것을 이르는 말.
6  밭이 온갖 곡식의 싹을 내는 것처럼 마음도 선악의 싹을 낸다는 뜻으로, '마음'을 비유적으로 이르는 말. 마음의 본바탕. 마음자리. 본심.
7  지난 잘못을 거울로 삼아 다시는 그런 잘못을 저지르지 않도록 하는 경계警戒.

| | |
|---|---|
| 江空雲過棹歌聲 | 강 가운데 구름 지나니 노 젓는 노랫소리, |
| 碁酒相逢當日興 | 바둑과 술로 서로 만나니 오늘의 흥취요, |
| 詩文此會百年情 | 시문으로 이렇게 모이니 백년의 정이로세. |
| 是非善惡皆由我 | 시비是非와 선악들은 다 나로 말미암는 것, |
| 身事能知重且輕 | 내 능히 매사의 경중輕重을 이제 좀 알겠노라. |

| | |
|---|---|
| 名下相逢年小儕 | 스승 아래[8] 서로 만난 나이 어린 이 무리들 |
| 吟風醉月兩相佳 | 바람 읊고 달에 취하니 둘 다 서로 아름답네. |
| 山客入門衣葛服 | 문으로 들어오는 산 나그네 갈옷을 입었고 |
| 江姬當壚揷花釵 | 집에 당도한 강 여인은 꽃비녀를 꽂았네라. |
| 小溪細柳連三里 | 작은 시내 가는 버들은 세 마장에 이어 있고 |
| 碧海長天共一涯 | 푸른 바다는 높은 하늘과 한가지로 아득하여 |
| 九十春光更好看 | 구십춘광九十春光[9]은 다시 보아도 아름답구나, |
| 東阡南陌四通街 | 사방으로 탁 트인 동쪽 밭두둑, 남쪽 잣나무도. |

봄날 조선 산야의 진달래 꽃밭 (© 김익두, 2022)

---

8 명하名下: '어떤 이름을 내건 사람 밑에'란 뜻으로, '스승의 이름 아래'란 뜻.
9 봄 석 달.

# 봄밤 제군들과 더불어 화엽운[1]으로 짓다
## 春夜與諸君和葉韻

| | |
|---|---|
| 一靑燈下有書床 | 푸른 등불 하나 밝힌 아래 책상 하나 벌여 두고 |
| 時對放人咏且觴 | 때로 옛사람 대하여 읊조리고 또 술잔을 드노라. |
| 名亭修禊春將暮 | 이름난 정자 시 모임, 봄은 장차 저물려 하는데 |
| 遊子成衣日載陽 | 옷 해 입고 놀러 다니는 사람들, 햇볕 따사롭네. |
| 簾重翠凝千嶂氣 | 주렴마다엔 푸르른 천 봉우리 기운이 맺혀 있고 |
| 潭虛明入一天光 | 연못 가운데로 빛이 드니 온 하늘이 다 밝구나. |
| 團會衣冠如許席 | 함께 모인 분들의 의관衣冠[2] 어떠한 자리인고. |
| 風流三語最難長 | 풍류 세 마디 말이 제일로 어려운 장기로구나. |

---

1　화엽운和葉韻 : 대나무 잎에다 운자韻字를 써서 독에다 넣고 하나씩 꺼내는 즉시 이 운에 따라 시를 짓는 속작시速作詩 놀이.
2　옷차림새 범절.

## 박성재와 더불어 회포를 펴다
### 與朴誠齋敍懷

愛君華藻絶成家　　사랑하는 그대 화려 문채 뛰어나 일가 이루니
庶幾今宵不我遐　　오늘밤 나는 어떤 여유도 겨를도 거의 없구려.
詩頭輒今吟鞭急　　시의 시작엔 읊조림 보이다가 문득 급 채찍질,
酒後相逢醉帽斜　　술 마신 뒤 서로 만나니 취한 모자가 기우누나.

江三里許山三疊　　저 강물은 멀리 삼 마장쯤, 산과 들은 또 첩첩,
農一經營士一加　　손수 농사지으며 때로는 가끔 글도 좀 읽노라.
何事多年同作客　　무슨 일로 그대도 긴 세월 함께 나그네가 되어
今春又負故園花　　올 봄에도 또 다시 그 고향 꽃을 저버리느뇨.

## 단곡에서 송주松洲 나창환을 만나 을진포[1]로 내려가다
### 丹谷逢羅松洲昌煥下乙津浦

| | |
|---|---|
| 春紅已昨夏全青 | 봄의 붉은 빛 이울어지니 여름 온통 푸른색, |
| 假我文章感物形 | 좀 여유로워져 내 문장 사물 형상에 감응하네. |
| 來初見子同庚第 | 내 처음 그대 만났을 때 우리 나이 동갑내기, |
| 歸路尋眞太乙汀 | 돌아오는 길 진인眞人 태을太乙[2] 물가[3] 찾으니 |
| 待時先學齊公釣 | 때 기다리는 선학제공先學齊公은 다 강태공들, |
| 離世還吟楚子醒 | 속세를 떠나 초패왕楚覇王[4] 까달음을 읊조리네. |
| 復有風流蘭禊會 | 다시 풍류로 이 향기로운 시 모임을 즐기나니, |
| 願言車馬暫相停 | 원컨대, 거마車馬는 서로 잠시 멈추어 두세나. |

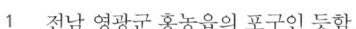

조어산수도釣魚山水圖
(국립중앙박물관 소장)

---

1 전남 영광군 홍농읍의 포구인 듯함.
2 진태을眞太乙 : 태을진인太乙眞人. 우주의 근본을 깨달은 사람. 여기서는 '을진포乙津浦'를 중의적으로 표현한 것.
3 을진포 포구 물가.
4 항우項羽(BC 232~202). 유방과 패권을 다투다가 각지에 봉한 제후를 통솔하지 못하고 해하垓下에서 유방의 군대에 포위되어 사면초가四面楚歌에 몰리자 포위를 풀고 오강烏江에 이르러 자신의 목을 찔러 자살했다.

전남 영광군 흥농읍 계마포리 계마포항 모습 (ⓒ김익두, 2023)

# 만촌晚村 김형[1]과 더불어 계마포[2]에 가서
## 與金晚村往桂馬浦

| | |
|---|---|
| 偶來波市故情連 | 함께 짝하여 파시波市[3]에 오니 옛 정 끝없구나. |
| 物色何如已去年 | 물색物色은 어찌하여 이미 다 해 지난 것들인고. |
| 古塔金菴題遠客 | 옛 탑 금암金菴엔 먼 길 나그네 써놓은 싯구들, |
| 春舟蓬海降群仙 | 봄 배들은 봉해蓬海[4]에 뭇 신선들이 내려온 듯, |
| 烟消水檻魚鰕躍 | 물에 안개 걷히니 물고기 새우들이 뛰어오르고 |
| 草軟陽坡麋鹿眠 | 풀 부드러운 양지 언덕에는 사슴들이 졸고 있네. |
| 遙憶美人何處在 | 멀리 생각건대, 가인佳人[5]은 그 어디에 있느뇨. |
| 雲河渺渺一天邊 | 구름 비친 물이 멀고 아득한 한 하늘가 닿았네. |

---

1 김여장金汝長.
2 지금의 전남 영광군 홍농읍 계마리에 있는 계마포구.
3 고기잡이가 한창일 때 해상海上에서 열리는 임시 생선 시장. 이 계마포 앞바다는 예로부터 조기가 많이 잡혀 조기 파시가 유명하였음.
4 봉래산/금강산 해금강.
5 훌륭한 사람. 현인·군자·임금님 등을 가리킴.

## 사송四松 방형[1]과 더불어 봄 지나 회포를 펴다
### 與房四松春後敍懷

| | |
|---|---|
| 長夏田村事事幽 | 기인 이 여름 전촌田村[2]엔 일마다 다 그윽하여 |
| 吾生可笑此中生 | 나의 삶을 여기서 구하니 가히 웃을 만하네. |
| 仁天玉雨嘉禾出 | 어진 하늘 옥우玉雨[3]는 목화 싹틈을 기뻐하고 |
| 福地金風大麥收 | 복된 땅 금풍金風[4]은 보리를 잘 거두게 하네. |
| 關山長夜悲聞笛 | 관산關山[5] 긴긴 밤 슬프게 들리는 저 피리소리, |
| 桃野何時見放牛 | 복숭아꽃 핀 들은 언제나 소 노는 걸 볼거나.[6] |
| 經春懷緖相言處 | 봄을 지내고 남은 회포 서로 말하는 곳에서 |
| 暫借兒毫試一投 | 잠시 아이들 붓을 빌려 시 한 편 지어 보네. |

김홍도의 벼타작 풍속화 (국립중앙박물관 소장)

---

1 방원근方源根.
2 시골. 밭이 많은 시골 마을.
3 옥같이 귀하게 내리는 비.
4 서풍.
5 고향의 산. 고향. 관소關所 가까이에 있는 산.
6 국권의 회복을 바라는 마음.

# 만촌晩村 김형,[1] 영초嶺初 송형과 더불어 상주相酬[2]하다
## 與金晩村宋嶺初相酬

| | |
|---|---|
| 十里湖山築一樓 | 십 리 호수와 산 사이 정자 하나 지어 놓으니 |
| 暮朝佳景此中留 | 아침저녁 아름다운 경치 이 중에 머물러 있네. |
| 同來遷客長沙路 | 함께 왔던 나그넨 장사長沙[3] 길로 되돌아가고 |
| 遙憶美人漢水頭 | 멀리 한강 머리 그 미인美人[4]분을 생각해 보네. |
| 風塵未暇今年會 | 바람과 먼지는 금년에도 겨를 없이 모여드나니 |
| 詩酒相逢此日遊 | 시와 술로 서로 만나 오늘은 즐거이 노니세나. |
| 大地欲乾天下雨 | 땅 말라가니 하늘은 천하에 비 내려주시려나 |
| 幾回重疊野人愁 | 몇 번씩 거듭 쌓이는 들사람들의 이 근심이여. |

---

1 김여장金汝長.
2 시를 서로 주고받음.
3 원래는 중국 호남성湖南省의 주도. 여기서는 고향을 가리키는 말.
4 임금.

호암壺巖 변성온·인천仁川 변성진의 효성을 기억하기 위해 그 후손들이 고창군 아산면 반암리 인천강 강가 절벽에 지은 두암초당斗巖草堂 정자. 김소희 명창이 득음한 곳 (ⓒ김익두, 2023)

# 복날 하자何字 운韻으로 지은 2수[1]
## 伏日何字韻二首

| | |
|---|---|
| 登臨是日興如何 | 오늘 여기 이 정자 올라 보니 흥이 어떠한가. |
| 高處名亭避暑多 | 높은 곳 이름난 정자 더위 피하는 이도 많아라. |
| 源泉清肝能當藥 | 근원 깊은 샘, 간을 맑히워 능히 약 될 만하고 |
| 絺綌便身不取羅 | 갈포옷[2] 몸에 편해 비단을 취하지 아니하노라. |
| 苦夏人吟三伏去 | 괴로운 여름, 사람들 시 읊조림에 삼복은 가고 |
| 驚秋客說二毛加 | 놀란 가을 나그네 흰 털 검은 털 보탠다 하네. |
| 惟有平生吳學士 | 나는 평생을 두고 오학사吳學士[3]를 생각하며 |
| 解我鬱悶醉相過 | 울적한 고민을 풀며 취해 더불어 살아 간다네. |
| | |
| 一片清區別有天 | 한 조각 맑은 구역, 별천지와 같은 이곳에 |
| 兵塵阻絕但風烟 | 전쟁 먼지는 끊기고 다만 바람과 안개뿐일세. |

---

1 호당 자신의 망국의 한이 담겨 있는 시임.
2 치격絺綌: 발을 곱게 짠 갈포葛布와 굵게 짠 갈포. 선비 및 서민들의 옷.
3 오달제吳達濟: 조선 후기 문신. 왕조 인조 병자호란 때의 삼학사의 한 사람. 자는 계휘季輝, 호는 추담秋潭. 청나라가 병자호란을 일으켜 처들어와, 인조가 남한산성으로 피신하자, 남한산성에 들어가 청나라와의 화의를 끝까지 반대하였다. 인조가 청군에 항복하자, 청나라에서는 전쟁의 책임을 척화론자에게 돌려 이들을 찾아 처단할 것을 주장하였다. 이에 그는 윤집尹集과 더불어 자진해 척화론자로 나서, 적진에 잡혀가 청나라로 끌려갔다. 적장 용골대龍骨大는 오달제의 뜻을 꺾기 위해, 처자를 거느리고 청나라에 와 살라고 회유와 협박을 하였다. 그러나 오달제는 죽음보다 두려운 것은 불의不義라 하고, 저들의 말을 좇으면 오랑캐가 되는 것이라 하여 끝까지 항변하였다. 마침내 심양성瀋陽城 서문 밖에서 윤집·홍익한洪翼漢과 함께 처형을 당하였다. 세상에서는 이들을 '삼학사'라고 하여 그들의 절개와 충성을 높이 기리게 되었다. 나중에 영의정에 추증되었으며, 저서로는 『충렬공유고忠烈公遺稿』가 있고, 시호는 충렬忠烈이다.

| | |
|---|---|
| 隱耕欲契伊莘野 | 숨어 논밭 갈며 시 모임, 저 족두리풀밭처럼[4] |
| 往釣不如呂渭川 | 고기를 낚으러 감은 강태공의 위수가 곧 제격.[5] |
| 白蘋紅蔘秋江際 | 가을 강 끝 마름풀 희고, 여뀌풀 붉게 물들어 |
| 高鳥閑蟬夕日邊 | 석양 언저리 높이 나는 새, 한가한 매미 소리, |
| 吾友眞情今可識 | 나의 벗의 참된 정을 이제야 가히 잘 알게 되고, |
| 時來洽位我悠然 | 때가 오니 내 유유자적함 넉넉히 자리하는구나. |

죽림칠현도 (국립진주박물관 소장)

---

4  신야莘野 : 족두리풀 벌판.
5  여위천呂渭川 : 여상呂尙 곧 강태공의 위수渭水. 여상呂尙 강태공이 낚시질을 하며 때를 기다리던 위수渭水를 말함.

# 단산 진사進士 이강제[1]와 오강梧崗 이형이 찾아와 회포를 펴다
## 丹山李進士康濟李梧崗見訪敍懷

| | |
|---|---|
| 先生杖屨過余尋 | 선생의 지팡이와 신이 지나다가 나를 찾아오시니 |
| 恐負多年道義深 | 여러 해 도의道義를 깊이 하였나 두려움만 생기네. |
| 當樽何辭文章醉 | 술동이를 앞에 하고 어찌 문장에 취함 사양하리. |
| 感物曾悲壯士吟 | 사물 느끼면 더 슬픈 장사壯士[2]의 읊조림이 되고 |
| 登稔烟花皆勝像 | 곡식이 여무니[3] 안개낀 꽃들은 다 빼어난 형상, |
| 忘機鷗鷺獨何心 | 망기忘機[4]하니 갈매기 해오라기 어떤 마음인가. |
| 晋代群賢今復在 | 진대晉代의 뭇 현자들[5]이 지금도 다시 예 있어서 |
| 風流何似古山陰 | 풍류도 또한 어찌 옛날의 산음현山陰縣[6]과 같은가. |

---

1  이강제李康濟 : 전남 영광군 홍농 사람.
2  기개氣槪와 골격이 굳센 사람. 이 문집에서는 주로, "탁월한 기개와 바른 뜻을 품었지만, 세속에서 뜻을 이루지 못하는 사람"의 뜻으로 쓰이고 있음.
3  등념登稔 : 곡식이 여무는 것.
4  망기忘機 : 속세의 일이나 욕심을 잊음. 구로망기鷗鷺忘機; "바닷가에서 갈매기와 해오라기 노는 것을 보며 세상일을 잊는다."는 뜻으로, 숨어 살면서 속세의 일을 잊음을 이르는 말.
5  위魏나라 말 진晉나라 초기의 죽림칠현竹林七賢 곧 완적阮籍·혜강嵇康·산도山濤·향수向秀·유영劉伶·완함阮咸·왕융王戎 6인의 현자를 말한다. 이들은 위魏·진晉의 정권교체기에 부패한 정치권력에는 등을 돌리고 죽림에 모여 거문고와 술을 즐기며 청담淸談으로 세월을 보낸 일곱 명의 선비이다. 이들은 중국 위나라 말기 실세였던 사마씨 일족들이 국정을 장악하고 전횡을 일삼자 이에 등을 돌리고 노장의 무위자연 사상을 심취했던 지식인들이었다. 이후 이들은 위魏나라를 멸망시키고 진晉나라를 세운 사마씨의 일족에 의해 회유되어 해산되었지만, 이들 중 혜강은 끝까지 사마씨의 회유를 뿌리치다 결국 사형을 당하였다. 루쉰魯迅은 그들의 도피적 처세술이나 기교奇矯한 행동이 정치적 압력에 대한 소극적 저항을 표시하는 것이라고 지적하고 있다. 호당도 사회·정치적으로 일부 이러한 성격을 가지고 있다.
6  죽림칠현竹林七賢이 살던 곳. 서성書聖 왕희지(321~379/303~361년)가 살던 중국 절강성 회계會稽 산음현山陰縣

# 칠석
## 七夕

| | |
|---|---|
| 玉字初晴紫漢流 | 하늘[1]이 처음 개니 보랏빛 은하수는 흐르는데 |
| 萍鄕悵憶此生浮 | 부평초 고향, 이 삶이 떠있는 것 슬프게 추억하네 |
| 吟葉人歸金井外 | 풀잎 읊조리던 사람들 금정金井[2] 밖으로 돌아가고 |
| 誇衣女出綵樓頭 | 옷 자랑하는 여자들, 채루綵樓[3] 머리맡으로 나오네. |
| 雙星最喜烏橋夜 | 견우성 직녀성은 오작교 밤을 가장 기뻐한다지만 |
| 孤月還愁桂殿秋 | 외로운 달 수심 돌아오면, 계수나무 궁전엔 가을. |
| 乞巧曬書皆若願 | 걸교乞巧[4] 쇄서曬書[5]는 모다들 다 바라는 바이나 |
| 吾恒年少酒詩遊 | 나는 항상 소년으로 술 마시며 시 짓고 노닌다네. |

---

1 옥자玉字: 미상. 문맥상으로 '하늘'을 말함인 듯.
2 묘를 쓰려고 파 놓은 구덩이. 천광穿壙.
3 아름답게 장식한 다락.
4 음력 칠월 칠석 전날 저녁에 부녀자들이 견우牽牛와 직녀織女의 두 별에게, 길쌈과 바느질을 잘하게 하여 달라고 빌던 일.
5 서적을 햇볕에 쬐어 습기를 말림.

## 영초嶺樵 송형, 만촌晩村 김형, 석우石愚 이형과 더불어 회포를 편 5수
### 與宋嶺樵金晩村李石愚敍懷五首

| | |
|---|---|
| 挽行夕日把君衣 | 가기를 만류하는 저녁 해 그대 옷자락을 붙잡으니 |
| 雲雨前山入翠嶽 | 구름과 비는 앞산의 푸른 묏부리로 들어가네그려. |
| 星斗高名聞世早 | 북두칠성의 드높은 이름 세상에 들리기 아직 일러 |
| 江湖陳跡出門稀 | 강호江湖[1]의 묵은 자취 문밖으로 나옴이 드물어라. |
| 吟去漁詞盧月白 | 어부의 노래 읊조리고 가노라니 초가집 달이 희고 |
| 看來仙境稻花飛 | 신선 오심 보려 하니 벼꽃이 이리저리 흩날리누나. |
| 佳期復在來秋九 | 아름다운 때는 가을 구월에 또 다시 돌아오나니 |
| 黃菊丹林且莫違 | 노란 국화 붉은 숲도 또한 이를 어기지 않으시리. |
| | |
| 滿天風雨定無期 | 하늘 가득 부는 비바람 정한 기약 없어라. |
| 回首今朝見日遲 | 머리 돌려 오늘 아침 해가 늦어짐을 보겠네. |
| 黃花晩節君留醉 | 노란 국화꽃 늦은 계절 그대는 머물러 취하고 |
| 落葉秋山客有詩 | 낙엽 진 가을 산에서 나그네는 시를 짓노라. |
| 欲別水連雲外海 | 이별을 하려도 물은 이어지고 구름 밖은 바다, |
| 伫看桂發月中枝 | 어엿비 달 가운데 계수나무 가지 뻗어남 보네. |
| 如許登臨憂且喜 | 어떤 산 오름이 이보다 훌륭하고 또 기쁠거나. |
| 四時佳景此中奇 | 사시의 아름다운 경치 이 가운데서 기이하네. |

---

1 자연. 속세를 떠나 풍류와 흥취를 즐기고 수양에 힘쓰던 자연 공간.

| | |
|---|---|
| 聖代自存覆載間 | 태평성대는 하늘과 땅 사이²에 자존해 있어 |
| 不知忠孝但幽閑 | 충효도 알지 못한 채 다만 그윽하고 한가해라. |
| 逢君秋夜誇風月 | 그대를 만나 이 가을밤에 풍월을 자랑삼으며 |
| 假我百年樂山水 | 가아假我³ 한 평생 산수 즐김에 의탁한다네. |
| 短砌微涼尨欲睡 | 작은 섬돌 미미한 서늘함에 삽살개는 졸고 |
| 半簾洒落燕稀還 | 반쯤 내린 발 쇄락하니 제비는 드물게 돌아오네. |
| 蒼黃世事從何問 | 조급한 세상일들 무엇으로 좇아 물어볼거나. |
| 也似天公默賜顔 | 하느님은 이 잠잠한 중에 빛을 내려주시는 듯. |
| | |
| 霽後景光別有天 | 비 갠 후의 세상 경치는 별천지와 같은데 |
| 稻花十里散人烟 | 벼꽃 핀 십 리엔 사람들 피우는 연기 흩어지네. |
| 白髮吟秋君憔悴 | 백발이 가을을 읊조리니 그대도 초췌해지고 |
| 靑山醉月客留連 | 푸른 산 취한 달에 나그네 머무름은 이어지네. |
| 許同幽竹居窓外 | 바라는 바와 같은 그윽한 대숲은 창밖에 있고 |
| 不棄芳蘭傍砌前 | 버리지 아니한 난초는 섬돌 앞에 곁하여 있네. |
| 於仁於富一無賴 | 어짊도 부유함도 어느 하나 의지할 것 없으니 |
| 小祿斯民理固然 | 먹을 것 적은 이 백성들의 이치가 군건하구나. |
| | |
| 我愛幽閑小築坮 | 내 유한幽閑⁴을 사랑해 작은 축대築坮 쌓으니 |
| 一區別有洞天開 | 이 한 구역이 별천지 열린 하늘과 통해 있어라. |
| 草木從容風自宿 | 풀과 나무들 조용하니 바람은 스스로 잠을 자고 |
| 山河有影月初來 | 산과 물에 그림자 지니 달이 비로소 나오네라. |
| 耕居農畓當官綠 | 논밭 갈며 사는 생활이 관록 생활을 필적하여 |

---

2  부재간覆載間 : 하늘과 땅 사이.
3  오온五蘊의 화합和合으로 말미암아 된 임시臨時 육신肉身인 자기.
4  조용하고 그윽함.

| | |
|---|---|
| 酌飮眞泉勝薄盃 | 참샘물[5] 잔으로 마시니 야박한 술잔보다 나아라. |
| 更漏亦知詩興晚 | 경루更漏[6] 물시계는 시흥詩興 더디 옴 아는지 |
| 聲聲四五使人催 | 물시계 소리 너댓 번이 사람을 재촉하는구나. |

일제강점기의 자격루 (국립민속박물관 소장)

---

5 　진천眞泉: 호당이 태어나 살던 전남 영광군 홍농읍 진덕리 진천 마을[현 진정 마을]에 있던 큰 샘 우물.
6 　경루更漏: 밤 동안의 시간時間을 알리는 물방울 소리.

## 삼가 단곡丹谷 사문계師門稧[1] 모임에 차운次韻하여
### 謹次丹谷師門稧韻

| | |
|---|---|
| 丹山稧重泰山輕 | 단산丹山 계제사禊祭祀[2]의 중함 태산보다 더해 |
| 千一黃河今日清 | 어제 맑을 줄 몰랐던 황하黃河가 오늘은 맑구나.[3] |
| 達乎今古先生學 | 고금古今 두루 통달하셨도다, 선생의 학문이시여 |
| 來自西南第子情 | 그것이 제자들이 서남쪽으로부터 오는 뜻이로고. |
| | |
| 旨酒佳餚秋已熟 | 맛 좋은 술과 안주 있고 가을도 이미 깊이 익어 |
| 清風明月夜初晴 | 맑은 바람 밝은 달의 이 밤이 처음으로 갰구나. |
| 講會時書兼禮樂 | 시서詩書와 예악禮樂을 겸해서 강회講會를 하시니 |
| 斯門吾道復文明 | 유교 문화 우리의 도道가 다시 밝게 빛나네라. |

---

1 같은 스승 아래의 제자들이 모인 계모임.
2 남자들이 글재주가 좋아지기를 비는 행사.
3 거의 이루어질 수 없는 일이 이루어져 기쁘다는 뜻. 이 구절에서 인용한 고사는 이루어지기 어렵다는 뜻의 '백년하청百年河清' 고사. 이 고사는 중국 『춘추』 좌씨전 양공 8년 조에 나옴.

# 지석리支石里[1] 서재에서 설후雪後 허형을 만나 회포를 펴다
## 支石里書齋逢許雪後敍懷

| | |
|---|---|
| 節彼朗山支石兼 | 우뚝한 저 낭산에는 지석이 함께 겸해 있고 |
| 文章赫赫具人膽 | 그 문채 빛나니 사람들이 함께 우러러보네. |
| 梅竹間通黃葉路 | 매화와 대나무 사이 노랗게 물든 낙엽길에 |
| 澗溪上出白雲簷 | 산골 시냇물 솟아나고 처마 끝에는 흰 구름, |
| 先生筆體千尺重 | 선생의 필체筆體 천 길 드높이 위중하시어 |
| 遠客詩情萬縷纖 | 멀리 온 나그네 시정詩情도 만 가닥 실 되네. |
| 題罷酒醒深夜後 | 시 짓기를 다 파하고 술이 깨니 깊어진 밤, |
| 更論世事剪燈尖 | 다시 세상일 의논하며 등불 심지를 돋우네. |

고창의 고인돌 (ⓒ전라북도)

---

1  낭산/월낭산이 언급된 것으로 보아, 고창군 대산면 지석리인 듯함.

# 진천재[1]에서 파접례罷接禮[2] 운韻으로 짓다[3]
## 眞泉齋罷接韻

| | |
|---|---|
| 同門孚稧最難分 | 같은 문하 계제사[4] 미쁘게 분별키 제일 어려워 |
| 來自西南聚似雲 | 서남쪽에서 온 사람들이 구름과 같이들 모였구나. |
| 今日趨庭偕若我 | 오늘 여러 분들 이 추정趨庭[5]은 다 나와 같으니 |
| 新年設楊復期君 | 새해 다시 서당이 개학하면 그대들 또 만나리라. |
| 杯觴任醉三行可 | 술잔을 들고 취함에 임해서는 세 번이 가하나니, |
| 歌曲傷情一蔽云 | 노래 불러 뜻을 상함은 가히 한 폐단이라 이르네. |
| 造物亦知人惜別 | 조물주도 또한 사람의 아쉬운 이별을 아시는 듯, |
| 雪花亂落自紛紛 | 눈꽃 어지러이 떨어져 스스로 분분히 흩날리누나. |

---

1 호당이 아이들을 가르치던, 전남 영광군 홍농읍 진덕리 진천 마을[지금의 진정 마을]에 있던 서당.
2 작시作詩·독서讀書의 모임을 마칠 때 베푸는 잔치.
3 서당 파접례 상황을 그래낸 시.
4 남자들이 글재주가 좋아지기를 비는 행사. 서당이 학기를 마치고 파할 때 하는 행사.
5 부모 앞에서 고개 숙이고 뵙는 모습.

## 황곡黃谷[1]의 약헌藥軒 주경중 · 성재誠齋 박정빈과 더불어 회포를 펴다
### 與黃谷周藥軒敬仲朴誠齋正彬敍懷

| | |
|---|---|
| 想忘江湖等似魚 | 강호에 무리 짓는 물고기들처럼 서로 잊고 지냈구려. |
| 新詩夜會客來初 | 새로 시를 짓는 밤 모임에 손님이 오시기는 처음이오. |
| 藥圃春風高士醉 | 약포藥圃의 이 봄바람에 고매한 선비들 다 취하시고 |
| 草堂晏世主人居 | 이 초당의 편안한 곳에는 집 주인이 살고 있으시구려. |
| 眞泉水石黃山際 | 진천재[2]의 물과 돌들은 황산黃山의 끝자락에 있어 |
| 故國衣冠此地餘 | 고국故國의 의관衣冠 범절 지금도 여기 남아 있다오. |
| 三更花月還相送 | 삼경 깊은 꽃핀 달밤에 돌이켜 서로 배웅을 하는데 |
| 其奈聲聲子規渠 | 어찌하여 도랑가 소쩍새는 저리 소리소리 울고 있나. |

봄날의 소쩍새
(출처 : unsplash)

---

1 전남 홍농읍 가곡리 황곡 마을.
2 전남 영광군 홍농읍 진덕리에 있던 서당 이름.

# 여러 벗들과 술 마시고 해시海市[1]를 보고 시를 짓다
## 酬諸友觀海市韻

| | |
|---|---|
| 却恨此遊俱未中 | 이러한 유람이 다 이루어지지 못함을 문득 한하여 |
| 待君作夜戲兒叢 | 그대를 기다리며 밤놀이 하는 아이들 모여 있어라. |
| 記亭最喜今天雨 | 정자를 생각함 제일 기쁜 일인데 오늘은 비가 내려 |
| 御海聊吟萬里風 | 바다를 부리는 만 리의 바람 애오라지 읊조리노라. |
| 青紫作舟龍鳳集 | 청자색青紫色 지은 배엔 용봉龍鳳들이 모여들어 있고 |
| 東南爲市吳楚同 | 동남쪽은 저자로서 오나라 초나라[2]와 같은 모습, |
| 醉來逢着醒還別 | 취하여 와 만나 술이 깨어 다시 이별을 하였나니, |
| 惟爾書燈爲我紅 | 이제 오직 이 서등書燈[3]만이 나를 위해서 붉구나. |

전남 영광군 홍농읍 계마포리의 계마포구 모습 (ⓒ 김익두, 2023)

---

1  파시波市와 같은 뜻. 여기서는 영광읍 홍농읍 계마포구에서 시인이 파시를 본 듯함. 계마포구는 지금도 낙월도로 오가는 뱃길이 있다.
2  해시/파시가 발달했던 기원전의 중국 남방의 국가들.
3  글을 읽으려고 켜 놓은 등불.

# 수재 김응천에게 술을 권하며
## 酬金秀才應天

| | |
|---|---|
| 童年學業已崔嵬 | 어릴 적 공부할 때부터 이미 가장 우뚝하였더니 |
| 行過江湖過此坮 | 호산湖山을 지나는 길에 이 돈대墩臺[1]에 들렸구려. |
| 靑春翰墨同庚會 | 청춘靑春의 한묵翰墨[2]들이 동갑계[3] 모임을 하니 |
| 勝日衣冠與子來 | 좋은 날 옛 의관 범절이 그대와 더불어 오겠구려. |
| 論詩得見平生句 | 시를 논하며 평생 연마한 구절들 시러곰 보이니 |
| 愛飮不辭故舊杯 | 술을 사랑하는 옛 친구 술잔 사양하지 마세 그려. |
| 時卽淸和風浴好 | 때마침 맑고 화창하여 풍욕風浴[4]도 좋을 것이니 |
| 請君暇日伴相廻 | 청컨대, 그대 이 한가한 날, 서로 짝하여 거니세. |

---

1 언덕진 곳.
2 글을 짓거나 쓰는 것 혹은 그런 사람.
3 동경회同庚會: 동갑계. 같은 나이 또래들이 모이는 회합.
4 자연 속에서 바람을 쐬는 것.

풍욕으로 걷기 좋은 마을 숲길 (ⓒ 김익두, 2022)

## 장성의 맥동서재麥洞書齋[1]를 지나며
## 過長城麥洞書齋

| | |
|---|---|
| 雪竹圖書半壁空 | 눈 덮힌 대나무들과 도서들, 그 반은 푸른 허공 |
| 推看鄕學感王宮 | 미루어 보건대 향학鄕學이 왕궁을 감동시켰구나. |
| 蘭亭禊罷暮春後 | 난정계蘭亭禊[2]를 파罷하고 봄이 저문 뒤이라서 |
| 麥洞豊登穀雨中 | 맥동麥洞의 우중雨中에는 곡식들이 풍등豊登[3]구나. |
| 選句定難詩聖合 | 싯구 골라 시성詩聖과 부합하긴 참으로 어려우니 |
| 含盃何愧謫仙同 | 술잔 들어 적선謫仙과 같아지기 왜 부끄러워하리. |
| 黃龍潮水前程闊 | 황룡黃龍 호수[4] 앞길은 막힌 데 없이 탁 트였고 |
| 無恙歸舟一任風 | 하릴 없이 돌아가는 배 바람에 몸 맡기고 있어라. |

전남 장성군 황룡면 맥동리/맥호리 하서 김인후 생가 백화정
(ⓒ 김익두, 2023)

---

1 하서河西 김인후金麟厚가 태어난 전남 장성군 황룡면 맥동에 있던 서당.
2 봄 시회詩會 모임.
3 농사지은 것이 아주 잘 됨.
4 지금의 장성댐이 있는 자리, 황룡강 상류.

# 아곡서재[1]에서
## 鵝谷書齋

| | |
|---|---|
| 今人齋勝故人樓 | 지금 사람의 서재書齋는 옛사람의 다락[樓]보다 더 좋아 |
| 到此遊人辨一遊 | 유인遊人들이 이곳에 이르면 한바탕 놀만하다 하겠구나. |
| 雲壁無塵仙跡隱 | 구름 벽엔 티끌 한 점 없는데 신선 자취는 숨어 있고 |
| 書窓如水道源流 | 서고書庫의 창窓에는 도원道源[2]이 물처럼 흐르고 있어라. |
| 數里筆岩來後麓 | 두어 마장 필암筆岩[3] 뒤의 산록山麓으로 들어가 보니 |
| 一溪鵝谷入初頭 | 시냇물 한 줄기가 아곡鵝谷으로 들어가는 초두로구나. |
| 諸君莫說前程事 | 그대여. 우리 앞날의 일일랑은 굳이 말하지를 마세나.[4] |
| 去則去方留則留 | 지나갈 것은 다 지나갔고 머물 것은 또 머물러 있나니. |

전남 장성군 황룡면 아곡리 아곡서재가 있던
아치실 마을회관 모습 (ⓒ 김익두, 2023)

---

1　전남 장성군 황룡면 아곡리 아치실[鵝谷] 마을에 있던 서당 이름.
2　도道의 근원.
3　하서 김인후가 태어난, 전남 장성군 황룡면 맥동리/맥호리 마을 입구에 있는 붓 모양의 작은 바위.
4　당시대 선비의 내적 고통을 드러내는 대목.

# 남사서재[1]에서
## 南四書齋

| | |
|---|---|
| 春雨驛南客舘寒 | 봄비 오는 역사驛舍 남쪽 객관客館은 차가웁고 |
| 圖書粉壁濕無乾 | 도서圖書 분벽粉壁에 습기가 차 마른 곳이 없구나. |
| 桃紅籬落棲飛翠 | 울타리 복숭아꽃 떨어져 내리니 다락은 비취빛, |
| 柳綠庭前發牧丹 | 버드나무 푸른 뜰 앞에는 이제 모란이 피려 하네. |
| 交契初年來自得 | 어릴 때에 와서 서로 사귀어 깨달음을 자득하고, |
| 禮儀他日拜相看 | 다른 날엔 예의禮儀로써 절하며 서로를 바라보네. |
| 野色茫茫前路遠 | 들빛은 아득하고, 내 가야 할 앞길 멀고도 멀어 |
| 愁中行屨每斯難 | 수심 중에 떠도는 이 나그네 발길 늘 어렵구나.[2] |

---

1 미상.
2 나라 잃은 시대를 살아가는 필자 자신의 내적 고통이 드러나는 대목.

## 광주 대자리서재[1]에서
### 光州大自里書齋

| | |
|---|---|
| 孤城暮角冷如秋 | 외로운 성, 해 질 무렵 되니 차갑기 가을 같은데 |
| 不覺衙營忽擧頭 | 문득 아영衙營[2]이 고개를 드는 모습이 보이네. |
| 峯面北高星斗落 | 봉우리는 북쪽에 면하여 북두칠성 떨어질 듯하고 |
| 洞門南坼石江流 | 동네 입구 남쪽 언덕엔 석강石江이 흐르고 있어라. |
| 觀燈今日樓臺好 | 관등놀이 하는 오늘은 저 누대樓臺가 좋으리라만 |
| 苦雨經春客子愁 | 쓸쓸한 비 지나가는 봄날의 이 나그네 수심이여. |
| 留意難堪歸思危 | 머무를 뜻 감당키 어렵고 돌아갈 생각 급해지니 |
| 後期他日再逢遊 | 훗날을 기약하였다 다시 만나서 노닐게 되기를. |

---

1 미상. 현 광주시 북구 대자로에 있던 서당인 듯함.
2 지방 관아의 진영.

## 보성의 호곡서재[1]에서
### 寶城毫谷書齋

| | |
|---|---|
| 詩愁鄉思兩茫茫 | 시를 짓는 시름 고향 생각도 모두 아득하기만 한데 |
| 可愛諸君居地良 | 그대들 사는 이 땅 좋은 곳, 가히 사랑할 만하구려. |
| 大川西落黃河水 | 큰 시냇물 흘러 서쪽 황하수黃河水[2] 쪽으로 떨어지고 |
| 明墓東分白玉岡 | 명묘明墓[3] 동쪽엔 백옥의 산등성이 나뉘어 있어라. |
| 平野蛙聲經小雨 | 넓은 들에는 개구리 울음소리, 잠시 지나가는 빗소리, |
| 短籬鳥語帶微陽 | 야트막한 울타리엔 새들의 지저귐, 잠시 드는 햇볕, |
| 秩秩衣冠文物好 | 정숙하고 근신하는 의관문물衣冠文物[4]도 훌륭하나니, |
| 南來初見此書堂 | 남쪽으로 와서 이러한 서당書堂은 처음으로 보아라. |

---

1 전남 보성군군 득량면 송곡리에 있던 서당인 듯함.
2 여기서는 남해바다를 말함.
3 공자를 모시는 사당.
4 의상 범절과 인문.

## 고흥에 이르러 시중侍中 선조 묘소를 살펴 본 회포
### 到高興省侍中先祖墓有感

| | |
|---|---|
| 侍中島碧楊江闊 | 시중섬 푸른 버들 강이 탁 트였으니 |
| 此地興陽第一名 | 이 곳은 흥양[1] 땅의 제일 명소로다. |
| 窈窕幽堂春雨過 | 조용한 유당幽堂[2] 봄비 지나가나니 |
| 倍其子姓感欣生 | 자손 된 이 감회, 기쁜 듯 생기누나. |

고흥高興/흥양興陽에 있는 고흥류씨 6세손
선조 시중侍中 류승무柳升茂의 묘소

---

1   고흥의 옛 이름.
2   무덤. 묘소.

# 금성재[1]에서
## 金城齋

金城午日客登遊　　금성[2] 한낮 나그네 성에 올라 사방을 유람하니
楊柳前川綠水流　　버드나무들 늘어진 앞 시내엔 푸른 물이 흘러가네.
何處鐘聲雲外到　　어디선가 들려오는 종소리 구름 밖에까지 이르고,
遠菴知在碧山頭　　멀리 푸른 산머리에는 암자 하나 있음을 알겠구나.

전남 나주시 나주 객사인 금성관 모습 (ⓒ김익두, 2018)

---

1　전남 나주에 있던 서당 이름인 듯함.
2　전남 나주의 옛 이름.

# 간천재[1]에서
## 艮川齋

| | |
|---|---|
| 尋芳又過艮川邊 | 꽃다운 풀 찾아다니다 또 간천 시냇가 지나노라니 |
| 指我一筇谷谷穿 | 사람들 나를 가리켜 대지팡이로 골골을 뚫는다 하네. |
| 藥圃朝雲高士臥 | 약포藥圃[2]의 아침 구름에 높은 선비 누워 계시고 |
| 草堂春晝故人眠 | 초당草堂의 봄 낮에는 옛 벗이 잠들어 계시누나. |
| 桑麻覆巷分三逕 | 상마桑麻[3] 심고 흙 덮은 길거리엔 세 갈래 좁은 길, |
| 花樹盈庭老幾年 | 꽃나무는 뜰에 가득한데, 그 나이는 몇인지 몰라라. |
| 滄浪數曲云何處 | 푸른 물결 굽이굽이라 하는데 그 어느 곳 이름인가. |
| 濯手前程好挹泉 | 가야할 길, 샘가에서 손 씻고 샘물 한 모금 마시네. |

정읍시 덕천면 하학리 동학농민군 우물 (ⓒ김익두, 2020)

---

1 전남 고흥군 고흥읍 호동리 간천 마을에 있던 서당 이름인 듯함.
2 약초를 심어 가꾸는 밭.
3 뽕나무와 삼[대마].

# 다시 또 짓다
## 復疊

| | |
|---|---|
| 疎簾夜色水如淸 | 성근 주렴珠簾 발에 밤빛은 참 물같이도 맑으니 |
| 眼濶樓高四望平 | 눈은 광활, 누대 드높아, 사방이 두루 편안하구나. |
| 峯面嵯峨西北落 | 면한 봉우리 차아嵯峨[1]히 서북쪽으로 떨어지고 |
| 江聲進退暮朝生 | 저물녘 강물소리 왔다 가니 아침이 살아나는구나. |
| 好禊蘭亭三月事 | 좋은 계모임은 난정蘭亭 삼월의 옛일[2]과 같고, |
| 芳春花樹萬年情 | 이 좋은 봄, 꽃과 나무들은 한결같은 정이로구나. |
| 到此不堪言未學 | 이에 이르니 말을 감당치 못하고 배우지도 못해 |
| 浪吟自愧伐齊名 | 이리저리 읊조리며 부끄러이 딴짓만 하고 있네.[3] |

---

1 높고 험한 모양.
2 중국 동진東晉 시대의 왕희지가 쓴 「난정기蘭亭記」에 나오는, 봄날 산음현 회계會稽의 난정蘭亭에서 열린 유상곡수流觴曲水 연회의 내용을 인용한 것.
3 여기서 '벌제명伐齊名'은 '벌제위명伐齊爲名'의 고사를 인용한 것. '벌제위명伐齊爲名'이란 제齊나라를 공격한다 하나 말만 그렇다는 뜻. 중국 사마천의 『사기』 열전에 나오는 말. 뭔가를 하는 척하지만 실상은 딴 짓을 하고 있는 것을 일컫는 말로 쓰인다. 중국 전국시대에 연燕나라 장수 악의樂毅가 제나라를 쳐들어오자, 꾀 많은 제나라 장수 전단田單이 이간질을 하고자, 악의가 제나라를 쳐서 정벌한 후 제나라의 왕이 되려 한다는 소문을 퍼뜨리자, 연나라 왕이 악의를 전쟁 도중에 연나라로 불러들였다는 고사에서 유래.

석지 채용신이 그린 후송정 모습
(ⓒ오원근, 2019)

## 죽계재[1]에서 여러 학생들에게 주다
### 竹溪齋贈諸生

| | |
|---|---|
| 書簾高捲竹溪邊 | 서재의 주렴을 높이 말아 올린 죽계竹溪 시냇가 |
| 誦讀聲聲客不眠 | 글 읽는 소리 성성이 들리어 나그네 잠 못 이루네. |
| 聊知早晩成功大 | 조만간 공을 크게 이룰 것 애오라지 짐작하나니, |
| 後世也應稱此賢 | 후세 사람들 마땅히 이들을 어진이라고 칭하리라. |

고흥류씨 류운이 선조 때 고창읍 율계리에 세운 정자 석탄정
(ⓒ김익두, 2023)

---

1 미상. 전남 고흥의 서당 이름인 듯.

# 읍내 등암재[1]에 들어와
## 入邑內登岩齋

| | |
|---|---|
| 百尺橋頭萬仞城 | 높다란 다리 끝 깎아지른 듯한 성城 안에 |
| 官梅春盡暮鍾生 | 매화에 봄 다하니 저녁 종소리 울려 나오고 |
| 月明何夜樓臺色 | 달 밝은 밤이면 언제나 누대의 빛이 고와라. |
| 雨落長天瀑布聲 | 비가 내리는 드높은 하늘에서는 폭포 소리, |
| 夢將羽化三山近 | 꿈에 날개가 나려 하니 삼신산이 가까웁고 |
| 酒欲觴流一水平 | 잔 흐름대로 술 따르자니 한 굽이 물이 평안, |
| 歸心自切父兄戀 | 돌아가고픈 마음, 간절히 그리운 부모 형제, |
| 其奈瞑瞑夜未行 | 이토록 밤길 어두우니 내 돌아가지 못하네. |

---

1 전남 고흥군 고흥읍 등암리에 있던 서당 이름.

## 순천 광청재[1] 접장[2]께
### 順天光淸齋贈接長

| | |
|---|---|
| 野隱不多是海東 | 이 나라 해동에는 은자들이 많지 않나니 |
| 淸高一代孰相同 | 일대의 청고淸高함 그 누가 그대만 하리. |
| 忘形詩酒無何裡 | 시 짓기 잊어버리면 술 속 깊이 몰라라. |
| 般樂乾坤太極中 | 건곤乾坤 태극 가운데서 마음껏 즐기나니. |
| 人醉畫樓飛翠月 | 사람 취한 낮 다락엔 비취빛 달 날아오르고 |
| 兒遊春水木蘭風 | 아이들 노는 봄 물가에는 모란 바람 이누나. |
| 老來晩覺憂民否 | 늙어서 깨닫게 되는 것 백성 근심 아니리,[3] |
| 白首也應願歲豐 | 이 늙은인 다만 세상 풍년들기만을 바랄 뿐. |

---

1 전남 순천시 주암면 광천리, 지금의 주암댐 근처에 있던 서당 이름인 듯함.
2 선생先生. 동학東學 교도들이 접주接主를 부르던 이름이기도 함.
3 호당의 시대적 근심이 드러나는 대목.

## 동복[1]의 애곡재[2]에서
### 同福艾谷齋

| | |
|---|---|
| 仙俯深深石逕斜 | 신선 고을은 깊고깊고 좁은 돌길은 비스듬, |
| 桃源何處落來花 | 무릉도원 어디길래 꽃은 떨어져 내려오나. |
| 携柑園裡聞黃鳥 | 귤을 따는 동산 속에 꾀꼬리는 한가롭고, |
| 沫墨窓間戒畫雅 | 먹물 튄 창 사이 계화戒畫[3]는 고아하구나. |
| 青狵無事眠閑砌 | 푸른 삽살개 무사하고 눈은 섬돌에 한가해, |
| 孤鷺忘形伴暮霞 | 외로운 따오기 모양 잃고 저녁노을 머금었네. |
| 不多幾日鄉信遠 | 인생 얼마 남지 않고 고향 돌아갈 길은 멀어, |
| 意馬頻頻自到家 | 마음만 빈번히 스스로 고향 집에 다다르네. |

---

1  전남 화순군 동복면.
2  미상. 전남 화순군 동복면 읍애리에 있던 서당인 듯함.
3  세상을 경계하는 뜻을 담아 그린 그림.

## 단풍을 보며 : 병오 구월 봉산재에 있을 때 집안 어르신 계은[1] 선생을 모시고 쓴 절구시
### 丹楓:丙午九月居蜂山齋侍溪隱族先生絶韻

| | |
|---|---|
| 楓樹遙看夕照東 | 물든 단풍나무 멀리 보이고 동편엔 저녁노을 |
| 江山猶勝百花中 | 강산은 오히려 백화난만한 꽃밭보다 나아라. |
| 傍人莫說詩懷晚 | 사람들아. 시회詩懷[2] 늦어진다 말하지 말라. |
| 葉葉紅紅一色同 | 잎잎이 붉고 붉어 일색으로 모두 다 고우니. |

전북 고창군 고수면 봉산리 208에 있는 봉산재 모습 (ⓒ 김익두, 2023)

---

1　고창군 고수면 봉산리에 살았던 유학자 계은溪隱 류낙연柳樂淵. 그의 부친 류진룡柳鎭龍이 전남 영광군 불갑면에서 살다가 이곳으로 이거해 왔다고 함.

2　시에 관한 생각.

## 달을 기다리며
### 待月

夜過旣望賦丹江　　밤은 이미 보름 지나 단강丹江에 퍼지고
只有斗星謹北窓　　북두칠성만 북창北窓 근처에 걸려 있어라.
何來玉貌雲外晚　　구름 밖으로 늦게 나온 저 옥 같은 모습,
白也人間獨無雙　　그 밝음은 온 세상 홀로 비길 데 없구나.

추석날 밤의 월출 (© 김익두, 2022)

## 가을걷이[1]
### 秋收

| | |
|---|---|
| 作于夏疇納干冬 | 여름 밭에 농사짓고 겨울철에 거두어들여 |
| 事事占時孰不從 | 일마다 때를 맞추니 누가 따르지 아니하리. |
| 漢倉蜀銅何處在 | 한나라 창고 촉나라 동전[2]은 어디 있던가. |
| 積禾往往富村容 | 쌓인 목화는 이따금 부유한 마을 모습일세. |
| | |
| 秋雲如水一天寒 | 가을 구름들은 물 같아서 온 하늘이 찬데 |
| 夕照霜鴻海上看 | 석양 비친 서리 기러기 바다 위에 보이네. |
| 恭罷酒醒還就睡 | 삼가 일마치고 술 깨어 돌아와 잠자리 드니 |
| 不知明月上欄干 | 아지 못해라. 밝은 달 난간 위에 떴는지는. |
| | |
| 松竹半山一逕斜 | 송죽 반산半山[3] 오솔길 해는 뉘엿 기울어 |
| 炊烟往往有人家 | 드문드문 밥 짓는 연기[4] 오르는 집들 있네. |
| 借問小春何處至 | 묻노라 소춘小春[5]은 어느 곳에 이르렀는가. |
| 窓梅從看故園花 | 창밖의 매화는 고향 동산 꽃으로만 보여라. |

---

1 초야에 묻혀 아이들을 가르치면서, 유유자적하며 초연하게 살아가는 시골 선비로서의 자신의 삶을 담담하게 읊조린 장시.
2 옛날 곡식과 돈이 풍부했던 시대를 말함.
3 야트막한 산.
4 취연炊烟 : 밥 짓는 연기.
5 음력 10월.

各在東南素未知　　　　　동쪽과 남쪽에 나뉘어 살아 본래는 몰랐더니
偶然勝會有如期　　　　　우연히 좋은 모임의 기약을 가지게 되었네라.
從此漸看君子道　　　　　이로부터 점점 군자의 도를 보아 알게 되니
九容九思一無遺　　　　　구용구사九容九思[6] 어느 하나 모자람 없네.

溪隱堂前對碧山　　　　　계은溪隱[7]의 집 앞엔 푸른 산이 대하고 있어
眞綠尋入水雲間　　　　　진실한 인연, 대자연 속을 찾아들어 오셨어라.
塵俗不關淸潔地　　　　　세속 먼지에 관계치 않는 맑고 깨끗한 이 곳
有時學者遠從還　　　　　때로는 학자들도 먼 곳으로부터 찾아드느니.

臺有小池池有魚　　　　　누대에는 작은 연못, 연못 속에는 물고기들
所觀不是野人居　　　　　보건데 이는 야인野人[8]의 거처 아니로구나.
斜陽吾樂又何處　　　　　해는 저무는데 내가 놀 데는 또 어디일거나.
歸路旺山共挽裾　　　　　돌아오는 길 왕산旺山[9]이 소매 잡고 만류하네.

待夜沈吟興不微　　　　　밤 기다려 깊이 읊조리니 흥 또한 적지 않아
銀河橫北雁南飛　　　　　은하수 북쪽 가로지르고 기러기 남쪽으로 나네.

---

6　구용九容: 『예기禮記』에 나오는 '아홉 가지의 올바른 태도'를 말하는데, 머리를 똑바로 세워 위엄을 지킴[頭容直], 눈은 옆을 흘기지 말고 단정히 함[目容端], 숨소리는 고르고 맑게 함[氣容肅], 말할 때는 떠벌리지 말고 삼감[口容止], 또 목소리는 낮고 조용하게 냄[聲容靜], 얼굴에는 위엄이 있게 함[色容莊], 걸음은 무겁고 신중하게 걸음[足容重], 손은 가지런하고 공손하게 모음[手容恭], 서있는 모습에서는 덕성이 풍기게 함[立容德]을 말한다. 구사九思: 『논어』 계씨편季氏篇에 근거를 둔 것으로, '군자가 지켜야 할 아홉 가지 올바른 생각'을 가리킨다. 사물을 볼 때는 분명한지를 생각하고[視思明], 들을 때에는 귀를 기울여 똑바로 듣고[聽思聰], 얼굴에는 항상 온화함이 깃들게 하고[色思溫], 몸가짐은 공손하게 하고[貌思恭], 말을 함에는 충실한지를 살피고[言思忠], 어른을 섬길 때에는 공경한 태도를 잃지 말고[事思敬], 의심스러우면 끝까지 물어 의혹을 풀고[疑思問], 분하거나 억울한 일을 당하면 그 일로 인해 더 어려워지지 않을지를 생각하고[忿思難], 나에게 이득이 되는 일이라면 먼저 공정한 것인지를 생각하라[見得思義].
7　고창군 고수면 봉산리에 살았던 유학자 계은溪隱 류낙연柳樂淵. 전남 영광군 불갑면에서 이곳으로 이거해 왔다고 함.
8　시골사람.
9　고창군 고수면 봉산에 있는 왕산旺山을 말함인 듯.

深林十載誰能識
自是山門忘是非

間阻相看眼忽青
布衣團坐幾書生
燈下有詩欄有月
今宵令我不勝情

講斯詩禮百年身
無何貨寶一朝塵
若有男兒從此計
濁世超然一好人

日暖山陽雪後天
梅花紅近竹樓邊
業匹人情僅致一
此身養在服心田

逐日新新又日新
一團和氣滿堂春
捨其北學歸南蠻
幾箇世間守義人

깊은 숲속 가득 채워 놓은 것 누가 능히 알리.
이 산문山門[10]으로부터 모든 시비 다 잊게 되노라.

이윽히 서로 바라보니 홀연히 눈이 푸르러지는
포의布衣[11] 입고 둥글게 모여 앉은 몇몇 서생들.
등불 아래에는 시가 있고 난간엔 달이 있으니
오늘밤 나로 하여금 정을 이기지 못하게 하여라.

시와 예를 가르치는 나의 이 한 평생 인생에겐
모든 보화는 다 하루아침 부질없는 티끌일 뿐.
만약 이러한 생각을 따르는 남아가 있다드라면
혼탁한 세상사 초연한 좋은 호남 한 사람이리.

날이 따뜻해지는 산 양지 눈 온 뒤의 하늘,
대나무 숲가 다락 옆에는 붉게 피는 매화꽃
필부의 뜻 업業을 삼아 이제 겨우 일치하니
이 몸의 양생법은 심전心田[12]을 따르는 것.

나날이 새로워지고 또 나날이 더 새로워져
단합된 원만한 화기 온 집안 가득 봄이로고.
북학北學[13] 버리고 남쪽 오랑캐로 돌아가니[14]
세간에 의義를 지키는 이 그 몇이나 되리.

---

10  산의 어귀. 절에 있는 바깥 문 또는 절을 일컫는 말.
11  베옷. 벼슬이 없는 선비.
12  마음의 본바탕.
13  여기서는 유학儒學을 말함.
14  동양의 유학적 전통을 버리고 왜놈의 풍조를 따르는 세태를 말함인 듯함.

| | |
|---|---|
| 五百年來一海東 | 오백 년 동안 우리나라 해동에는 단 한 번도 |
| 先治後亂道無同 | 먼저 다스려지다 뒤엔 어지러워져 같은 도 없네. |
| 不復天明堯舜日 | 다시 하늘 밝은 요순시절은 돌아오지 않으나 |
| 蒼生到此賴誰功 | 창생蒼生[15]들이 이에 의지함은 누구의 공일거나. |
| | |
| 勤讀時時惜寸陰 | 책 읽기에 힘쓰고 때때로 촌음寸陰을 아끼니 |
| 酒朋碁友莫閑心 | 술 마실 벗 바둑 둘 친구 한가한 마음 없어라. |
| 林下誰看多別處 | 임하林下[16]에서 누가 더 특별한 곳을 가리리 |
| 盃料活水自澄深 | 술잔으로 활수活水 헤아려 깨끗함 스스로 깊어지네. |

---

15 백성들.
16 벼슬을 그만두고 은퇴한 곳.

# 기유년[1] 봄에 지은 2수
## 己酉春二首

| | |
|---|---|
| 一葉詩兼一羽觴 | 죽엽시竹葉詩[2]에 술 한 잔을 기울이니 |
| 嘉哉賓主滿華堂 | 아름답구나, 주빈主賓이 화당華堂[3]에 그득. |
| 午雨塵夢魂似洗 | 진몽塵夢[4]에 낮비 내리니 혼이 씻긴 듯 맑고 |
| 春宵花筆軸生香 | 봄밤의 화필花筆[5]은 생향生香의 굴대일세. |
| 小樹從看風勢壯 | 작은 가지 흔들림을 보니 바람결이 세구나. |
| 高樓方覺漏聲長 | 높은 다락에서 비로소 듣는 긴 낙숫물 소리, |
| 灑落衿期君識否 | 이 쇄락한 옷깃 그대 기다림 아시나 모르시나. |
| 鏡中別有一方塘 | 한 쪽엔 거울 속 별천지 같은 연못 있어라. |

---

1　1909년(순종 3년). 시인이 23세 되던 해이자, 한일합방이 되기 1년 전.
2　죽엽시竹葉詩 : 일엽시一葉詩. 운자韻字를 댓잎에 써서 항아리에 넣어 놓고, 하나씩 꺼내어 시를 짓는 속작시速作詩.
3　잘 꾸민 집안.
4　어지럽고 세속적인 꿈.
5　꽃다운 붓, 혹은 붓꽃을 말함인 듯.

| 烟雨霏霏草屋寒 | 안개비 끝없이 부슬거리니 초옥은 싸늘한데 |
| 靑燈華筆夜相看 | 푸른 등불 빛나는 붓은 서로 바라보고 있구나. |
| 墨竹依依修老壁 | 묵죽墨竹은 의연하게 낡은 벽에 갖춰 있고 |
| 盆花色色畵幽欄 | 화분 꽃을 색색이 그린 그윽한 난간이로다. |
| 萬古西山忠義屹 | 만고의 서산西山⁶에는 충의忠義가 우뚝하고 |
| 一身北海宇量寬 | 이 한 몸 북해⁷와 우주를 헤아릴 만하여라. |
| 從今爲憶年年事 | 지금부터 해마다의 일들을 추억하게 되리니 |
| 眞樂不如此會圖 | 참된 즐거움 이 모임 꾀함만 같은 것 없으리. |

일엽시─葉詩 운자韻字를 써서 항아리에 넣어 두는 댓잎
(출처 : unsplash)

---

6  서산西山 : 백이百夷·숙제叔齊가 숨어 살다 굶어 죽은 산.
7  『장자』에 나오는 말로, 붕鵬새가 산다는 상상의 바다.

## 여럿이 청했는데 가지 못하고 산별散別 후 나 홀로 가서
### 諸君有請而未往散別後獨往

君詩起我意丁寧　　　그대의 시가 나를 일으켜 세우니 그 뜻 정녕하여
豪氣也應任醉醒　　　호기로움이야 응당 취하고 술 깨는 데에 맡기리다.
情隣咫尺阻人事　　　정다운 이웃 지척인데도 일들이 길을 가로막으니,
才府東南擅地靈　　　고을 동남쪽엔 지령地靈¹만 마음대로 움직여라.
百家世況言無實　　　백가百家²의 구구한 학설들 항차 실질은 없나니,
萬化春風物有形　　　천변만화의 봄바람에 만물이 형상을 갖추는구나.
興人深宵猶未了　　　흥이 일은 나는 깊은 밤까지 오히려 못 그치고
閑隨明月步山庭　　　한가히 밝은 달 따라 산정山庭을 거닐어 보노라.

봄날 물가의 산도화 (ⓒ김익두, 2022)

---

1　땅의 신령스러운 기운.
2　여러 학자들의 여러 가지 저서. '백가서百家書'의 준말.

## 진사進士 이강제, 통정通政[1] 최화중이 찾아오다
### 李進士康濟崔通政化中見訪

| | |
|---|---|
| 大夫司馬兩相豪 | 두 분 대부大夫[2] 사마司馬[3] 님들은 모두 다 호걸들, |
| 盛代衣冠座上高 | 성대盛代[4]의 의관衣冠[5]이 좌상 위에 높으시네. |
| 青春自愛兼青眼 | 청춘은 겸손한 청안青眼[6]을 스스로 사랑하여 |
| 濁世無妨醉濁醪 | 혼탁한 세상 막걸리에 취함을 비방함 없으리. |
| 桂棹閑雲仙渡海 | 계수나무 노, 한가한 구름 신선 바다를 건너고, |
| 楊花斜日客登皐 | 버들 꽃에 해는 기울어 나그네는 언덕을 오르네. |
| 眞中仁智何由得 | 참된 인지仁智를 무엇으로 말미암아 얻으리요, |
| 流峙東南永樂遊 | 동남으로 흐르는 저 언덕들 길이 즐기며 노세나. |

---

1 통정通政: 통정대부通政大夫의 준말. 조선시대 문관文官 정삼품正三品 당상관堂上官의 품계品階. 고종高宗 2년(1865)부터는 문관文官·종친宗親·의빈儀賓 등의 품계品階로 병용했음.
2 여기서는 윗사람을 높여 부르는 말.
3 조선시대에 초시인 생원과 진사를 뽑던 초시의 과거제도에 합격한 사람.
4 예전, 국운이 번창하고 태평하던 시대.
5 격에 맞는 의상 범절.
6 남을 기쁜 마음으로 대하는 뜻이 드러난 눈초리.

# 진천재[1]에서 지은 17수[2]
## 眞泉齋十七首

| | |
|---|---|
| 井花爲酒草烟肴 | 정화수[3]로 술을 삼고 풀 안개로 안주를 삼아 |
| 半夜閑談却忘交 | 한밤 내 나누는 한담, 문득 교제도 잊게 되네. |
| 名下相論高士價 | 이름 가지고 서로 논하기야 고매한 선비가 제일, |
| 醉中或受俠兒嘲 | 어쩌다 취중엔 속 좁은 어린 것들 비웃음도 받네. |
| 池塘咸若魚遊水 | 연못은 물고기들이 노닐기에 부족함이 없고 |
| 庭樹合歡鵲勝巢 | 뜨락의 합환목은 까치의 좋은 집이 되누나. |
| 遠遠工程何處盡 | 멀고 먼 공부길 어느 곳에서나 다함이 있을까, |
| 纔開眼霧又心茅 | 겨우 개안開眼인데 안개 끼니 또 마음은 띠집. |

전남 영광군 홍농읍 진덕리 진천재 인근 마을인 월암리 마을의 우물
(ⓒ 김익두, 2023)

---

1 호당이 전남 영광군 홍농읍 진덕리 진천 마을[현 진정 마을]에 살 때의 우거.
2 호당이 고창 아산면 반암리 호암 마을로 이거하기 전, 곧 그의 나이 39세(1926년) 이전에 그의 고향 전남 영광군 홍농읍 진덕리 진천 마을에서 지은 가장 대표적인 장시이다. 이 시에는 젊은 시절 고향 서당에서 아이들을 가르치고 학문에 열중하며 살아가는 시골 선비로서의 그의 젊은 심회가 가장 잘 나타나 있다.
3 정화수井花水 : 정성을 들이거나 약을 달이는 데 쓰기 위해, 이른 새벽에 남보다 먼저 길어온 우물물.

| 強題懷思手如麻 | 품은 생각 억지로 쓰려니 손이 마치 삼대궁 같구나. |
| 更上高樓半箔斜 | 다시 높은 다락 오르니 주렴 발은 반쯤 기울었어라. |
| 雨過處處欣榮樹 | 비 지나간 곳곳마다엔 흔영欣榮[4]해진 나무들이요 |
| 春到家家富貴花 | 봄 다다른 집집마다 부귀화富貴花[5] 꽃이로구나. |
| 二難座上盃三酌 | 두 가지 어려움,[6] 좌상 어르신은 술을 세 잔이나, |
| 四友筵前燭一加 | 사방의 벗들은 술자리 앞에 촛불을 하나 더 밝히네. |
| 憲憲君子教無倦 | 훌륭한 군자들은 가르치기를 게을리 하지 아니하고 |
| 自愛斯文樂且嘉 | 스스로 사문斯文[7]을 사랑하니 즐겁고도 아름답네. |

| 眼力恢恢逐物看 | 안력은 침침해져도 오히려 사물 이치는 보이게 되어 |
| 小年樂事自全完 | 어린 시절에 즐거워하던 일 스스로 이루어지는구나. |
| 一部山川登日史 | 한 고을의 산과 물을 하루하루의 역사로 기록하니 |
| 千門桃李列春官 | 수많은 문 앞 복숭아 오얏꽃은 춘관春官[8] 도열한 듯, |
| 興餘太半携藜杖 | 흥은 아직 태반太半이나 남아 청려장[9]을 집어 들고 |
| 醉後尋常倚木欄 | 취한 뒤엔 늘 다락의 나무 난간을 찾아 의지하노라. |
| 借問仙緣何有別 | 묻노니, 신선의 인연이란 것 어떻게 유별난 것인고, |
| 閒來吾亦也相般 | 한가함이 이르면 나도 또한 신선과 서로 일반이리. |

| 半海半山別有天 | 반은 바다 반은 산인 이곳, 이 좋은 별천지에 |
| 寓居十載共留連 | 터를 잡고 벌써 십 년을 함께 머물러 살았네. |
| 翠微野郭經新雨 | 연연한 초록 벌판으로 비가 새로이 지나가니 |

---

4  기쁘고 영화로움.
5  모란꽃.
6  이란二難 : 두 가지 어려움. 곧 어진 임금과 훌륭한 손님.
7  유교.
8  예조의 문관들.
9  여장藜杖 : 청려장青藜杖. 명아줏대로 만든 지팡이

| | |
|---|---|
| 落照烽臺繞紫烟 | 저녁노을 봉수대엔 자주빛 안개 둘렀어라. |
| 農談世話吾爲樂 | 농사짓는 얘기 세상 사는 얘긴 나의 즐거움이요, |
| 家思詩愁客不眠 | 집 생각 시수詩愁[10]에 나그네 잠들지 못하여라. |
| 諸子須更還就睡 | 아이들도 모름지기 다시 잠자리로 다 돌아가니 |
| 孤懷耿耿屬誰邊 | 외로운 회포 경경耿耿[11]히 누구 마음 가에 닿으리. |

| | |
|---|---|
| 小年健筆又雄大 | 그대는 소년 건필健筆,[12] 웅문雄文[13]이니 |
| 令我欣然有一君 | 이제 나는 그대 하나를 둠이 정말 즐겁구나. |
| 粧屋日南窓似水 | 잘 꾸민 집에 일남日南[14]하니 창문이 물과 같고 |
| 練衣江岸布如雲 | 강가에 널어놓은 빨래들은 구름과 같구나. |
| 儀禮猶宜賓主合 | 의례儀禮는 마땅히 손님과 주인이 화합하고 |
| 情交且愛弟兄分 | 뜻으로 사귀고 또 형제간 분수를 사랑하노라. |
| 百花深處歸興晚 | 온갖 꽃들 깊은 곳, 돌아오는 흥취 늦어지고 |
| 啼鵑何事蜀山云 | 두견새는 무슨 일로 '귀촉도 귀촉도' 우는가. |

| | |
|---|---|
| 高樓詩箔半齊山 | 높은 누대엔 시박詩箔,[15] 반은 가지런한 산, |
| 身在中央偸日閑 | 이 한 가운데 몸을 두고 한가한 세월 보내노라. |
| 桃紅春水魚千逐 | 도화 붉고 봄물 물고기들 수 천 마리씩 뒤따르고 |
| 月白曉關雁一還 | 달 밝은 새벽 관문에 기러기 한 마리 돌아오니, |
| 俗忘圍奕行仙手 | 속됨을 잊고 바둑 두며 신선 계책을 실행하며 |
| 心烈看書夢聖顔 | 마음은 책보기에 열중, 성인의 얼굴을 꿈꾸노라. |

---

10 시로 인해 생기는 생각들.
11 경경耿耿 : 잊히지 아니하는 모양.
12 힘찬 문장. 문재에 뛰어난 사람.
13 힘이 있고 기개가 뛰어난 문장.
14 해가 남쪽 위치에 옴.
15 시 짓는데 쓰이는 발.

餘醉令人猶熱苦　　　　　남아 있는 취기는 되려 사람들 익히 괴롭히나니
相携步下苔碧灣　　　　　서로 이끌며 걸어 이끼 푸른 물굽이로 내려가노라.

二友詩中幷豪傑　　　　　나의 두 벗, 시로는 함께 더불어 호걸豪傑이요,
文章千載又名高　　　　　문장은 만고 천 년에 또 그 이름들이 높아라.
去年學劍今年筑　　　　　지난해엔 칼쓰기, 올해엔 거문고 타기를 배워
朝日行歌夕日醪　　　　　아침에 노래 부르고 저녁엔 막걸리를 마시네.
寒食他鄕吟客愁　　　　　한식날 타향에서 나그네는 수심을 읊조리며
武靈別地種仙桃　　　　　무령武靈[16] 땅 별천지에 선도仙桃를 심노라.
離路爲贈蘇子賦　　　　　길 떠남에 소동파 적벽부를 건네주게 되니
後期赤壁復臨皐　　　　　훗날의 적벽강을 기약하며 다시 언덕 오르네.

酒歌暫罷又詩聲　　　　　술과 노래를 잠시 파하면 다시 시 읊는 소리
不負斯間故舊情　　　　　이 가운데 오랜 벗의 정을 저버리지 않으리.
文章謫守長沙日　　　　　문장가 귀양을 와 장사長沙[17]의 나날을 지키고
花草範圍上院城　　　　　풀꽃들은 상원성上院城을 에둘러 싸고 있어라.
天時循序春三屬　　　　　하늘 때는 차례대로 돌아와 춘삼월이 되어 있고
歲事有餘閏一成　　　　　세사歲事에 남음이 있으면 윤달 하나를 이루네.
見君才德能兼美　　　　　보건대 그대의 재덕 능히 아름다움을 겸했으니
自是不休去後名　　　　　스스로 쉬지 말고 갈고 닦아 훗날 이름 떨치게나.

客自東城醉下樓　　　　　나그네 동쪽 성에서 취해 다락을 내려오는데
花枝滿揷少年頭　　　　　소년의 머리 위에 가득 꽃가지들 꽂혀 있어라.
選錢不吠山陰犬　　　　　동전을 고름에 산음山陰의 개들 짖지 아니하고[18]

---

16　전남 영광의 옛 지명.
17　영광·무장 지역을 지칭하던 옛 이름.

| | |
|---|---|
| 賣劍代耕渤海牛 | 칼을 팔아 그 대신 발해의 소로 논밭을 가노라. |
| 野雨臺來芳草恨 | 들비가 누대에 오니 꽃다운 풀들이 한스러웁고 |
| 澗流滌去碧山愁 | 산골 시냇물 씻어가니 푸른 산이 수심스러워라. |
| 文章李白是何處 | 당의 문장가 이태백은 그 어디에 있단 말인가. |
| 從古江南風月州 | 이곳은 옛날을 따르는 강남의 풍월 고을일세. |

| | |
|---|---|
| 欲眺吾朋笑許心 | 내 벗 이윽히 바라보며 웃음으로 마음 허락하니 |
| 芝蘭香臭滿胸衿 | 이 지란지교芝蘭之交[19] 향취가 가슴 가득 넘치네. |
| 洞霞翠滴圖形重 | 마을 안개 푸르게 젖어 그림 같은 형상 거듭되고 |
| 塘水淡虛鏡面深 | 연못의 물은 맑고 텅 비어 거울 속 같이 깊어라. |
| 江山春興文章醉 | 이 강산江山 춘흥春興에 문장가도 모다 취하고 |
| 宇宙秋聲壯士吟 | 우주 가을소리에는 장사壯士도 시를 읊조리노라. |
| 一架書琴眞樂在 | 한 시렁의 책과 거문고에 참된 즐거움이 있나니 |
| 何關今世事浮沈 | 무슨 관계로 오늘날 세상사는 부침을 거듭하나. |

| | |
|---|---|
| 萬事無心伴一筇 | 만사가 다 귀찮아 한 자루 지팡이와 짝하나니 |
| 登臨處處客難從 | 높이 오를 곳곳을 나그네는 다 다가가기 어렵네. |
| 曲曲漁春聞海笛 | 골골마다 봄 고기잡이, 해적海笛[20] 소리 들리고 |
| 家家燈夜識村容 | 집집마다 등불 밝혀져 있으니 마을 있음 알겠네. |
| 有酒故人奔走席 | 술상 차려 옛 친구들 분주히 자리 잡아 앉으니 |
| 看花美女等閑容 | 모두 꽃을 보는 미녀 무리의 한가한 얼굴들이네. |
| 何意秦松庭畔在 | 무슨 뜻으로 큰 소나무는 마당가에 서 있는가. |
| 丈夫不許穢官封 | 대장부가 벼슬에 더러워짐 허락하지 않음이네. |

---

18 중국 산음현山陰縣에서 있었던 고사. 세상사 물욕에 무관심한 탈속의 삶을 이름.
19 "지초芝草와 난초蘭草 같은 향기香氣로운 사귐"이라는 뜻으로, 벗 사이의 고상한 교제를 이르는 말.
20 뱃고동소리.

| | |
|---|---|
| 樓有主人坐靜中 | 다락엔 주인 있어 고요함 가운데 앉아 계셔라. |
| 一生明月又淸風 | 이 한 평생은 밝은 달, 그리고 맑은 바람이리니 |
| 古渡和烟楊柳碧 | 잠시 건너온 온화한 안개로 버들가지는 푸르고 |
| 前宵新雨海棠紅 | 지난밤에 새로 내린 비로 해당화 꽃은 붉어라. |
| 春三杖屨雙行客 | 춘삼월 지팡이에 짚신 신은 나그네 나란히 걷고 |
| 千字文章九歲童 | 아홉 살 박이 아이는 천자문 읽는 문장가라네. |
| 午饁不來還小酌 | 점심 바구리 오지 아니하니 또 다시 술 몇 잔, |
| 從何更會樂心同 | 어디서 다시 만나도 즐거운 마음은 매한가지. |

| | |
|---|---|
| 靈北行裝過筴南 | 영광 북쪽으로 떠난 행장 오남筴南 땅을 지나 |
| 白首風塵慷慨男 | 희어진 머리, 풍진風塵에 비분강개한 이 사내 |
| 鶯嫌俗偸其音巧 | 꾀꼬리는 속된 것 미워 소리 공교함을 질투하고 |
| 花爲誰憐半笑含 | 꽃들은 누굴 위해 가련히 반쯤 웃음 머금었나. |
| 人耕曉日炊猶早 | 새벽부터 논밭 가느라 밥 짓는 연기는 이르고 |
| 客散斜陽酒已酣 | 나그네 흩어진 해거름 술기운 이미 거나하여라. |
| 幽居事事淸如許 | 그윽한 이 거처 모든 일마다 맑기가 이러하니 |
| 眞井聊知一鏡潭 | 참된 우물 즐겨 하나의 거울 연못 알게 되네. |

| | |
|---|---|
| 小年樂事最何先 | 소년들의 즐거운 일에는 무엇이 제일 먼저인가 |
| 處處行吟逐物連 | 곳곳마다 시를 읊조리니 마침내 만물 봄이로다. |
| 春紅滿地山如繡 | 봄 붉은빛 산과 들 가득 수놓은 듯한 이 저녁 |
| 夕翠濃潭水似烟 | 초록빛 짙게 풀린 못물은 이내가 끼인 듯하고 |
| 日定三三新燕到 | 날마다 정하여 삼삼오오 새 제비들이 날아오니 |
| 筇留兩兩遠人眠 | 대지팡이 두 셋, 멀리 있는 사람 졸음겹게 하네. |
| 莫道書中生計少 | 글 가운데 살아가는 계책 적다 이르지 말게나. |
| 秋農眞在眠心田 | 가을 농사는 진실로 심전心田[21] 눈뜨는 데 있다네. |

| | |
|---|---|
| 東看懷客復西看 | 동쪽 살피던 나그네 다시 서쪽을 살피면서 |
| 步步行登十二欄 | 느릿느릿 걸어서 열 두 난간을 오르노라. |
| 園僻叢叢多怪木 | 동산은 궁벽되어 총총叢叢히 괴목도 많고 |
| 山深曲曲有淸湍 | 산은 깊고 깊어 굽이굽이 맑은 여울도 있어라. |
| 愛春招友傾樽白 | 봄을 사랑하여 벗을 불러 동이 술잔 기울이며 |
| 卜日煎花披曆丹 | 좋은 날 점쳐 화전 부치려 붉은 책력 펴노라. |
| 願使他遊如此夜 | 바라건대, 다른 놀이도 오늘밤과 같게 되기를 |
| 百年摠會月如團 | 한 평생의 모임은 마치 달이 둥근 것 같아라. |

| | |
|---|---|
| 午天淡靄水東西 | 한낮 아지랑이 맑게 개고 물은 동서로 흐르나니 |
| 感物形形紙上題 | 내 만물을 느끼어 형형이 종이 위에다 쓰노라. |
| 鷺背向陽翁似睡 | 갈매기 등이 햇볕 향하니 늙은이는 조는 듯하고 |
| 花腮垂露婦如啼 | 꽃의 뺨에 이슬 드리우니 여인이 우는 듯하여라. |
| 多識物名詩可學 | 사물의 이름을 많이 알면 시를 배울 수 있다니 |
| 爲憐春字酒頻携 | 가련한 봄춘자[春]를 위해 술잔을 자주 잡노라. |
| 不期仙杖緣何宿 | 신선 인연 기약할 수 없으니 어디에서 잘거나. |
| 風在山間月滿溪 | 바람은 산 사이에 있고 달은 시내에 가득하구나. |

| | |
|---|---|
| 師友多年交道嚴 | 스승과 벗 여럿 되어도 교도交道는 엄하나니 |
| 箇中六藝孰能兼 | 그 중 누가 능히 육예六藝[22]를 겸할 수 있으랴. |
| 烟草生香因烟竹 | 담배는 향기를 내뿜어 연죽烟竹[23]의 인연이 되고 |
| 梅羹調味識和鹽 | 매화국은 맛을 조절하여 소금과 화합할 줄 아네.[24] |

---

21  마음의 본바탕.
22  고대 중국 교육의 여섯 가지 과목, 곧 예禮·악樂·사射·어御·서書·수數. 어御는 마술馬術 곧 말타기.
23  담뱃대.
24  화갱염매和羹鹽梅 : 소금과 식초로 양념한 국이라는 뜻으로, 소금과 식초를 가감하여 국 맛을 고르게 맞추는 것처럼 세상과 나라의 정치가 잘 화합하는 것을 말함.

| | |
|---|---|
| 浪經花事春如夢 | 화사花事[25]는 헛되이 지나가니 봄은 꿈과 같아서 |
| 爲喜麥豊歲有占 | 기쁜 것은 보리 풍년을 해마다 점치는 일이어라. |
| 詩令下時難爲筆 | 시가 명령을 내릴 때에도 붓을 들기가 어려우나, |
| 於斯依罰不留嫌 | 그렇다고 벌에 의지해 미워함에 머물진 않노라.[26] |

---

25  봄에 꽃을 감상하는 일.
26  시 짓기가 잘 안 되어 시를 못 지을 때 받게 되는 벌에 의지해서 어쩔 수 없이 시를 짓거나, 자기보다 시를 더 잘 짓는 사람을 미워하지는 않는다는 것.

# 을묘년[1] 사월 초파일 원송재[2]에서
## 乙卯四月八日元松齋敍懷

| | |
|---|---|
| 江南風月降詩仙 | 강남江南[3]의 풍월이 시선詩仙을 내리시어 |
| 山水登臨幾百年 | 산수 간을 오르내림이 그 몇 백 년이러뇨. |
| 行馬斜陽芳草裡 | 기우는 햇빛 방초芳草 속으로 말은 가고 |
| 啼鵑細雨落花前 | 가느다란 비 낙화 앞에서 두견새는 울어라. |
| 筆法先生傳手澤 | 선생의 필법은 스승의 수택手澤[4]을 전하고 |
| 農功子弟服心田 | 농사 힘쓰는 제자 심전心田[5]을 다스리게 하네. |
| 聞道從橫天下事 | 이 세상의 일에 종횡縱橫으로 도道를 물으러 |
| 誰能三顧臥龍眠 | 누가 능히 와룡선생 잠든 집 삼고초려 할거나.[6] |

전북 고창군 무장면 무장읍성 객사인 송사지관 모습
(ⓒ 김익두, 2023)

1   1915년. 일제강점기. 호당의 나이 29세 때로, 아직 영광에 본집이 있을 때임.
2   전북 고창군 무장면에 있던 서당 이름.
3   이백이 살던 곳. 여기서는 원송재 서당이 있는 무장면.
4   손이 자주 닿았던 책이나 물건에 남아 있는 손때나 윤택. 물건에 남아 있는 옛사람의 손때.
5   마음의 본바탕.
6   와룡臥龍 : 와룡선생臥龍先生. 중국 삼국시대 촉한蜀漢의 정치가인 제갈량諸葛亮.
    삼고초려三顧草廬 : 인재人材를 맞아들이기 위해 참을성 있게 노력하거나 마음을 쓴다는 뜻으로, 중국 후한 말, 삼국시대에 촉한의 유비가 융중에 기거하던 제갈량을 얻기 위해 몸소 제갈량의 초가집으로 세 번이나 찾아갔던 일화에서 유래.

壺堂遺稿
호당유고

卷之二
제2권

전북 고창군 아산면 반암리 호암 마을에 남아 있는 호산재 안채 모습 (ⓒ 김익두, 2023)

# 호암壺岩으로 이거[1] 후 호산재壺山齋[2] 늦봄 시모임에서 창주唱酬[3]하다
## 壺岩移居後壺山齋暮春詩會唱酬

仁川春柳碧生波　　　　　인천강仁川江[4] 봄버들 푸르러 물결을 살려내니
傍有漁樵一路斜　　　　　그 곁 비스듬한 한줄기 길엔 어부 초동들 있어라.
樽酒相逢燕趙士　　　　　한 동이 술로 연나라 조나라의 선비 서로 만나니[5]
滿天慷慨夕輝多　　　　　하늘엔 비분강개悲憤慷慨한 석양빛이 가득하여라.[6]

下山復欲向芳洲　　　　　산 내려와 다시 꽃다운 물가로 향해 가고자 하니
眞樂何須物外求　　　　　참된 즐거움을 어찌 모름지기 물외에서 구하리야.
歸路春情猶未了　　　　　돌아오는 길에도 춘정春情 오히려 다하지를 않아
一枝紅插少年頭　　　　　붉은 꽃 한 가지를 소년의 머리 위에 꽂아주노라.

---

1　1925년. 을축년. 호당의 나이 39세 때.
2　호당壺堂 류명석의 가숙家塾. 고창군 아산면 반암리 호암 마을 소재.
3　시문詩文을 지어 서로 주고받고 함.
4　전북 고창군 아산면 호암리 옆으로 흐르는 강. 장수강 중류.
5　당나라 때 시인 전기錢起가 지은 「협객과 만나고[逢俠者]」라는 시에 "조나라 연나라 땅 슬픈 노래 부르는 선비/ 극맹의 집에서 서로 만났지/ 마음 속 얘기 다 말하지 못했는데/ 앞길의 하루 해가 저무누나[燕趙悲歌士 相逢劇孟家 寸言不盡 前路日將斜]"라는 구절을 인용한 것. 마음속에 비분 강개함을 품은 사람들의 만남을 말하는 것.
6　호당의 마음속에 있는 시대적 울분이 드러나는 대목.

## 종친 청계淸溪 류형이 찾아오다
### 宗人柳淸溪見訪

訪鄉杖屨伴春來　　고향 찾은 그대 지팡이 신발 봄을 데불고 오니
花樹東風面面開　　꽃나무들은 샛바람에 면면面面이 벙글어 지누나.
題懷欲續天輪重　　회포를 풀어 천륜天輪의 소중함을 잇고자 하나
愧缺芳園宴飮盃　　꽃동산 잔치 베풀고 술 마시지 못하니 부끄럽네.

새봄을 알리는 진달래꽃 (ⓒ 김익두, 2022)

# 사월 초파일 회당晦堂 박형 방남方南 조형과 더불어 선운사에 가다
## 四月八日與朴晦堂曺方南登禪雲寺

| | |
|---|---|
| 名鄕此地又名山 | 이름난 이 고을 이곳, 또 이름난 이 도솔산, |
| 仙學幾多世代間 | 여러 세대 간 선학仙學[1]도 얼마나 많았던가. |
| 客馬斜風芳草綠 | 나그넨 말을 타고, 사풍斜風[2]에 방초는 푸른데 |
| 僧鍾晚午白雲閑 | 절 종소리 늦은 오후에 흰 구름이 한가로워라. |
| 萬陰已覺靑春夢 | 짙은 그늘, 이미 청춘의 꿈 깨달아 알았으니 |
| 一水完依舊日顔 | 한 줄기 흐르는 물 꼭 옛날 모습 그대로여라. |
| 八夜觀燈非我事 | 초파일 밤의 관등놀이는 나의 일이 아닐테니 |
| 何如扶醉月中還 | 술 취함에 의지해서 달밤에 돌아감이 어떠리. |

선운사 사찰내부 (ⓒ 김익두, 2023)

---

1 선도仙道를 배우는 사람.
2 비껴 부는 바람. 엇비슷하게 스쳐 가는 바람.

# 사월 십육일 인천강에 모여 놀다
## 四月十六日仁川遊會

一氣清和四月天　　일기一氣가 청화清和한 이 사월의 하늘이어니
故人有約德仁川　　옛사람들 덕산德山[1]과 인천강[2] 언약 두었더라.
由來慕得先生學　　그 유래 사모하여 선생의 학문 힘써 배우나니
遺像壺岩千百年　　남아 있는 호암壺岩[3] 형상은 천백 년의 역사.

전북 고창군 아산면 반암리 호암 마을 앞의 호암과 인천강의 여름 아침 풍경
(ⓒ 김익두, 2023)

---

1　고창군 아산면 반암리 호암 마을 동쪽 산. 차일봉.
2　전북 고창군 아산면 호암리 옆으로 흐르는 강. 장수강 중류.
3　전북 고창군 아산면 반암리 호암 마을에 있는 일명 병바위.

## 주아酒峨[1]에게 연연자鷰鷰字 운으로 놀이삼아 지어 주다
### 戲贈酒峨鷰鷰字韻

鷰字佳人始見鷰  연鷰이란 가인 있었다더니 비로소 제비를 보는구나.
鷰粧爾是爲誰鷰  제비 단장을 한 그대는 이 누구를 위한 제비인고.
鷰兮昔有掌中鷰  제비야! 바로 옛날 내 손바닥 안에 두었던 제비야,
鷰化後身徜復鷰  그 제비 죽어 다시 태어나 제비로 노니는 것이냐.

제비나비 (ⓒ 김익두, 2022)

---

1  술집에 있는 아가씨 주아酒娥를 이름. 이름은 제비[鷰].

전북 고창군 아산면 반암리 호암 마을로 들어가는 신작로 길의 초여름 아침 풍경 (ⓒ 김익두, 2023)

## 다시 교관[1] 박회당과 더불어 회포를 펴다
### 與具教官朴晦堂敘懷

| | |
|---|---|
| 仁川十里德川流 | 인천강 십 리 위에는 덕천[2] 물이 흘러가고 |
| 當官日月我居幽 | 그대, 지금의 해와 달로 나의 거처 그윽하네. |
| 白首相從三笑好 | 흰 머리를 좇아 서로 빙그레 웃어주니 좋고[3] |
| 小洲餘興問白鷗 | 작은 물가 나머지 흥일랑 갈매기에게 묻노라. |
| | |
| 晚來隣接我三家 | 늦게 들어온 이웃, 우리 세 집[4]과 인접하여 |
| 水石間行一路斜 | 수석水石 사이로 길 하나 비스듬히 나 있어라. |
| 春後乾坤盃詠好 | 봄 온 후 건곤乾坤[5]에 배영盃詠[6]이 즐거우니, |
| 眼前萬物得時多 | 눈앞의 만물들은 모두 다 제 때를 만났어라. |

---

1 동몽교관童蒙教官의 준말. 교수教授의 직무를 가진 공무원.
2 인천강/장수강 상류의 한 지류로, 호암 마을 인근의 시냇물을 이르는 말.
3 호계삼소虎溪三笑 : '호계虎溪'라는 시냇가에서 세 사람이 웃는다는 뜻. 중국 진나라 때 승려 혜원이 여산 동림사에서 수도행활을 하면서 호계를 건너 밖으로는 나가지 아니하고 한거하겠다고 맹세를 하였으나, 서로의 마음이 통하던 도연명과 육수정을 전송할 때에 그만 무심코 호계를 건너게 되어, 세 사람이 크게 웃었다는 고사에서 온 말로, 서로 뜻이 맞는 사람들끼리 속 마음을 알며 웃는 것을 말함.
4 호암 마을에 늦게 이거하여, 호암 집안의 세 집과 인접해 사는 박회당 집을 리키는 것인 듯함.
5 온 세상.
6 술 마시고 시를 지어 읊음.

# 소요사[1] 구로회 모임을 차운次韻하여
## 次逍遙寺九老會韻

| | |
|---|---|
| 九老登臨恐有分 | 아홉 노인 산에 올라 서로 나뉘일까 걱정인데 |
| 精靈南極動星文 | 정령精靈이 남극하니 성문星文[2]이 움직이네. |
| 花間酒暖當春酌 | 꽃 사이 술 마심 따뜻하니 마땅히 봄술이요, |
| 月下鍾清隔夜聞 | 달 아래 맑은 종소리는 밤을 격隔하여 들려오네. |
| 五湖泛遊同相國 | 오호五湖[3]에 떠 노니는 재상 상국相國[4]이요, |
| 山三採入伴仙君 | 삼신산 약초 캐러 들어가 신선들과 노닐어라. |
| 千年逍寺題名字 | 천 년의 소요사逍遙寺라 이름자를 써 놓은 것은 |
| 天地爲盟歸一家 | 천지天地에 맹서하여 일가一家[5]로 돌아감일세. |

---

1 전북 고창군 아산면과 부안면 사이에 있는 소요산에 있는 절. 지금의 소요암. 이 절에서 정읍·고창 지역의 풍류인들이 만든 '초산율계楚山律契'가 결성되기도 할 만큼 풍류인들의 놀이터이기도 하였다.
2 별의 문채란 뜻으로 별의 현상을 뜻함.
3 중국 오吳나라 월越나라 지방의 호수 이름. 춘추시대 말기에 월나라의 대부大夫 범려范蠡가 월왕越王 구천句踐을 도와 오나라를 멸망시킨 뒤에 물러나 이 오호五湖로 숨어버렸다는 데서 유래하여, 흔히 운둔하는 곳의 대명사로 쓰임. 다른 설에 의하면 범려는 나중에 제나라로 가서 제나라 재상이 되었다고도 함. 범려와 관계된 유명한 고사로는 오월동주吳越同舟·토사구팽兎死狗烹 등의 고사가 있다.
4 중국 춘추 전국 시대의 재상. 춘추 시대에 제나라에서 처음 설치한 후, 전국시대에 초楚나라를 제외한 모든 나라가 설치하였다. 여기서는 월나라 재상 범려范蠡를 말함.
5 신선의 경지로서의 일가一家.

1. 전북 고창군 부안면 용산리 산 148-1에 있는 소요산 깎아지른 절벽에 있는 소요사 대웅전 모습 (ⓒ 김익두, 2023)
2. 소요산 소요사 입구 절벽에 새겨져 있는 구로회 이름과 회원 명단 (ⓒ 김익두, 2023)
3. 소요산 소요사 대웅전 앞에서 바라본 선운산 근경 풍경과 호남정맥 노령산맥 원경 (ⓒ 김익두, 2023)
4. 전북 고창군 부안면 용산리 산 148-1에 있는 소요산 소요사 입구 구로회 이름과 명단이 새겨져 있는 절벽 (ⓒ 김익두, 2023)

## 무진년[1] 첫 봄밤 모임에 차운하여
### 戊辰首春夜會韻

| | |
|---|---|
| 故國餘生復見春 | 내 나라 남은 여생, 다시 봄을 보나니 |
| 循環一理物中新 | 순환의 한 이치가 만물 가운데 새롭네. |
| 三盃打破萬千緖 | 술 석 잔으로 온갖 생각 다 물리치니 |
| 便是乾坤太好人 | 문득 이러함이 세상의 큰 호인이로세. |

---

1  1928년. 시인이 42세 때. 고창 호암 마을로 이거 후.

## 정참봉의 태호정[1] 시 운자를 차운하여 짓다
### 謹次台湖亭韻鄭參奉

| | |
|---|---|
| 晚隱台湖作此亭 | 만은晚隱 태호台湖 선생 이 정자 지었으니 |
| 茂松方見歲寒青 | 무성한 소나무들 이제 세한의 푸르름 보이누나. |
| 前朝富貴何勘說 | 지나간 왕조의 부귀를 어찌 감히 말하겠는가. |
| 終世放浪獨已醒 | 세상 마칠 때까지 방랑하며 홀로 이미 깨달았네. |
| 稚花間種陽回院 | 어린 꽃들은 햇볕 드는 뒤뜰 사이사이에 심고 |
| 弱柳列栽雨後江 | 부드러운 버들은 비 온 뒤의 강가에 심었라. |
| 老圃古堂相望在 | 노포老圃[2] 오래된 집 서로 바라보고 있는데 |
| 隨時陟降追先經 | 때로 이곳을 오르내리며 지나온 길 추억하네. |

전북 고창군 성송면 하고리 삼태 마을 정참봉의
태호정이 있던 자리, 길 좌편 중앙부 (ⓒ 류연상, 2023)

노포당 현판
(ⓒ 류연상, 2023)

---

1 전북 고창군 성송면 하고리 삼태마을에 있는, 참봉 정휴탁이 지은 정자.
2 노포老圃 : 농사를 잘 짓는 농부. 여기서는 태호정 인근의 정휴탁의 고택 노포당老圃堂을 말함.

## 삼가 이희천 교의의 덕호정[1] 운을 차운하여
### 謹次德湖亭韻李熙川教儀

| | |
|---|---|
| 德湖大老見機明 | 덕호德湖의 높은 어르신 밝은 기틀 보이시어 |
| 精築斯間不復名 | 이 집 정축精築[2]하여 이름은 다시 짓지 않았네. |
| 昨非今是誰先覺 | 어제 그르고 오늘 옳음을 누가 먼저 깨달을꼬. |
| 西走東奔獨自清 | 모두들 동분서주하는데 홀로 스스로 고결쿠나. |
| 從知草木皆生彩 | 다만 초목들 모두 고운 빛이 생겨남을 알 뿐 |
| 聊得峨洋自有聲 | 애오라지 높은 파도 스스로 소리를 내는구나. |
| 疇昔風流方欲慕 | 지나간 날의 풍류 바야흐로 사모하고자 하니 |
| 在茲眞像儼然情 | 이 참된 형상 남아 있어 엄연한 뜻이로구나. |

---

1 전남 영광군 홍농읍 단덕리 대덕마을에 교의教義 이희천이 지은 정자. 정자는 사라지고 1964년에 편찬한 『영광군지靈光郡誌』에 덕호정 관련 기록만이 전하고 있다. 이희천은 영광군수를 지냈으며, 한일합방 후에는 관직을 떠나 고향에 은거하였다.

2 정성을 다해 지음.

| | |
|---|---|
| 先生退臥德湖亭 | 덕호 선생이 물러나 누우신 이 덕호정에 |
| 明月淸風太乙汀 | 밝은 달 맑은 바람 태을太乙[3]의 물가로세. |
| 曾倍葵花傾日白 | 일찍 가꾸어 둔 접시꽃에 기우는 해는 희고, |
| 晩栽松樹帶寒靑 | 늦게 심은 소나무 차가운 푸름 두르고 있네. |
| 案貯詩書朋與樂 | 책상에 쌓아 둔 시서詩書 벗과 더불어 즐겁고 |
| 門多車馬客常停 | 문 앞엔 많은 거마객車馬客[4]들 늘 머물러라. |
| 韙哉五福已兼備 | 옳도다! 오복이 이미 겸비兼備하게 되셨으니 |
| 流播南州百世馨 | 남쪽 고을 오래도록 덕화[5]를 전해 퍼뜨리네. |

---

3  태을太乙 : 태일太一. 중국 철학에서 천지 만물의 출현 또는 성립의 근원. 우주의 본체.
4  수레나 말을 탄 귀한 손님들.
5  백세향百世馨 : 오랜 덕화.

# 변산 명월암 백학래 시를 차운하여 짓다
## 次邊山明月庵白鶴來詩

| | |
|---|---|
| 蓬萊第一好 | 세상에선 봉래산이 제일 좋다 하는데 |
| 何事晚吾行 | 무슨 일로 나는 늙어서야 이에 오르는고. |
| 俗客仙緣重 | 속객俗客은 선연仙緣[1]이 소중한 것이니 |
| 老禪道骨淸 | 노선老禪[2] 도골道骨[3]이 맑기도 하구나. |
| 高坮臨日落 | 높은 돈대 위로는 해가 떨어지고 있고 |
| 絕瀑掛風生 | 절벽에 걸린 폭포엔 바람이 살아 있네. |
| 天賜靈菴久 | 하늘이 내린 영암靈菴[4] 오래 되었으니 |
| 千秋額月明 | 오랜 세월의 편액扁額에는 달이 밝아라. |

전라북도 부안군 변산면 내변산로 236-180에 위치한 명월암 대웅전

---

1 신선과의 인연.
2 나이든 스님.
3 수도하는 이의 풍골.
4 신령스러운 암자. 여기서는 부안 변산 명월암을 가리킴.

# 반남서재[1]에서 족형 동곡東谷 류원석을 만나 회포를 펴다
## 盤南書齋逢族兄東谷元錫敍懷

| 花樹春風得意瀾 | 화수花樹[2]가 춘풍에 뜻을 얻어 물결치니 |
| 際是芳隣日事閑 | 이즈음 방린芳隣[3]들 하루 일이 한가하네. |
| 占有來頭根據地 | 앞으로 터 잡아 살아갈 땅 점쳐 두었나니 |
| 陰陰枝葉我鄕山 | 음음陰陰[4]한 가지와 잎들[5] 내 고향 산천. |

호암 마을 앞 들판의 초여름 풍경 (© 김익두, 2023)

---

1  고창군 아산면 반암리에 있던 동곡 류원석의 서재.
2  꽃이 피는 나무. 겨레붙이. 동족.
3  좋은 이웃.
4  수목이 우거져 깊고 어두움.
5  집안이 번성한 모양.

## 반남서당 주인 이광언을 위로하며
### 慰盤南書堂主人李光彦

天時穀雨得其瀾　　천시天時는 곡우절이라 그 난만함을 얻었으니
西夕農談事不閒　　해질 무렵의 농사 애기, 일이 한가롭지 않구려.
最愛主人敎子道　　주인장의 아들 가르치는 도道 나도 지극 사랑,
成功他日大爲山　　언젠가는 공을 이루어 그 크기 산과 같으리다.

## 장연정¹ 시 운을 차운하여 짓다
### 次長淵亭韻

| | |
|---|---|
| 仁川流下作淵深 | 인천강이 아래로 흘러 깊은 못을 이루었으니 |
| 道在斯間樂者尋 | 길이 그 사이에 있어 즐기는 사람들이 찾네. |
| 玉女春風來水鏡 | 옥녀봉² 봄바람이 물거울 위에 불어오니, |
| 仙人秋月照書林 | 선인봉³의 가을 달은 서림書林⁴에 비치어라. |
| 凌雲曾是壯年志 | 능운凌雲⁵은 일찍이 장년壯年 시절의 뜻이요 |
| 捧日何非白髮心 | 해를 받들어 모심 어찌 백발의 마음 아니리. |
| 千載武夷奇絕處 | 천 년 세월 무이武夷⁶와 같은 이 기절처奇絕處⁷ |
| 棹歌數曲爲君吟 | 저 뱃노래 몇 곡조 그대 읊조림을 위함일세. |

---

1  고창군 아산면 반암리 인천강 아래쪽 장연강 강가의 강정마을 앞에 있던 정자.
2  고창군 아산면 호암리 남동쪽 산 이름. '옥녀춘풍玉女春風'은 호암 팔경의 하나.
3  호암리 서쪽에 있는 산.
4  수풀처럼 많이 쌓아놓은 책들. 지명인 듯도 함.
5  구름을 헤칠 만큼 용기勇氣가 성盛함.
6  중국 복건성 서북쪽에 있는 산 이름. 중국 남송의 성리학자 주희가 살던 곳.
7  기이하고 절묘하게 아름다운 곳.

장연정 정자가 있던 고창군 아산면 반암리 강정 마을 장연강/인천강 강가 강정 마을 전경 (ⓒ 김익두, 2023)

# 삼가 김길중님 호은정[1] 시 운을 차운次韻하여
## 謹次壺隱亭韻金佶中

| | |
|---|---|
| 三公不換一壺山 | 삼공三公[2]과도 바꾸지 못할 이곳 호산[3]에 |
| 惟有淸標任此間 | 생각건대 청표淸標[4]가 그 사이에 살고 있어라 |
| 逍遙日月詩心緩 | 해와 달을 소요하니 시심詩心은 느릿느릿하고 |
| 笑却風塵世事閑 | 빙그래 웃어보니 문득 풍진 세사가 한가하구나. |
| 川晴倚杖觀魚立 | 시냇물 맑아 지팡이 의지해 서서 물고기 구경 |
| 春暮橫琴招鶴還 | 봄이 저물면 피리 불어 학이 돌아오라 부르네. |
| 白雲數関醒且醉 | 흰 구름 몇 조각 스러지면 깨었다 취했다 하나니 |
| 是非榮辱摠無關 | 시비 영욕이야 모두 다 무슨 관계가 있으리야. |

고창군 아산면 반암리 원반암 마을 「하서강학기적비각河西講學紀蹟碑」
(ⓒ 김익두, 2023)

「하서강학기적비河西講學紀蹟碑」
(ⓒ 김익두, 2023)

---

1 고창군 아산면 반암리 원반암 마을에 호은 김길중이 지은 정자 서당. 김길중은 하서 김인후의 울산김씨 집안 사람으로, 하서가 이 마을에 와서 마을 학생들을 가르친 적이 있다.
2 삼정승三政丞 곧 영의정·좌의정·우의정.
3 고창군 아산면 반암리 호암/병바위가 있는 지역.
4 청표淸標: 학. 신선의 세계를 상징하는 말.

# 삼가 문시업님의 임정[1] 원운原韻을 차운하여 짓다
## 謹次林亭原韻文時業

| | |
|---|---|
| 守防卽是戎與城 | 지키고 막음은 즉시 오랑캐와 성같이 하리라. |
| 寓號林亭不釣名 | 임정이라 이름 하신 건 조명釣名[2]이 아닐러라. |
| 富貴如干曾往試 | 부귀는 어지간히 일찍부터 늘 시험하시었으니 |
| 春秋大義老來明 | 춘추春秋[3]의 큰 뜻 늙으며 차차 밝아지셨네. |
| 眼前德岫添新色 | 눈앞의 덕산德山 묏부리[4]에 새 빛깔 더해지고 |
| 枕下眞泉洗俗情 | 베게 밑의 진천眞泉[5]은 속된 뜻을 씻어준다네. |
| 白首未忘天下事 | 나이가 들어도 천하의 할일들 잊지 아니하시니 |
| 隱然憂樂此中成 | 은연한 우락憂樂,[6] 이 가운데에서 이루어지네. |

전남 영광군 홍농읍 진덕리 468-3,
진정 마을 앞에 남아 있는 마을 공동 우물
(ⓒ 김익두, 2023)

---

1 임정은 전남 영광군 홍농읍 진덕리 진천동/진정 마을에 문시업이 지었던 정자.
2 거짓으로 명예를 탐하여 구함.
3 춘추필법春秋筆法 : 오경五經의 하나인 『춘추春秋』와 같이 비판의 태도가 썩 엄정함. 대의명분을 밝혀 세우는 사필史筆의 준엄한 논법.
4 전남 영광군 홍농읍 진덕리 남쪽 망덕산을 말함인 듯.
5 지금의 전남 영광군 홍농읍 진덕리 468-3, 진정 마을 앞에 있던 마을 공동 우물 이름.
6 근심과 즐거움.

# 목화
## 棉花

| | |
|---|---|
| 來自錦江作此農 | 금강錦江으로부터 가져온 이 농사를 짓자 하니 |
| 枝枝五色晚花濃 | 가지마다 오색의 늦은 꽃들이 짙게도 피었어라. |
| 金銀珠玉非眞寶 | 금은金銀이나 주옥珠玉이 참된 보배가 아니지, |
| 織用家家不畏冬 | 이걸 짜 쓰는 집집마다 겨울도 두렵지 않으니. |

# 삼가 묵암默庵 김휴의金烋儀[1]님의 시를 차운하여 짓다
## 謹次默庵金公烋儀原韻

| | |
|---|---|
| 斯道由來在此東 | 우리 유도儒道의 유래는 이 동방에 있나니 |
| 先生認默不打空 | 선생은 묵연히 알아 헛된 일들 아니하시네. |
| 學究聖賢千載後 | 성현聖賢을 배워 구하시니 오랜 세월 뒤에는 |
| 理通日月四時中 | 이치에 통달하고 일월사시에 맞게 되시리라. |
| 淡和家計琴與酒 | 거문고와 술로 가계家計에 담화淡和[2]를 하며 |
| 瀟灑心神浴且風 | 심신을 소쇄하고[3] 목욕하고 바람을 쐰다네.[4] |
| 欲模眞境未能盡 | 진경眞境 본뜨려 하나 능히 다하지 못하니 |
| 長水高山趣志同 | 긴 강 드높은 산,[5] 그 취지는 매한가지일세. |

---

1 호당이 스승으로 모시던 유학자. 전남 영광군 홍농 사람으로 호당의 스승.

2 맑게 화합함.

3 맑고 깨끗이 함.

4 『논어』 선진편 제11에 나오는 "기수에서 목욕하고 무우에서 바람을 쐬고 시를 읊조리며 돌아오겠다"고 한 공자의 제자 증점曾點의 말에서 유래.

5 군자의 덕이 산처럼 높고 물처럼 길다는 뜻.

# 백옥리[1] 소연小蓮 주약헌周藥軒[2] 형의 시 원운原韻을 운차하여 짓다
## 次白玉里周藥軒號小蓮原韻

| | |
|---|---|
| 擇種小蓮白玉池 | 백옥 연못 작은 연꽃[小蓮]을 가려다가 심었으니 |
| 誰家採女敢來移 | 어느 집 채녀採女[3] 감히 와서 옮겨다 놓은 것인가. |
| 眞人太乙何須羨 | 진인眞人 태을太乙[4]이 모름지기 무엇이 부러울까. |
| 君子先天此亦知 | 군자의 타고난 천성을 이 또한 알겠도다. |
| 報夏端宜浮葉草 | 여름을 알려주는 단서는 마땅히 부엽초浮葉草[5]요 |
| 待秋不恨著花遲 | 가을을 기다리며 꽃 피기 늦어짐을 한하지 않노라. |
| 無邊風月況今在 | 가없는 바람과 달은 항차 지금도 여기에 있거늘, |
| 肖像濂翁愛說時 | 염옹濂翁[6]이 애연설愛蓮說[7] 지은 그 때를 닮았네. |

보길도 고산 윤선도 원림 정원의 수련
(© 김익두, 2023)

---

1  미상. 전남 영광군 법성면 용성리에 백옥이란 지명이 있는 것으로 보아, 이 근처 사람으로 보임.
2  약헌藥軒 주경중周敬中을 말함.
3  연 캐는 처녀.
4  태을선인太乙仙人 : 우주의 근원 본체를 아는 신선.
5  물에 떠 있는 식물. 개구리밥.
6  중국 북송시대의 유학자 염계濂溪 주돈이周敦頤(1017~1073)를 말함.「애연설愛蓮說」이란 글을 지었는데, 이 글에서 연꽃을 군자로 비유하였다.
7  중국 북송 유학자 염계 주돈이가 지은 글.

고창군 아산면 반암리 반암 마을 601,
수당과 그의 아들 백남윤이 살던 집으로 현재 이 마을에 남아 있다. (ⓒ 김익두, 2023)

# 수당遂堂 백낙규 선생[1]을 애도하는 2수
## 輓遂堂白先生樂奎二首

| | |
|---|---|
| 淵翁門下有先生 | 연옹淵翁[2]의 문하에는 선생이 계시어서 |
| 文學孝廉夙著名 | 문학과 효염孝廉[3]이 일찍이 저명하셨네. |
| 無心富貴浮雲合 | 부귀에 무심하여 뜬 구름과 합치하시었고 |
| 存義春秋白日明 | 의義에 있어선 춘추[4]가 대낮같이 밝으셨네. |
| 七旬偕老能享福 | 칠순을 해로하시며 능히 복을 누리셨으며 |
| 四子二孫已見榮 | 네 아들 두 손자 이미 영화를 보이었네. |
| 燭斷昏衢天未曙 | 촛불 꺼진 어둔 거리 날은 아직 안 새니 |
| 幾人如我萬愁成 | 나 같이 온갖 수심 짓는 사람은 몇이던가. |
| | |
| 道德淵翁後 | 도덕 군자 연옹淵翁이 떠나가신 뒤에 |
| 遂堂先生存 | 수당 선생님이 세상에 남아 계시더니 |
| 嗚呼先生沒 | 아아. 이제 선생님도 영영 돌아가시니 |
| 受讀向何門 | 어느 문하를 향해 공부를 하러 갈거나. |

---

1  전북 고창군 아산면 반암리 반암 마을 사람. 호당이 스승으로 모신 학자로, 우리나라 최초의 현대 경제학자이자 일제의 주요 감시 대상 인물로 나중에 북한 최고인민회의 대의원, 교육상, 최고인민회의 의장 등을 지낸 백남운白南雲(1895~1979)의 부친.
2  연재淵齋 송병선宋秉璿(1836~1905). 1905년 을사늑약에 항거하여 자결한 구한말 의사. 우암 송시열의 9세 손임.
3  효성스러움과 청렴함.
4  공자가 노나라 은공隱公에서 애공哀公에 이르는 242년(B.C.722~B.C.481) 동안의 사적事跡을 편년체로 기록한 11권의 책. 올바른 정의감이나 역사의식의 상징으로 많이 사용됨.

## 열친계 계원들을 대신하여 수당遂堂 선생의 만장에
### 代悅親稧員挽遂堂先生

| | |
|---|---|
| 年隆道高遂堂公 | 연륜이 크시고 도가 높으셨던 수당공이시여. |
| 遽然厭世上天空 | 거연히 세상이 싫어지시어 천공에 오르시네. |
| 驚惶兄弟來皐復 | 경황驚惶[1]한 형제들이 와서 고복皐復[2]을 하나 |
| 惟有春風悲不窮 | 봄바람만 불고, 이 슬픔은 끝이 없어라. |

고창군 아산면 반암리 반암 마을 601, 수당과 그의 가족 합장묘
(ⓒ 김익두, 2023)

---

1    놀라고 두려워 허둥지둥함.
2    초혼을 하고 발상發喪하는 의식.

# 용산폭포 세심정[1] 시를 차운하여 짓다
## 次龍山瀑布洗心亭韻

| | |
|---|---|
| 千古龍山瀑 | 천고의 이 용산폭포龍山瀑布를 |
| 斯亭不偶何 | 이 정자 짝하지 아니코 어쩌리. |
| 偃仰人世外 | 누워서 바라보니 인간 세상 밖, |
| 君是赤松家 | 그대가 바로 그 적송가赤松家.[2] |

고창군 부안면 용산리 용산 마을 바우배기 지석묘 (ⓒ김익두, 2023)

---

1　고창군 부안면 용산리에 있던 정자.
2　신선을 일컬음.

# 장연강[1] 뱃놀이
## 長淵江船遊

登高盡醉下江樓　　높이 올라 취기 다하면 강루江樓를 내려와
更有小舟宜泛遊　　다시 작은 배 띄워 놓고 노는 것 마땅하이.
天涯何處任其樂　　천애天涯[2]의 어느 곳에 이 즐거움을 맡기리,
烟月五湖定向頭　　오호五湖[3] 연월烟月[4] 앞으로들 나아가세나.

고창군 아산면 삼인리 624 서운사 앞 선운교 다리 밑을 흐르는
장연강/장수강 지류 선운천 초여름 풍경(ⓒ 김익두, 2023)

---

1　고창군 아산면 선운사 인근을 흘러가는 강 이름. 인천강仁川江의 하류. 일명 장수강.
2　하늘 끝.
3　중국 오나라 월나라 지방의 호수 이름. 태호太湖·구구具區·조격洮滆·팽려彭蠡·청초靑草, 동정洞庭 등을 말함. 춘추시대 말기 원나라 대부 범려范蠡가 월왕 구천句踐을 도와 오나라를 멸망시킨 뒤에 물러나 조각배를 타고 오호로 떠나 숨어버렸다는 데서, 흔히 은둔처의 대명사로 쓰임(『사기』 129권, 화식열전貨殖列傳).
4　연기 같은 안개 속에 보이는 은은한 달. 세상이 태평한 모양.

# 중양절[1] 뒤에 김반계·이운강[2]·서래운[3]과 회포를 펴다
## 重陽後與金盤溪李雲崗徐來雲敘懷

| | |
|---|---|
| 別地經營三四家 | 별천지別天地[4] 세상 경영하는 저 서너 집들 |
| 犁雲鋤月此中佳 | 구름 갈고 달밤 매는 일, 그 중에도 아름답네. |
| 對鏡自羞生白髮 | 거울을 보면 백발이 나는 것 스스로 부끄러워 |
| 巡盃尤喜泛黃花 | 술잔을 돌리다 더 기쁘면 황국을 물에 띄우네. |
| 言是千金君議重 | 말은 이 곧 천금千金, 그대 의논이 소중하고 |
| 詩縱一字我疑加 | 시 한 글자라도 제멋대로면 내 의심을 더하리. |
| 後期爲唱陽春曲 | 훗날을 기약하며 양춘곡陽春曲[5]을 노래하니, |
| 何處江山好際涯 | 어느 곳 강산이 호기로움 끝닿는 곳[6]이러뇨. |

---

1 세시 명절의 하나로 음력 9월 9일을 이르는 말. 이날 남자들은 시를 짓고 각 가정에서는 국화전을 만들어 먹고 놀았다.
2 운강雲崗 이종택李鐘澤.
3 래운來雲 서병태徐丙泰.
4 『호암유고』에 나타난 '호암팔경壺巖八景'은 다음과 같다. 금반옥호金盤玉壺·선인취와仙人醉臥·옥녀농주玉女弄珠·덕산춘화德山春花/덕산백운德山白雲·인천벽파仁川碧波·장연조어長淵釣魚/長淵船遊·차봉일출遮峯日出·선운낙조仙雲落照/구황낙조九皇落照.
5 고아·심오한 흥취가 우러났다는 중국 초楚나라의 곡조.
6 제애際涯: 끝닿는 곳.

## 흥덕 맹감교[1] 시의 원운原韻을 차운次韻하여 짓다
### 次興德盲監橋原韻

| | |
|---|---|
| 徐氏遭難卽此橋 | 서씨가 난을 만난 곳은 바로 이 다리 |
| 可憐往事似今朝 | 가련한 지난 일 오늘 아침일 같아라. |
| 忠烈先光同日死 | 충렬 선조 빛을 내어 같은 날 돌아가고, |
| 兵戈經怵半江消 | 전쟁 두려움 지내고 강은 반남아 소실, |
| 東國遺傳靑史在 | 이는 우리나라 청사靑史에 남아 전하니 |
| 西山望拜白雲遙 | 서산에 망배望拜[2]하니 백운이 아득하네. |
| 爺孃齒德無看護 | 야양爺孃[3] 치덕齒德[4]을 보살피지 못했으니, |
| 千斬彼酋盲且宵 | 저 괴수놈[5] 천 번 베어도 눈 멀고 캄캄. |

---

1 고창군 부안면 중흥리 덕흥 마을 앞 갈곡천에 있는 '맹감다리/맹경교/갈곡1교'. 감사 서죽림의 아들이 흥덕에서 수성守城할 때 부친이 이 다리에서 붙잡혀 죽어서 '맹감교盲監橋'라 함.
2 멀리서 그 대상이 있는 쪽을 향해 절 함. 망배례望拜禮.
3 세간에서 부모를 이르는 말.
4 나이가 많고 덕행이 높음.
5 왜군의 적장 놈.

맹감다리/갈곡1교 옆에 세워진 맹감다리 표지석 (ⓒ 김익두, 2023)

고창군 고창군 흥덕면 오호리 399-2 지금의 맹감다리/갈곡1교 모습 (ⓒ 김익두, 2023)

## 신우新愚 황공의 원운原韻을 차운하여 짓다
### 謹次新愚黃公原韻

| | |
|---|---|
| 自號愚翁隱海東 | 스스로 우옹愚翁이라 이름하고 해동에 숨어 |
| 不詳姓字晋賢同 | 성씨가 어디신진 모르나 진현晉賢[1] 같다네. |
| 無心險世功名趣 | 이 험난한 세상, 공명을 좇는 데 무심하고 |
| 專力後生藝業通 | 후생들 예업藝業[2]을 통하는 데 전력하여 |
| 言是金聲兼玉振 | 그 말씀은 금성金聲[3]에다 옥소리를 겸했으며 |
| 詩皆道骨又仙風 | 시는 모두가 다 도골道骨이요 또 선풍仙風[4] |
| 先君於友吾於傳 | 아버님과는 벗해 지내시고 나에게도 전하시어, |
| 契義相知世不窮 | 의를 맺어 서로 알고 지냄 대대로 다함 없네. |

---

1  진나라의 죽림칠현竹林七賢.
2  학문, 학예.
3  쇠붙이가 부딪쳐서 나는 소리처럼 짜랑짜랑한 소리.
4  선풍도골仙風道骨. 신선의 풍채와 도인의 골격.

## 삼가 죽포竹圃 김공 회갑 잔치 시를 차운하여 짓다
### 謹次竹圃金公壽宴韻

| | |
|---|---|
| 春秋回甲正當年 | 춘추가 회갑回甲을 정히 당한 해이시니 |
| 斯壽從知五福連 | 이 나이로 오복이 연이었음을 알겠더라. |
| 樂德三生多幾日 | 삼생三生[1]에 얻은 다복은 그 얼마이며 |
| 尊兼一德亦由天 | 덕유德儒[2]로 존경받음 또한 하늘의 뜻, |
| 左賓右主酣歌地 | 손님과 주인 노랫소리 거나한 이 잔치석 |
| 四子十孫拜跪筵 | 네 아들 열 손자들 무릎 끓고 절하나니, |
| 千載滄桑籌不盡 | 천 년 상전벽해[3]에도 계책은 다하지 않아 |
| 此翁眞是海東仙 | 이 어른신, 참으로 이 해동[4]의 신선일세. |

---

1 과거·현재·미래의 세상. 전생·현생·후생의 총칭.
2 덕을 갖춘 큰 선비.
3 상전벽해桑田碧海 : 뽕나무밭이 변하여 푸른 바다가 된다는 뜻으로, 세상일의 변천이 심함을 비유적으로 이르는 말.
4 우리나라.

# 섣달 그믐날 밤에
## 除夕

| | |
|---|---|
| 一年今夕辨陰陽 | 일 년 중의 오늘 저녁엔 음양이 변하나니 |
| 未久鐘聲春萬方 | 머지않아 종소리는 봄을 만방에 알리리라. |
| 羞吾白髮能生色 | 부끄러워라, 나의 백발 능히 빛을 돋움이여 |
| 憐汝靑燈燭有光 | 가련한 나의 청등靑燈은 홀로 빛을 발하네. |
| 預言人格還成句 | 인격을 미리 말하여 돌이켜 싯구를 이루고 |
| 往事無聊輒付觴 | 지나간 일들 무료해 문득 술잔에 부치노라. |
| 暗去明來皆正理 | 어둠이 가면 밝음이 옴은 다 올바른 이치, |
| 何心愛惡此憂長 | 어찌 마음으로 애오愛惡[1]해 이 근심 길게 하리. |

겨울밤의 실내 놀이 (국립중앙박물관 소장)

---

1  사랑하고 미워함.

전북 정읍시 이심정길 28-20에 있는 이심정.
1942년에 나제봉·나제윤 형제가 부친이 만년을 즐기며 휴양할 수 있도록 하기 위해 지은 정자. 1954년 후손 나용주가 주동이 되어 초산율계를 조직, 시조를 부르고 향제줄풍류 등 악기연주를 하며 풍류를 즐겼는데, 주로 이심정에 모여 율회를 하였다. 초산율계는 15년쯤 지속되다 1969년 해산하였다. (ⓒ 김익두, 2023)

이심정 정자 안에 걸려 있는 이심정 원운시 현판 (ⓒ 김익두, 2023)

## 이심정[1] 시 운을 차운하여 짓다
### 次怡心亭韻

| | |
|---|---|
| 爲親休養一亭成 | 어버이 휴양하시라 한 정자를 이루어 놓으니 |
| 到此詩人感歎生 | 이 곳에 이르는 시인들은 감탄이 절로 나네. |
| 窓下有風靖節趣 | 저 창 아래 바람 있어 정절靖節[2]의 풍취요 |
| 盃中得月謫仙情 | 술잔 속에서 달 얻으니 적선謫仙[3]의 시정, |
| 雲歸天外三山碧 | 구름 하늘 밖으로 돌아가니 삼신산이 푸르고 |
| 水入庭除五曲明 | 물이 뜰 안으로 드니 오곡五曲[4] 환히 밝아라. |
| 蘭稧竹宜猶可愧 | 난계죽蘭稧竹[5]은 오히려 가히 부끄러울 정도로 |
| 怡心千載唱家聲 | 이심정怡心亭 천 년 가문 칭송 소리 드높아라. |

---

1  현 정읍시에 소재했던 정자 이름. 자식이 부모를 위해 지었던 정자.
2  도연명陶淵明의 호.
3  시인 이백李白을 말함.
4  고대의 거문고 곡조. 중국의 채씨오곡蔡氏五曲에, 「유춘游春」・「녹수淥水」・「좌수坐愁」・「추사秋思」・「유거유거幽居」라는 것이 보임.
5  난계와 죽루. 모두 시를 짖고 읊조리던 정자.

# 삼가 덕림정사[1] 원운을 차운하여 지은 2수
## 謹次德林精舍原韻二首

| | |
|---|---|
| 德山松桂造書林 | 덕산德山[2] 송계松桂에다 서재를 지어 |
| 見得先生講古今 | 선생을 모셔다 고금 학문을 강론하네. |
| 別地烟霞稀俗客 | 이 별천지 연하烟霞[3] 속 속객은 드물어 |
| 半間風月借仙禽 | 반 칸은 풍월이요, 선금仙禽[4]도 빌렸어라. |
| 軒舍翠嶂千秋色 | 집 주위 푸른 산봉우리들은 천추[5]의 빛깔 |
| 門對淸江萬里心 | 문과 마주한 맑은 강물은 만리심萬里心[6], |
| 飮水曲肱眞樂在 | 물마시고 팔을 베니[7] 참된 즐거움이 있고 |
| 不隨人世較淺深 | 세인들의 천심淺深[8] 비교는 따르지 않네. |
| | |
| 地待主賢秘德林 | 땅이 어진 주인 기다려 이 덕림[9] 감췄더니 |
| 醒翁創作摠如今 | 성옹醒翁[10]이 이 정사 지어 다 지금 같아라. |

---

1   전남 영광군 홍농읍 월암리 산18에 있는 정자로, 호남 성리학의 태두인 노사蘆沙 기정진奇正鎭의 제자 성제省齊 기삼연奇參衍의 제자인 성와醒窩 이승달李承達이 지은 정자.
2   전남 영광군 홍농읍 월암리에 있는 산 이름.
3   안개와 노을. 고요한 산수의 경치.
4   신선이 타고 다니던 학.
5   오래고도 긴 세월.
6   먼 곳을 그리워하는 마음.
7   『논어』 술이편述而篇에 나오는, "도시락밥을 먹고 물을 마시고 팔을 구부리고 잘지라도 즐거움은 그 안에 있다[飯疏食飮水 曲肱而枕之 樂亦在其中矣]"라는 말에서 용사한 것.
8   얕고 깊음.
9   덕산의 숲.

| 軟草春陽同野鹿 | 여린 봄풀과 봄볕은 들사슴과 함께 있고, |
| 老梧秋月伴仙禽 | 늙은 오동 가을 달, 선금仙禽[11] 동반했어라. |
| 得喪無關當世事 | 얻고 잃음은 지금 세상의 일들과 무관하매 |
| 修齊專守古人心 | 수신제가修身齊家[12] 고인심古人心만 지키노라. |
| 眞泉儒旺岩間在 | 진천眞泉[13]과 유왕儒旺[14] 바위 사이에 있으니 |
| 我愛餘波入海深 | 내 사랑 여파餘波는 바다 깊이로 들어가네. |

전라남도 영광군 홍농읍 월암리 산 18에 허름하게 남아 석양 노을에 비친 덕림정사 모습 (ⓒ 김익두, 2023)

덕림정사 현판 (ⓒ 김익두, 2023)

---

10 덕림정사를 지은 성와醒窩 이승달李承達을 가리킴.
11 신선들이 타는 신령스러운 새 두루미.
12 몸과 마음을 닦아 수양하고 집안을 다스림. 『대학』의 초두에 나오는 글귀.
13 호당이 살았던 영관군 홍농읍 진덕리 진천 마을을 말함.
14 전남 영광군 홍농읍 월암리 산18, 덕림정사 옆 연못가에 있는 샘 이름.

# 덕림정사 강회講會 운으로 짓다
## 德林精舍講會韻

| | |
|---|---|
| 岩下書樓樓上臺 | 바위 아래는 서루書樓, 서루 위는 누대 |
| 四方弟子服師來 | 사방의 제자들 스승 따라 여기 오누나. |
| 昔時欲別心無定 | 옛날에 이별코자 했으나 마음 못 정하고 |
| 今日相逢眼忽開 | 오늘 서로 만나니 눈 갑자기 열리노라. |
| 西海風情挑一筆 | 서해 풍정風情[1]을 일필로 휘갈겨 쓰고 |
| 東山花事勸三盃 | 동산東山 꽃핌으로 석 잔 술을 권하네. |
| 願將此會千年久 | 장차 이 모임이 영원하기를 바라나니 |
| 好見黃河天上廻 | 황하黃河가 하늘 위로 도는 것[2] 좋이 보네. |

덕림정사 연못 (ⓒ 김익두, 2023)

덕림정사 유왕천 (ⓒ 김익두, 2023)

---

1 풍치風致가 있는 정회情懷.
2 좋은 변화.

## 가을밤 래운來雲 서병태를 만나 읊다
### 訪徐來雲丙泰秋夜吟

| | |
|---|---|
| 西來杖屨伴淸秋 | 서쪽에서 그대 장구杖屨[1] 맑은 가을 데불고 와 |
| 暮訪故人醉月遊 | 해질 무렵에 찾아온 옛 사람 달에 취해 노닐어라. |
| 知己平生詩律在 | 평생의 나를 아는 벗이라, 시율詩律[2]이 살았나니 |
| 伯琴何必奏寒流 | 형의 거문고는 왜 하필 차가운 풍류를 연주하오. |

---

1 지팡이와 신. 이름난 사람이 머무른 자취를 이르는 말.
2 시의 음률.

## 래운來雲 서병태와 더불어 운강雲崗 이종택을 찾다
### 與徐來雲訪李雲崗鍾澤

| | |
|---|---|
| 東湖八月又天淸 | 동호東湖의 팔월은 또 하늘도 참 맑아서 |
| 此地登臨百感生 | 이곳에 오르니 온갖 감회들이 살아나네. |
| 今日黃花逢隱士 | 오늘 황국黃菊이 피어 은사隱士를 만나니, |
| 西風落葉賊秋聲 | 서풍에 낙엽, 가을소리 노래하는구나. |
| 千金不換安閑宅 | 천금으로 안 바꾸리 편안 한가한 이 집 |
| 一字難酬故舊情 | 한 글자로 오랜 벗 정 갚기 어려워라. |
| 稻熟魚肥新釀在 | 벼 익고 물고기 살지고 새 술 있으니, |
| 偶然勝會不期成 | 우연한 좋은 모임 뜻밖에 이루어졌네. |

## 삼가 정와靜窩 김인중님 회갑에 차운하여 짓다
### 謹次金靜窩仁中壽筵韻

| | |
|---|---|
| 六十花甲加一春 | 육십 갑화甲花[1]에다 한 봄을 더 추가하니 |
| 循環天理舊還新 | 천리가 순환해 옛것 돌아와 새것 되는구나. |
| 琴瑟壎箎同此樂 | 금슬 좋고 형제 화목, 그 즐거움 함께 하며 |
| 桃梨酒醬供其眞 | 일가친척 주장酒醬[2] 바치니 다 참되구나. |
| 好德非徒稱壽福 | 덕이 좋음이요 한갓 복수福壽 칭찬만 아니니 |
| 從心不亦顧名仁 | 마음 좇고 명예를 돌아보지 않음 어질구나. |
| 三孫繼孝堪憐愛 | 세 손자 효도를 이어 인애憐愛[3]를 감당하여 |
| 拜祝南山又北辰 | 남산과 북신北辰[4]에 두루 절하여 축수하네. |

---

1  '환갑에 피어난 꽃'이란 뜻으로 60세를 뜻함.
2  술과 장. 선물.
3  측은히 여겨 지극히 사랑함.
4  북극성.

# 장성 연동재蓮洞齋[1]에 가서 우송 이경집 형과 서로 화답하다
## 往長城蓮洞齋與李友松敬執相和

| | |
|---|---|
| 秋九重逢菊正開 | 가을철 중양절[2]에 국화가 바르게 피는 것을 만나니 |
| 何辭二義有情盃 | 어찌 이 두 아름다움에 유정有情한 술잔을 사양하리야. |
| 相思餘曲付明月 | 상사相思[3]의 남은 곡조는 저 밝은 달에 부쳐 두나니 |
| 知是龍江夜夜來 | 이를 알아 달빛은 밤마다 황룡강黃龍江[4]에 내리누나. |

황룡강 상류인 장성군 황룡면 필암리 아곡천 필암교 근처 아곡천 상류
(ⓒ 김익두, 2023)

---

1 전남 장성군 북하면 월성리 연동 마을에 있었던 서당인 듯함.
2 세시 명절의 하나로 음력 9월 9일을 이르는 말. 이날 남자들은 시를 짓고 각 가정에서는 국화전을 만들어 먹고 놀았음.
3 상사곡相思曲. 남녀 사이의 애정을 주제로 한 노래.
4 전남 장성에서 영산강으로 흘러가는 영산강 상류.

## 용계의 벗 김원근을 찾아 서로 주고받다
### 訪龍溪金雅源根相酬

| | |
|---|---|
| 醉菊吟楓莫此時 | 국화에 취하고 단풍 읊조림, 이 때 다 못하여 |
| 行尋窈窕下山遲 | 깊고 조용함을 찾아, 산을 내려옴이 늦어지네. |
| 龍溪喜得忘年友 | 용계龍溪에서 나이 잊은 벗 흐뭇하게 만나니, |
| 心上經綸我獨知 | 그 마음속 깊은 경륜經綸[1]을 내 홀로 알겠네라. |

---

1   어떤 포부를 가지고 일을 조직하고 계획하는 것 또는 그러한 포부. 천하를 다스리는 것.

## 송남시사松南詩社[1]에서 가을 달 시작詩作을 차운하여 짓다
### 次松南詩社吟秋月

| | |
|---|---|
| 四時皆好最秋佳 | 사시가 다 좋지만 가을이 제일 아름다워 |
| 一色乾坤無際涯 | 건곤乾坤이 한 빛, 끝닿는 곳[2]이 없어라. |
| 影入滄波磨碧落 | 달그림자 창파에 들어 기암절벽에 떨어지고 |
| 輝添楓樹畵丹厓 | 달빛은 단풍나무에 묻어 붉은 절벽 그리네. |
| 幾多千古宮人怨 | 천고 궁녀들의 원한은 그 얼마나 많았으며, |
| 應有萬邦宦客懷 | 온 나라 환객[3]의 회포도 또한 응당 있으리라. |
| 適合松南詩社詠 | 때마침 송남시사 시회 음영吟詠에 잘 어울려 |
| 永將此會與君偕 | 이 모임 그대들 모두와 더불어 영원하길. |

---

1 시사詩社 : 시인들이 조직한 문학 단체.
2 제애際涯 : 끝닿는 곳.
3 환객宦客 : 벼슬아치.

## 창랑滄浪 김사백金詞伯[1]을 만나 주고 받은 6수
### 逢滄浪金詞伯相和六首

| | |
|---|---|
| 白首相從歲暮時 | 흰 머리 서로 따르는 이 세모歲暮에 |
| 經綸多少語遲遲 | 경륜은 다소 생겼으나 말은 더듬거리오. |
| 淸纓濁足滄浪上 | 푸른 물결에다 갓끈 씻고 발을 씻으며[2] |
| 取得聖人與世移 | 성인이 세상과 더불어 사신 뜻을 얻네. |
| | |
| 偶逢仙客歲寒天 | 추운 세한歲寒 우연히 만난 선객仙客 |
| 來自古都金馬邊 | 옛 도읍지 금마金馬[3] 근처에서 오셨어라. |
| 可使芝蘭靈又臭 | 지란지교芝蘭之交[4]는 신령하고 향기롭지만, |
| 不須魚雁斷還連 | 어안魚雁[5]이 끊어졌다 꼭 다시 이어지진 않네. |
| 夜卽剡溪多雪月 | 밤엔 곧 섬계剡溪[6]에 설월雪月도 많아 |
| 地非齊野點人烟 | 땅은 제야齊野,[7] 인가人家는 드물어라. |
| 江南復得何消息 | 강남 소식은[8] 언제나 다시 듣게 되려나. |

---

1 사백詞伯 : 문예와 학식에 뛰어난 사람을 높여 부르는 말.
2 중국 춘추전국시대 초나라의 시인 굴원屈原(BC 343~278경)의 『어부사漁父辭』에 나오는 "창랑의 물이 맑으면/ 내 갓끈을 씻고／ 창랑의 물이 흐리면/ 내 발을 씻으리라(滄浪之水淸兮/ 可以濯吾瀛/ 滄浪之水濁兮/ 可以濯吾足)" 이란 말에서 인용한 것. 세속에 물들지 않고 청렴결백하게 살아가는 것을 말함.
3 전북 익산시 금마면.
4 '지초芝草와 난초蘭草 같은 향기로운 사귐'이라는 뜻으로, 벗 사이의 고상한 교제를 이르는 말.
5 친구간의 편지 왕래.
6 중국 절강성浙江省 승주嵊州 시에 있는 하천. 여기서는 고창군 아산면 반암리 앞 인천강을 말함 인듯함.
7 중국 춘추전국시대에 가장 평화롭고 풍요롭던 제나라의 들판. 그와 같이 평화롭다는 뜻.
8 국권 회복의 소식 정도를 말함인 듯.

| | |
|---|---|
| 第一梅花春萬年 | 초가집 매화 한 가지에 영원한 봄이로세. |
| | |
| 見君德宇自天眞 | 그대 뵈오니 덕이 크고 스스로 천진, |
| 物物能含萬化春 | 물물마다 능히 만화萬化[9]의 봄 머금었네. |
| 贈言皆是千金友 | 건네는 말씀 모두 천금과 같은 벗이요, |
| 同德非徒此日憐 | 그 덕성 한갓 오늘만의 이웃이 아니로세. |
| 書文何幸靑襟在 | 푸른 소매 속에 글 있으니 얼마나 다행, |
| 歲月無敎白髮新 | 세월은 가르침 없어 백발만 새롭구려. |
| 蘭菊已萎梅欲綻 | 난국蘭菊은 시들고 매화는 터지려하니 |
| 遠懷獨有待佳人 | 먼 회포, 홀로 가인[10]을 기다리고 있네. |
| | |
| 逐水愛山卜此家 | 물을 따르고 산을 사랑하며 이 집터를 잡아, |
| 數條石逕傍雲霞 | 몇 개의 돌길 길가엔 구름과 안개가 피네, |
| 愁多白髮頭頭雪 | 백발은 수심이 많아 머리마다 흰 눈이고 |
| 詩好寒梅字字花 | 시는 한매寒梅를 좋아하니 글자마다 꽃이로다. |
| 百世談論君擧大 | 백세百世의 담론談論이야 그대가 심히 크지만, |
| 十年踪跡我屋遐 | 십 년이면 내 발자취 내 집에서 멀어지리. |
| 人非仙佛將何止 | 사람이 선불仙佛[11] 아니면 어디서 그치리.[12] |
| 於讀於耕自莫加 | 책 읽고 논밭 갈며 스스로 이에 더하지 않네. |
| | |
| 經過十年世路微 | 십 년을 지났어도 세상길은 아직 미미하여라. |
| 方知今是昨還非 | 이제 알겠네. 오늘 옳고 어제가 그르다는 걸. |
| 頌年遠友傳新曆 | 한해를 보내며 먼 벗에게 새 달력을 전하노니 |

---

9　천만가지로 한없이 변화함.
10　현인·군자·임금.
11　신선과 부처. 도교와 불교.
12　호당의 인생관을 암시하는 대목.

| | |
|---|---|
| 待臘江娥洗舊衣 | 납일[13] 기다리며 강가 여인은 묵은 옷을 빠네. |
| 澗泉凍雪纔通迤 | 간천澗泉[14]은 동허凍虛,[15] 겨우 통하는 좁은 길 |
| 茅屋閑暉半掩扉 | 초가집 한휘閑暉[16]하고 사립문 반쯤 닫혀 있네. |
| 禹貢千秋人未續 | 우공禹貢[17] 치적 사람들은 기리 잇지를 못해 |
| 百川何日盡東歸 | 백천百川은 어느 날 다해 동으로 돌아오나.[18] |

| | |
|---|---|
| 晚歲論詩更古文 | 나이 들어 시 논함엔 다시 옛글을 논하게 되니 |
| 相知白首志靑雲 | 머리는 다들 희나 뜻은 청운靑雲임을 서로 아네. |
| 煙溫山砌眠尨老 | 산에는 따뜻한 안개, 섬돌에 조는 늙은 삽살개, |
| 風急江天送雁群 | 바람 급하니 강천江天엔 기러기 무리가 떠나네. |
| 炎涼客說陰陽錯 | 더위와 추위는 실없는 말, 음과 양은 섞이나니 |
| 動靜吾看晝夜分 | 움직임과 고요함 속에서 나는 주야 분별을 보네.[19] |
| 別後慇懃還見約 | 이별 뒤의 간절한 그리움은 돌아올 약속이러니 |
| 桂花不霰即使云 | 계수나무 꽃에 싸락눈 안 내리면 그 때가 오리. |

---

13 납일臘日 : 동지冬至가 지난 뒤의 셋째 미일未日을 명절로 이르는 말. 이날 납향臘享 제사를 지낸다.
14 산골짜기 샘물.
15 얼음이 얼어 속이 비어 있음.
16 한가하게 빛남.
17 『서경書經』의 한 편명. 우임금이 황하의 범람하는 홍수를 다스리고, 또 중국을 9개의 주로 나눈 업적 등을 기록한 것. 우공이라 함은 고대 중국에서 전세를 부賦라 하고, 제후들이 바치는 토산물을 공貢이라 하였는데 그 공물에 관한 기록이라는 뜻이다. 그러나 여기서는 공과 부 모두를 일컫는 말.
18 동주의 강들은 결국 모두 동쪽으로 흐른다는 뜻이니, 여기서는 먼 훗날 어느 땐가는 돌아오게 될 국권 회복의 날을 표현한 것.
19 호당 시의 탁월한 표현의 사례.

## 래운來雲 서병태와 운강雲崗 이종택을 만나 시를 주고받다
### 逢徐來雲丙泰李雲崗鍾澤相和

| | |
|---|---|
| 交契深深幾年有 | 계 묶어 사귐이 깊고 깊어 몇 년이나 되었노. |
| 重逢夜話未成眠 | 거듭 만나도 밤 이야기로 잠을 이루지 못하네라. |
| 肺肝相照三杯後 | 속마음을 터 놓고서 술 석 잔을 마신 뒤랴야 |
| 天地太和一詠邊 | 천지의 태화太和[1]를 한 번 읊조리고 마무리하네. |
| 車登道路經春雨 | 수레를 타고 가는 길 위에는 봄비가 지나가고 |
| 舟入江湖帶暮烟 | 배 들어온 강호江湖[2]에는 저녁안개가 둘렀어라. |
| 返旆明朝何處是 | 내일 아침 발길 돌릴 곳은 그 어느 곳이런가. |
| 白雲方丈却疑仙 | 문득 흰 구름 낀 방장산[3] 신선인가 의심되네. |

북쪽, 고창군 신림면 쪽에서 바라본 고창 방장산 (ⓒ김익두, 2023)

---

1 크나큰 조화.
2 속세를 떠나 풍류와 흥취를 즐기고 수양에 힘쓰던 자연 공간.
3 고창군 고창읍의 동쪽에 있는 고창의 진산.

# 선운사 지나는 길에 금호선사 시의 운을 차운하여 짓다
## 過禪雲寺次錦湖禪師韻

| | |
|---|---|
| 入禪不復艶王公 | 선문禪門[1]에 들면 다신 왕공[2]을 탐내지 않아 |
| 花雨諸天獨樂中 | 온 하늘에 오는 꽃비 홀로 즐기고 있는 중이라네. |
| 陌上紅塵前跡遠 | 떠돌이 나그네 길 위엔 속된 티끌, 앞길은 멀어, |
| 枕邊流水此心同 | 돌베개 가으로 흐르는 저 물은 내 마음 같구나. |
| 日月三生長有極 | 해와 달은 삼생三生[3]에 기리 나아가 아득하여 |
| 乾坤一理自成融 | 건곤乾坤[4]은 하나의 이치, 스스로 융통함 이루네. |
| 緣來法界多聽說 | 인연 따라 이 법계에 오니 들을 말씀도 많아, |
| 佛儒兩情尚可通 | 유도와 불도 두 뜻도 오히려 서로 통함이 있네. |

선운사 극락교에서 바라본 선운사 정문 (ⓒ 김익두, 2023)

---

1  불교.
2  신분이 높은 사람.
3  과거·현재·미래의 세상. 전생前生·현생現生·후생後生의 총칭.
4  하늘과 땅. 온 세상.

# 선운사에 머물 때 송계 이형·반계 김형·백중[1]이 암자로 찾아와 보기를 청하다
### 禪雲寺滯留時李松溪金盤溪伯仲來菴見請

| | |
|---|---|
| 喜聞東寺友三來 | 동사東寺[2]로 세 벗이 찾아온다는 기쁜 소식 |
| 落葉流雲半路開 | 낙엽 진 구름 흐르는 길 반쯤 열려 있어라. |
| 乘興夜行胡不速 | 흥을 타 오는 밤길인데 왜 이다지도 더딜까. |
| 前溪雨漲獨徘徊 | 앞 시내에 빗물 불어나니 홀로 배회하노라. |

고창군 아산면 도솔길 37/아산면 삼인리 529에 있는 선운사 동운암 초여름 아침 풍경
(ⓒ 김익두, 2023)

---

1  백중伯仲 : 맏형과 둘째형을 아울러 이르는 말.
2  선운사 동운암東雲菴.

# 다음날 벗 이송계·김반계 백중[1]들을 이별하며
## 翌日奉別松溪盤溪伯仲

| | |
|---|---|
| 聯筇下寺路高低 | 대지팡이를 집고 절 내려오는 길 높았다 낮았다 |
| 木落雁飛興不濟 | 삭정이가 떨어지고 기러기 나니 흥 고르지 못하네. |
| 盃酒未能相送罷 | 술잔도 나누지를 못한 채로 서로 보내며 헤어지고 |
| 更將笑話過前溪 | 다시 벗들 웃음 섞인 말소리만 앞 시내 건너가네. |

1 고창군 아산면 삼인리 선운사 동백숲 초여름 아침 풍경
  (ⓒ 김익두, 2023)
2 선운사 동백숲 아래의 삼신각 초여름 아침 풍경
  (ⓒ 김익두, 2023)
3 고창군 아산면 아산면 운곡리 179 운곡서원 조두소
  (ⓒ 김익두, 2023)

---

1 맏형과 둘째 형.

# 삼가 회산晦山 류면규¹ 족장님의 운곡정사²시 원운을 차운하여 짓다
## 謹次雲谷精舍原韻晦山族丈冕圭

| | |
|---|---|
| 尊朱衛道已多年 | 주자朱子 섬기고 도를 지킨 지 이미 여러 해 |
| 別有紫陽白日天 | 여기 또 하나의 자양紫陽³ 땅 밝은 해 하늘, |
| 智水仁山誰憑地 | 지수인산智水仁山⁴은 그 누가 사는 땅이던가. |
| 新安雲谷不徒然 | 신안新安의 운곡雲谷⁵은 헛되어 그렇지 않네. |
| 生涯詩禮三間屋 | 시예詩禮를 그 생애로 삼아 사신 이 세 칸 집 |
| 晴景桑麻十里川 | 뽕나무밭 삼밭엔 비 갠 경치, 시냇물은 십리. |
| 遺像千秋神德在 | 유상遺象⁶엔 천추의 신령한 덕이 남아 있어 |
| 朝朝瞻拜拂香煙 | 아침마다 우러러 절하니 향연香煙⁷을 떨치시네. |

---

1 류면규柳冕圭(1878~1948). 자는 응주應周, 호는 회산晦山. 본관은 고흥高興. 고창읍에 석탄정石灘亭을 세운 류운柳澐의 후손이고 류지욱柳志旭의 아들이다. 고종 15년(1878)에 고창읍 사계리沙溪里에서 출생, 고종 25년(1888) 11세부터 경당敬堂 류상준柳相浚의 문하에서 수업하고 고종 29년(1892) 15세 부터 3년 동안 금서錦西 류준철柳浚品의 문하에서 수업했다. 1900년 23세 때 연재淵齋 송병선宋秉璿이 정읍 모촌강당茅村講堂에 와 있을 때 찾아가 배알했으며, 1902년 25세 때 아산면 운곡리의 자양봉紫陽峯 아래에 운곡정서雲谷精舍란 학사를 개설하고 훈장이 되어, 아이들을 가르쳤다. 시도 잘 지었으며 자연과 함께 유유자적하는 도학 선비들의 길을 몸소 걸으면서 그 무아지경에 몰입하였다. 1950년 6·25 전란 때 많은 시문들이 유실되었다 하며, 호당도 이 분의 많은 영향을 받았을 것으로 보인다. 저서로 『회산유고晦山遺稿』가 있다.
2 고창군 아산면 운곡리 운곡 마을에 일제강점기인 1937년 회산晦山 류면구가 건립한 학사學舍. 지금은 이곳이 운곡저수지 속에 수몰되어 사라졌음.
3 주자가 살던 곳.
4 '지혜로운 물 어진 산'이란 뜻으로『논어』옹야편雍也篇에 나오는 "지혜로운 사람은 물을 좋아하고, 어진 사람은 산을 좋아한다[智者樂水 仁者樂山]"를 인용한 것.
5 운곡정사가 있는 곳의 지명.
6 남아 있는 형상이나 그림. 여기서는 운곡정사에 모셔져 있는 초상화 같은 것을 이름인 듯.
7 향불의 연기. 제사. 여기서는 선현들의 은총을 가리킴.

# 운곡사[1]의 주자 · 백암 · 농암 · 강호 · 점필재 다섯 선생 조두소[2]시를 차운하여 짓다
## 雲谷祠次韻朱子白岩聾岩江湖佔畢齋五先生俎豆所

| | |
|---|---|
| 白雲建祠等仙樓 | 흰 구름 일어나는 사당 등선루等仙樓, |
| 道德陽春忠義秋 | 도덕은 양춘陽春, 충의忠義는 가을일세. |
| 千載奉安今以後 | 천 년 전 봉안奉安하였으니 오늘 이후도 |
| 五賢列位晦其頭 | 오현五賢[3] 모셨는데 주자가 맨 머리네. |
| 古松落落寒生谷 | 골짜기 옛 소나무 낙낙히 찬 기운 내고 |
| 芳草萋萋雨過洲 | 비 지나가는 물가에는 방초가 무성쿠나. |
| 於戲慕風存此地 | 아아. 사모하는 풍속이 이곳에 있으니 |
| 青山高屹水長流 | 청산은 드높이 솟고 물은 길이 흘러라. |

전라북도 고창군 아산면 운곡리 179 운곡서원 운곡사
(ⓒ 김익두, 2023)

---

1 전라북도 고창군 아산면 운곡리 179(운곡서원길 337) 운곡서원 안의 사당. 주자와 함께 선산김씨 선조들인 김제, 김주, 김숙자, 김종직을 추모하기 위해 1766년에 창건, 1868년 서원철폐령으로 철폐되었다가, 1924년에 다시 복원하였다.
2 사당祠堂의 제기를 보관해두는 건물.
3 운곡사에 모셔진 주자 · 백암 · 농암 · 강호 · 점필재.

# 삼가 학초당 고성유님의 원운을 차운次韻하여 짓다
## 謹次鶴樵堂高聖有原韻

| | |
|---|---|
| 擇取雲林此地居 | 구름숲 가려 택하여 이곳에 거처하시니 |
| 黃龍江上白羊初 | 황룡강黃龍江[1] 위의 백양사 초입이라. |
| 桑農買置數町畝 | 뽕나무 심으려 몇 정무町畝[2]의 땅 사고 |
| 道理看通千古書 | 천고의 책들을 보아 도리道理를 통하네라. |
| 秋月宛然來水鏡 | 가을 달은 완연히 물거울 위에 와 비치고 |
| 春風恰似襲人裾 | 봄바람은 흡사 사람 옷자락을 덮는 듯. |
| 於樵於鶴身同老 | 나무꾼 몸과 학의 몸이, 함께 늙어가니 |
| 不患清標與世疎 | 학[3]과 더불어 속인 드묾을 근심치 않네. |

황룡강 상류인 장성군 황룡면 필암리 필암교 근처의 아곡천 모습 (ⓒ 김익두, 2023)

---

1 전남 장성에서 광주를 거쳐 목포 쪽으로 나가는 영산강의 상류.
2 밭둑과 밭이랑. 밭을 세는 단위.
3 청표淸標 : 학鶴. 신선의 세계를 상징하는 말.

## 후의계 이화용의 부친 생신잔치 때 차운하여 짓다
### 厚義稧次韻李樺容父親晬宴時

德門不換一洲城
況復晬辰作頌聲
葉葉庭前蘭草綠
枝枝堂下棣花明
稱觴今日長延壽
厚稧南中大有名
稀二同庚琴瑟好
人間始見此時榮

덕문德門[1]은 한 고을의 성과도 바꾸지 않나니
하물며 생신날 기리는 노래 짓지 않고 어이리.
뜰 앞의 난초蘭草는 잎잎마다 초록草綠빛이요
집 아래 산앵두 나무는 가지가지 환히 밝아라.
잔을 잡으신 오늘, 기리기리 연수延壽[2]하소서.
후의계厚義稧[3]는 남쪽에서 크게 이름이 있지만,
부부가 다 동갑同甲으로 금슬 좋음은 드문 일,
사람들 이제야 지금의 영화를 보게 되는구나.

난초의 청아한 자태

---

1  덕망이 높은 집안.
2  더욱 더 수명을 늘여나감.
3  이 회갑 잔치를 마련한 계모임 이름인 듯.

## 벗 래운來雲 서병태 형이 함읍[1]에 있을 때 지은 두 수의 시에 답하여 지은 2수
### 答徐友丙泰時在咸邑二首

| | |
|---|---|
| 秋風一雁送書來 | 가을바람에 한 마리 기러기 편지 보내 왔구려. |
| 復幾忘鄕獨上臺 | 다시 고향 그리워 몇 번이고 홀로 대에 오르리. |
| 早時白雪他山冷 | 그곳은 때가 일러 백설로 타향살이가 춥겠고 |
| 晩節黃花故里開 | 이곳은 때가 늦어 황국이 고향 마을에 피었네. |
| 可憐昔別未投轄 | 가련히도 석별하고 투할投轄[2]치 못함이여. |
| 爲待今期且勸盃 | 이제 다시 만날 날 기다리며 또 술잔을 드네. |
| 否往泰回君已算 | 나쁜 일 가면 좋은 일 올 것 그대 이미 헤아리니 |
| 區區事物親塵灰 | 구구한 사물들이야 다 진회塵灰[3]로만 보이오. |

| | |
|---|---|
| 興南千里是君家 | 흥남興南[4]의 천 리가 바로 그대의 집이러니 |
| 渺渺余懷天一涯 | 아득한 나의 회포 하늘 한 끝에까지 닿누나. |
| 秋盡應憐先壟樹 | 이 가을 다하여 자네 선산 나무들 걱정되리. |
| 春來尙記故園花 | 봄 오면 아직도 옛 동산의 꽃들을 기억하리. |
| 橋通北洛靑雲近 | 북락北洛[5]으로 통하는 다리는 청운에 가까웁고, |
| 路出西京百日斜 | 서경西京[6]으로 나아가는 길에 해는 기울리라. |

---

1 시의 내용으로 보아, 함경도 함흥을 말함인 듯.
2 손님이 떠남을 만류함.
3 먼지와 재를 통틀어 이르는 말.
4 함경남도 함주군 남동부에 있는 도시.
5 북쪽 서울.

自愛瓊琚眞價寶　　　스스로 이 경거[7]들을 사랑함은 참 보배이니
窮廬廬奢物莫相加　　궁려窮廬[8]에 사치한 물건 서로 더하지 마세.

---

6　지금의 평양.
7　경거瓊琚: 남의 글을 높여 부르는 말.
8　허술하게 지은 집. 가난한 집.

## 삼가 소탄小灘 이거사 수신晬辰[1] 시를 차운하여 지은 2수
## 謹次小灘李居士晬辰韻二首

居士平生德若花　　거사居士의 덕은 평생 동안 늘 봄과 같아
花籌一甲又今春　　꽃 산가지 회갑하여[2] 지금 다시 봄이로세.
造翁故欲增其壽　　조물주가 그 목숨 더하고자 하는 까닭으로
借與海東不老春　　해동海東[3]의 불노초 봄을 빌려 주시었네.

六旬優老又逢春　　육순의 우노優老[4]가 다시 봄을 만나니
白髮紅顔歲月新　　흰 머리 붉은 얼굴에 세월이 새로워라.
八子九孫呼萬壽　　여덟 아들 아홉 손자들 만수를 비옵나니,
時間有幾似翁人　　요즘 세상에 거사 같은 분 몇이나 되리.

---

1　생신生辰.
2　꽃으로 계산 가지를 삼아 셈하여 예순 번을 돌아.
3　우리나라.
4　대우를 받는 노인.

## 삼가 호송재湖松齋 김권용[1]님의 시를 차운하여
### 謹次湖松齋金權容韻

| | |
|---|---|
| 一士高尚志 | 그대 한 선비의 높고 우아한 뜻을 |
| 當世與誰隣 | 당대에 어느 누가 따를 수 있으리. |
| 春風和氣有 | 봄바람에는 화창한 기운 들어 있고 |
| 秋水淨無塵 | 가을 물은 깨끗해 티끌 하나 없네. |
| 詩禮須從古 | 시례詩禮는 모름지기 옛날을 따르고 |
| 衣冠不好新 | 의관衣冠은 새것을 좋아하지 않네. |
| 湖松因以號 | 호송湖松은 그로 인해 지어진 호, |
| 晩節復淸眞 | 나이 들며 더욱 청진淸眞하시어라. |

---

1 고창군 해리면 고성리 칠곡 마을에 호송정사를 세운 선비. 1941년 무장향교의 김근용金近容이 중심이 되어 전라북도 고창군 무장면 지역의 성씨·충의·효자 등을 기록한 『송사강헌록松沙綱獻錄』이란 책을 편찬하기도 하였다. 이 책은 무장 관내의 성씨·충의·효자·열녀·효부·총묘塚墓·묘사廟祠·정려·묘사墓舍·누정 등 총 9개 항목에 따라 소개한 기록이다. 옛적에 발간된 향읍지에 기록된 것과 빠진 것을 새롭게 추가하였으므로 효자와 열녀의 경우는 각각 300명이 넘게 기록되었다.

# 족숙[1] 쌍계공 류계선[2]님을 애도하여
## 輓族叔雙溪公繼善

| | |
|---|---|
| 溪翁賢且壽 | 계옹溪翁[3]은 어질고 또 장수하셨으니 |
| 南極老星明 | 남극노인성南極老人星[4]이 훤히 밝았어라. |
| 翁去星還殞 | 어르신 가시니 그 별도 사라져 버리고 |
| 獨悲此子情 | 홀로 슬퍼하는 이 자식들의 정뿐이로다. |

---

1   같은 일가一家로서 유복친 안에는 들지 않는, 아저씨뻘의 항렬行列이 되는 남자.
2   현곡玄谷 류영선柳永善(1893~1961)의 집안 형제간인 듯함.
3   쌍계공 류영선.
4   천구天球의 남극 부근에 있어 2월 무렵에 남쪽 지평선 가까이에 잠시 보이는 별. 용골자리의 알파성으로 밝기는 -0.7등급이다. 중국의 고대 천문학에서는 사람의 수명을 맡아보는 별이라 하여 이별을 보면 오래 산다고 믿었다.

# 족숙 석천공 류정선[1]님을 애도하여
## 輓族叔石川公鼎善

| | |
|---|---|
| 吾柳維公性率眞 | 우리 류공께서 성품이 진솔眞率하시어서 |
| 世家忠孝舊乃新 | 세가世家의 충효忠孝 오래고도 새로워라. |
| 志在聖賢尙汲汲 | 뜻을 성현聖賢에 두셔 항상 쉼이 없으셨고 |
| 敎多弟子亦諄諄 | 가르침이 많은 제자에겐 순순諄諄[2]하셨네. |
| 天降斯文應有祿 | 하늘이 내신 유학자 응당 복록도 두시어 |
| 地在此樂不憂貧 | 땅엔 이런 기쁨, 가난을 근심치 않으셨네. |
| 却嫌時日仙鄕去 | 문득 세월 시기해 선향仙鄕[3]으로 가시니 |
| 想像花宮六六春 | 상상화는 선향 궁궐에 예순 여섯 봄이리. |

---

1  현곡玄谷 류영선柳永善(1893~1961)의 집안 형제간인 듯함.
2  타이르는 태도가 아주 다정하고 친절함.
3  하늘나라.

## 니산거사尼山居士 변종혁[1] 공을 애도하여
### 輓尼山居士卞公鍾爀

| | |
|---|---|
| 尼脈落來有此山 | 니산尼山 산맥山脈 떨어져 내려 이 산을 두어 |
| 惟其仁者處其間 | 생각건대 이 어진 분 그 사이에 머물러 사셨네. |
| 經綸魚釣應期呂 | 경륜은 낚시질로 보내 응당 강태공을 기약했고 |
| 活計簞瓢可學顔 | 단표簞瓢[2]로 사셨으니 가히 안자顔子 배울만.[3] |
| 子孫俱孝庭無事 | 자손들은 모두 효도하니 집안이 무사하였으며 |
| 朋客頻來座不閑 | 붕객朋客들 자주 와 자리가 쓸쓸치 않았어라. |
| 天嗇假年稀五歿 | 하늘이 나이 빌려줌 인색해 일흔 다섯 가시니, |
| 後生痛哭最何關 | 후생들이 통곡한들 그 무슨 소용이 있을거나. |

---

1 변종혁(1873~1947). 근현대 고창 출신의 유학자. 본관은 초계草溪, 자는 회숙晦叔, 호는 이산尼山. 1873년(고종 10) 전북 고창군 고창읍 신월리에서 태어났다. 호암 마을에 살던 호암壺巖 변성온卞成溫의 후손으로, 할아버지는 월암月巖 변문화卞文華, 아버지는 통정대부를 지낸 변숙규. 어려서 할아버지 변문화 밑에서 공부를 하다가 10세가 되던 해 동오東塢 조의곤曺毅坤의 문하에 들어갔다. 그 후 송사松沙 기우만奇宇萬 문하에서 조덕승曺悳承·김재종·이공우·김노수金魯洙 등과 함께 수업. 1901년 11월 면암勉庵 최익현崔益鉉을 만났으며, 경술국치 이후 집 뒤쪽에 1칸짜리 니산재尼山齋를 짓고 두문불출, 독서로 울적한 심정을 달래였다. 1907년 최익현이 대마도에서 순절하자 「제면암선생문祭勉庵先生文」을 지었으며, 1916년 기우만이 세상을 떠나자 「제송사선생문祭松沙先生文」을 지었다. 1940년 「왕등도완해상풍경旺嶝島翫海上風景」을 지었다. 저서로 『이산유고尼山遺稿』 3권 1책이 있다.

2 도시락과 표주박을 아울러 이르는 말. 청빈하고 소박한 생활을 이르는 말. 단사표음簞食瓢飮.

3 『논어』 옹야편雍也篇에 나오는, 공자가 제자 안회顔回에게 한 말인 ""어질도다, 안회여. 한 소쿠리의 밥과 한 표주박의 물로 누추한 곳에 거처하며 산다면, 다른 사람은 그 근심을 견디어내지 못하거늘 안회는 즐거움을 잃지 않는구나. 어질도다 안회여[賢哉回也 一簞食一瓢飮在陋巷 人不堪其憂 回也不改其樂 賢哉回也]."를 인용한 것. '안자顔子'는 안회顔回를 가리키는 말.

## 광사光沙 박필환이 찾아와 시를 주고 받다
### 朴光沙弼煥見訪相和

| | |
|---|---|
| 卜居此地已多年 | 이곳에 복거卜居[1]한 지도 이미 여러 해 |
| 兼有東南二美連 | 동남쪽엔 이미二美[2] 오래 좌정해 있네. |
| 久坐談論深夜後 | 오래도록 앉아 담론하다 밤이 깊어진 후 |
| 同行信約暮春前 | 함께 가자 언약하니 저문 봄이 앞에 있네. |
| 蓮沼添流經麥雨 | 연못에 흐르는 물 드니 봄비가 지나가고 |
| 花階欲暖繞花煙 | 따뜻한 화계花階[3]에는 꽃 안개가 두르네, |
| 願言老去吾儕樂 | 말하고 싶네. 늙어가는 내 벗들의 즐기움, |
| 詩一床頭酒一邊 | 머리맡엔 시 한 상, 그 옆에는 술 한 동이. |

---

1  살 만한 곳을 골라서 정함.
2  이미二美 : 주인과 손님.
3  꽃을 심기 위해 흙을 한층 높게 하여 꾸며 놓은 꽃밭.

## 삼가 옥구 한림동에 있는 최고운·고문충·고문영 세 선생 조두소, 염의서원廉義書院[1] 중창重創[2] 추모시를 차운하여 짓다
### 敬次廉義書院重刱追慕韻崔孤雲高文忠高文英三所先生俎豆玉溝翰林洞

| | |
|---|---|
| 洞明長在翰林春 | 이 동넨 한림翰林[3]의 봄 기리 있어 유명하니 |
| 羅麗清風廉義眞 | 신라 고려 맑은 바람 염의廉義[4]가 진실하네. |
| 種菊何辭陶令趣 | 국화 심어 어찌 도연명의 취미[5]를 사양하며 |
| 採薇不愧伯夷仁 | 고사리 캐니 백이伯夷[6]의 어짊이 부끄럽지 않네. |
| 紫泉臺上雲呈端 | 자천대紫泉臺[7] 위엔 구름 모양이 상서로움고 |
| 白石潭中月入新 | 백석白石 연못[8] 가운데로는 달이 들어 새로워라. |
| 三享及時增舊制 | 삼향三享[9] 제사 이제 이르러 옛날 법제 더하니 |
| 千年儼若自存神 | 천 년의 이 근엄함, 신이 스스로 계신 것 같네. |

---

1   전북 군산시 옥산면 당북리에 있는 서원. 이 서원의 한림사에는 문창후 고운 최치원·문충공 휴옹 고경·문영공 야수 고용현 선생 3위분을 모심. 1868년 서원철폐령으로 헐렸다가, 1920년에 복원됨.
2   낡은 건물을 헐거나 고쳐서 다시 지음.
3   한림학사 최치원을 말함.
4   염치와 의리.
5   도연명의 「음주飲酒」라는 시에 "동쪽 울타리 아래에서 국화를 따서/ 고요히 남산을 바라보네[採菊東籬下/ 悠然見南山]"란 대목을 인용한 것.
6   중국 은나라 말·주나라 초(12세기경)의 전설적인 성인. 공자·사마천 등이 전한 이야기에 의하면 동생 숙제叔齊와 함께 처음에 고죽국孤竹國 왕자였는데, 아버지가 죽을 때에 아우 숙제에게 왕의 자리를 물리겠다는 말을 남겼다. 이에 숙제는 형을 두고 왕이 될 수 없다고 형에게 사양하고 백이 또한 아버지의 말씀을 어길 수 없다고 서로 사양하였다. 그리하여 마침내 두 형제는 고죽국을 떠나 주나라 문왕을 찾아 신하되기로 약속하였는데, 막상 찾아가 보니 문왕은 죽어 없고 그의 아들 무왕武王이 아버지의 위패를 싣고 은왕을 치려고 하였다. 그것을 본 두 형제는 무왕이 도덕에 어긋났다고 충고했으나 끝내 듣지 아니하자, 주나라의 벼슬을 하는 것은 부끄러운 일이라 하여 수양산首陽山에 들어가 고사리를 캐어 먹고 살다가 그것조차도 주나라 땅의 것이라 하여 굶어 죽었다고 한다. 오늘날까지 청빈한 사람의 본보기가 되고 있다(네이버 지식백과).
7   염의서원 인근, 전라북도 군산시 옥구읍 상평리 옥구향교에 있는 누정.
8   염의서원 인근에 있는 백석제白石堤.
9   봄과 가을의 첫달인 1월과 7월, 그리고 연말의 납일臘日에 올리는 세 차례의 제향祭享.

# 삼가 춘파春坡 진달홍 님의 회갑잔치 시를 차운하여
## 謹次春坡陳達洪晬宴韻

| | |
|---|---|
| 愧吾稱慶不知眞 | 내 칭경稱慶[1] 부끄러움 진실로 아지못게라. |
| 孝子中心痛益新 | 효자의 마음 가운데에는 아픔 더욱 새롭구나. |
| 象生難過劬勞日 | 상생象生[2]은 구노일[3]을 지나기가 어려우니 |
| 在嗣無何敵壽辰 | 아들이 있어 어찌 회갑연을 바치지 않겠는가. |
| 逢迎爲客開三逕 | 손님을 맞아들이기 위해 모든 길을 열어 놓고 |
| 憂樂同人會四隣 | 모든 이웃들 다 불러 모아 함께 한껏 즐기네. |
| 天欲千秋淸福佑 | 하늘은 오래토록 맑은 복으로 돕고자 하나니 |
| 故敎風月久相親 | 그래 풍월 가르쳐 오래 서로 친하게 하시네. |

---

1   경사慶事를 기뻐함. 경사慶事를 치름.
2   상생象生 : 상생지연象生之筵. 죽은 사람을 아직 살아 있는 것처럼 여긴다는 뜻으로, 죽은 이의 영좌靈坐를 이르는 말.
3   구노일劬勞日 : 생일날.

## 정해년[1] 6월 16일 곧 회갑일에 느낌이 있어 읊다
### 丁亥六月十六日即週甲日也有感而吟

| | |
|---|---|
| 今朝始覺過吾年 | 오늘 아침 비로소 내 나이 지나감 깨달으니 |
| 事事幾多枉了前 | 일마다 전날에 잘못한 일이 얼마나 많았던가. |
| 欲報劬勞親不在 | 은혜를 갚고자 해도 어버이 계시지 아니하고 |
| 自生固陋世無緣 | 스스로 고루하게 사니 세상엔 인연이 없어라. |
| 戲甚但見兒孫日 | 탄식할 일 많으나 다만 자손들 보는 오늘이요 |
| 飮少還羞故舊筵 | 장만한 것 적어 벗 술자리 도리어 부끄럽네. |
| 後先窮達猶能記 | 궁달窮達[2]의 선후는 오히려 능히 기억하나니, |
| 待聖何如呂渭川 | 성인을 기다림에 위천渭川[3]이면 또 어떠리. |

정선의 어주도魚舟圖
(국립중앙박물관 소장)

---

1 1947년. 호당의 나이 61세. 회갑이 되던 해.
2 빈궁貧窮과 영달榮達.
3 위수渭水. 강태공姜太公이 때를 기다리며 낚시질 하던 강물.

## 집안 어르신 회산공 류면규[1]님을 애도하여
### 輓族丈晦山公冕圭

| | |
|---|---|
| 東方禮義千代後 | 우리나라 동방의 예의禮儀는 천 년 지난 후에도 |
| 山自紫陽人自晦 | 산은 자양산紫陽山,[2] 사람은 스스로 회산晦山.[3] |
| 精舍七旬修道歿 | 정사精舍에서 칠순토록 수도하시다 운명하시니 |
| 一從夫子紫陽晦 | 오로지 주자朱子의 자양산 회산을 따랐을 뿐. |

---

1 류면규柳冕圭(1878~1948). 자는 응주應周, 호는 회산晦山. 본관은 고흥高興. 고창읍에 석탄정石灘亭을 세운 류운柳澐의 후손이고 류지욱柳志旭의 아들이다. 고종 15년(1878)에 고창읍 사계리沙溪里에서 출생, 자연과 함께 유유자적하는 도학 선비들의 길을 몸소 걸었다. 1950년 6·25 전란 때 많은 시문들이 유실되었으며, 저서로 『회산유고晦山遺稿』가 있다.
2 중국의 산 이름. 중국 송나라 주희朱熹의 부친 주송朱松이 독서하던 곳. 이 때문에 주희가 그의 서재 이름을 자양서실紫陽書室이라 이름 지었음.
3 주희가 살던 곳에 있는 산. 그의 호도 이 지명을 따서 회암晦庵·회옹晦翁이라 함.

# 호은거사壺隱居士 김길중을 애도하여
## 輓壺隱居士金公佶中

| | |
|---|---|
| 惟肖特出大賢家 | 생각건대 특출한 대현가大賢家에서 태어나 |
| 誠孝當年繼述多 | 성효誠孝는 당년에 계술繼述[1]함도 많았네. |
| 六八命兮天不假 | 육십팔 세, 하늘은 더 이상 겨를이 없음인가. |
| 萬千已矣世其何 | 이미 천만 년, 세상이란 도대체 그 무엇인가. |
| 俗久塵埃君獨潔 | 속된 세상 늘 진애요,[2] 당신 홀로 청결했으니, |
| 人皆哭泣我爲歌 | 사람들 다들 곡읍哭泣[3]하나 나는 노래하네. |
| 春風今日音容遠 | 봄바람 부는 오늘 그 목소리 얼굴 아득한데 |
| 山自蒼蒼水自波 | 산은 스스로 푸르고 물은 스스로 출렁이누나. |

고창군 아산면 반암리 호암 마을 앞 병바위 뒤의 오은대五隱臺 바위 (ⓒ 김익두, 2023)

---

1  조상이 하던 일이나 뜻을 끊지 아니하고 이어 감.
2  티끌.
3  소리내어 슬피 욺.

## 호은거사[1]를 추억하며 느낌이 있어 지은 2수
### 憶壺隱居士有感二首

| | |
|---|---|
| 稀壽七旬未二春 | 나이가 칠순에서 두 해가 모자람은 드문 일 |
| 壺山誰與復吟春 | 호산은 누구와 함께 내 다시 봄을 노래할까. |
| 堂前桃李堪憐汝 | 집 앞의 복숭아 오얏들아, 너희들도 가엾구나. |
| 不改主人獨帶春 | 주인을 바꾸지 못해 홀로 봄기운 띠고 있구나. |
| | |
| 經綸七十載 | 오래도록 칠십 평생을 경륜經綸[2]하여 |
| 認得世危安 | 세상의 위안危安[3]을 깨우쳐 얻었나니 |
| 祖懿孫斯在 | 조상이 아름다우니 그 자손도 그러하여 |
| 兄賢弟亦雖 | 형과 그 아우가 다 어질어 난형난제라네. |
| 不從新學術 | 새로운 학술일랑은 뒤따르지 아니하시고 |
| 徒尚舊衣冠 | 아직도 옛날의 의관을 한결같이 하셨네. |
| 今日吾中恨 | 이제 오늘 우리들의 이 한스러운 마음, |
| 若翁豈復看 | 이 어르신 같은 분을 어찌 다시 뵈올까. |

---

1 호은壺隱 김길중金佶中.
2 어떤 포부를 가지고 일을 조직하고 계획하는 것.
3 위태로움과 편안함.

# 인봉거사 오노수님을 애도하여
輓仁峯居士吳魯洙

| | |
|---|---|
| 韜菴公後一居士 | 도암공韜菴公¹ 이후에 한 거사가 있어서, |
| 繼述當年世業新 | 그 때를 계술²하여 세업³을 새롭게 하였네. |
| 兒孫敎訓皆依法 | 자녀에 대한 교훈도 다 법도에 의거하고 |
| 故舊情交久益親 | 옛 벗과의 정교情交, 오랠수록 더 친하였네. |
| 臥病却辭迎醫藥 | 와병 중에도 문득 의약醫藥을 사양하시고 |
| 遺言且戒閱風塵 | 유언은 또 이 풍진 세상 지내는 것을 경계, |
| 秩逝弟兄何所憾 | 아우 형 차례로 가신 소감은 어떠하신가. |
| 靑山又是送終春 | 청산도 또 이 마지막 봄을 전송하고 있네. |

고창군 아산면 반암리 오희길의 사당 앞에 있는 그의 후손 주은珠隱 오구근吳九根의 기적비 (ⓒ 김익두, 2023)

---

1 오희길吳希吉(1556년/명종 11~1625년/인조 3). 도암韜菴은 그의 호. 하서河西 김인후金麟厚의 제자인 금강錦江 기효간奇孝諫의 제자이자 사위. 경기전참봉. 변성온卞成溫·정운룡鄭雲龍 등과 도의로 교유. 임진왜란 시에 태조의 영정과 『조선왕조실록朝鮮王朝實錄』 등을 내장산·강화도·묘향산으로 옮겨 보존해내었다. 고창군 아산면 반암리 마명 마을에 그의 사당이 있다.
2 조상이 하던 일이나 뜻을 끊지 아니하고 이어 감.
3 대대로 이어서 내려오는 일.

# 삼가 우봉 고재원님 회갑에 차운하여
## 謹次又峯高在元回甲韻

| | |
|---|---|
| 甲宴大開萬壽春 | 회갑 잔치를 크게 연 이 만수萬壽의 봄날, |
| 兒孫彩舞日中新 | 아손兒孫[1]들 채무彩舞는 날 중의 새로움 |
| 豊山靈地長生寶 | 풍산豐山[2] 영지靈地는 장생의 보배이니 |
| 蓬海風流一洗塵 | 봉해蓬海[3] 풍류로 단번에 티끌 씻어내네. |
| 六同上下兄與弟 | 상하가 여섯으로 형과 동생이 더불으며 |
| 二合東南主又賓 | 주인과 손님들이 동남에서 이합二合하네. |
| 爲賀人間多五福 | 오복五福도 많은지고 축하하는 저 사람들, |
| 非仙非佛子其眞 | 신선도 부처도 아닌 그대가 바로 진인眞人. |

---

1 살아 있는 사람이 그 자손들을 일컫는 말.
2 우봉 고재원이 사는 곳의 지명인 듯함.
3 '봉해蓬海'의 '蓬'은 봉래산蓬萊山 곧 금강산, '海'는 바다 곧 동해안을 말함. 여기서는 신선의 세계 혹은 우리나라를 가리키는 듯함.

## 경인년[1] 가을 래운 서병태 형을 만나 시를 주고 받다
### 庚寅秋逢來雲徐丙泰相酬

| | |
|---|---|
| 西風亂葉路蕭蕭 | 서풍에 어지러운 낙엽 길 위에 쓸쓸히 내리고 |
| 迎入山樓興不遙 | 산루山樓에 영입迎入[2]하니 흥이 멀지가 않네. |
| 霜滿寒天知夜久 | 찬 하늘 서리 가득하니 밤이 오랜 줄 알겠고 |
| 陽生雷地見陰消 | 햇볕 나자 먼 우레소리, 땅 위엔 사라지는 그늘, |
| 君行杖屨當車馬 | 그대 걸어가는 장구杖屨[3]는 수레를 대신하고 |
| 我愛雲林非市朝 | 내 사랑하는 구름과 숲은 저자의 아침 아니네. |
| 追慕幾多忠節處 | 충절처忠節處[4]에 추모함은 그 얼마나 많은가. |
| 年年送別在盲橋 | 해마다 사람들 맹교盲橋[5]에서 송별送別하네. |

---

1  1950년. 호당의 나이 64세 때.
2  맞아들임.
3  지팡이와 짚신.
4  충성스러운 절의가 있는 곳.
5  미상. 앞의 시 「흥덕 맹감교 시의 원운原韻을 차운次韻하여 짓다[次興德盲監橋原韻]」에 나오는 '맹감교盲監橋/맹감다리'인 듯도 함.

## 송봉松峯 신현길과 벗 김장원을 만나 상화[1]하다
### 逢松峯申鉉吉友金長元相和

| | |
|---|---|
| 同庚二友訪吾門 | 동경同庚[2]의 두 벗이 나의 집을 찾아오시니 |
| 盃酒相忘日已昏 | 얘기로 술잔을 서로 잊고 날은 이미 저물었네. |
| 物理消長能說盡 | 만물 소장消長[3] 이치를 능히 다 말하게 되니 |
| 胸中別有一乾坤 | 이 마음속에도 또 다른 하나의 세상이 있구나. |

---

1　서로 시를 주고받음.
2　동갑.
3　쇠衰하여 사라짐과 성盛하여 자라감. 삼라만상의 변화.

## 강릉유씨[1] 화표동 삼대종비를 차운하여 짓다
### 江陵劉氏華表洞三大宗碑次韻

| | |
|---|---|
| 金刀爲帝自天揚 | 유씨가 황제 된다고 하늘이 드러내었어도 |
| 封籍東來又二鄕 | 서적書籍을 받들고 동래하여 자리잡은 두 고을, |
| 爭頌賢門三祖德 | 다투어 현문賢門 삼조三祖의 덕을 칭송하나니 |
| 螽斯餘慶幾多方 | 종사螽斯[2]의 자손 경사는 또 그 얼마나 많은가. |

우리나라 유씨劉氏들의 시조 한고조 유방

---
1 송나라 출신 유전劉筌을 시조로 삼는 유씨의 한 분파. 중국 한족, 그 중에서도 한나라 유방을 조상으로 삼고 있는 성씨족 중 하나임.
2 배짱이. 부부가 화합하여 자손이 많음을 비유하는 말로 쓰임.

## 삼가 위은渭隱 강창영[1]님 회갑시를 차운하여 짓다
### 謹次渭隱姜昌泳晬宴韻

| | |
|---|---|
| 仁川認渭畫君居 | 인천강[2]을 위수渭水[3]로 알아 그대 여기 거처 잡아 |
| 待聖魚竿尙父如 | 성인 기다리는 낚싯대는 상부尙父[4]와 같은지고. |
| 歲甲滄桑三變後 | 세갑歲甲[5]이 되시어 창상滄桑[6]이 세 번 변한 후에 |
| 晬辰天地一陽初 | 회갑날의 이 천지에는 온통 양기가 화창하여라. |
| 庭階生色皆蘭玉 | 뜨락에 있는 섬돌 빛깔도 모다들 난옥蘭玉이요, |
| 遠近多交及雁魚 | 원근의 많은 친교 기러기 물고기에까지 미치었네. |
| 把筆欲謝情未盡 | 붓을 잡아 감사코자 하나 내 뜻을 다하지 못하니 |
| 此時愧我本無書 | 이런 때, 내 본래 글의 내력 부족함이 부끄럽구나. |

---

1  강창영姜昌永(1889~1979). 자는 성숙成淑, 호는 위은渭隱. 고창군 아산면 상갑리 출신.
2  고창군 아산면 반암리 호암 마을 앞을 흘러다는 강. 장연강 · 장수강이라고도 함.
3  강태공이 70세가 될 때까지 낚시질을 하며 때를 기다리던 중국의 강 이름.
4  상부尙父 : 강태공의 호.
5  환갑. 회갑.
6  상전벽해桑田碧海.

문왕과 강태공
(국립중앙박물관 소장, 〈조어산수도〉 유리원판)

## 가을밤 래운來雲 서병태 형을 만나 회포를 펴다
### 秋夜逢來雲徐丙泰敍懷

仲秋佳約適良宵　　　중추中秋는 마침 아름다운 밤을 약속했으니
月白風淸累自消　　　달 밝고 바람 맑아 세상허물 스스로 녹더라.
少久詩論還就睡　　　오래도록 시를 논하다 돌아와 잠자리에 드니
山窓殘夢葉蕭蕭　　　산창山窓에 남아 있는 저 낙엽들 쓸쓸하여라.

한가위 보름달 (ⓒ김익두, 2022)

# 동짓달 완산시사完山詩社[1] 압운을 차운하여
## 至月次完山詩社押韻

| | |
|---|---|
| 完山稧事以詩交 | 완산계完山稧[2]의 일은 서로 시교詩交로써 하나니 |
| 優樂何辭存酒肴 | 좋은 즐거움을 어찌 사양하리, 술과 안주도 있어라. |
| 今日先生來北海 | 이 흥겨운 오늘, 선생은 북해北海에서 오시었고[3] |
| 近時靑帝迎東郊 | 이제 곧 청제靑帝[4]를 동교東郊[5]에서 맞이하겠구나.[6] |
| 寒碧堂前龍古窟 | 한벽당寒碧堂[7] 앞에는 용이 살던 옛날의 굴이 있고 |
| 老松亭上鶴新巢 | 노송정老松亭 정자 위엔 학이 사는 새집이 있어라. |
| 歸程遠近君休說 | 돌아오는 길이 멀고 가까웁다 그대 말하지 말게나 |
| 到夜猶明雪月稍 | 밤 되어도 오히려 설월雪月이 이 밤을 밝혀준다네. |

---

1 전주지역 시인·풍류객들이 만들어 운영하던 시 모임.
2 완산시사完山詩社를 말함.
3 『맹자』 이루離婁 상上에, "백이가 폭군 주왕紂王을 피하여 북해의 물가에 살았는데, 문왕께서 일어나셨다는 말을 듣고 '내 어찌 그에게 귀의하지 않겠는가?[孟子曰 伯夷避紂 居北海之濱 聞文王作興曰 盍歸乎來]"라는 말을 인용한 것.
4 봄을 맡은 신. 봄.
5 동쪽 교외. 봄의 들판. 예전에, 중국에서 동쪽의 교외에서 봄 제사를 지낸 데서 유래함.
6 봄이 온다는 뜻의 말임. 청제靑帝란 봄을 맡은 신. 동황東皇. 『상서尙書』에 "봄은 동제이며 또는 청제라 한다[春爲東帝 又爲靑帝]"라는 말이 있음.
7 전주 동남쪽 끝 물가에 있는 전주 제일의 누각. 전주8경 중에 '한벽청연寒碧靑煙'이 유명함.

전주 제1의 풍광 한벽당 모습 (ⓒ김익두, 2022)

## 용계龍溪¹의 효자 김수현님을 애도하여
### 輓龍溪金孝子秀鉉

| | |
|---|---|
| 友松世宅獨無憂 | 우송²의 집안은 유독 늘 근심이 없으시니 |
| 厥肖孝忠莫與儔 | 그 같은 충효忠孝 아무도 필적할 수 없어라. |
| 一夜化仙何處去 | 하룻밤 사이 화선化仙³하여 어디로 가셨나. |
| 迢迢想像玉京樓 | 멀리 생각은 옥경루玉京樓⁴를 상상하게 되네. |

---

1 전북 고창군 아산면 용계리.
2 우송友松 : 김수현의 선조.
3 신선이 됨. 돌아감.
4 하늘 위 옥황상제玉皇上帝가 산다는 서울의 다락.

# 성와醒窩 거사 이승달[1]님을 애도하여
輓李居士醒窩承達

| | |
|---|---|
| 嗟公遠駕未曾留 | 슬프다. 그대 먼 수레 오래 머무르지 못함이여. |
| 南國斯文復有誰 | 남쪽 유학자 중 그대 외에 다시 누가 있으리요. |
| 肖子賢孫能繼述 | 초자肖子[2] 현손賢孫들 능히 계술繼述[3]하게 되리니 |
| 已焉世事上天遊 | 세상의 일을 마치시고 이제 천상에서 노니시네. |

---

1 전남 영광군 홍농읍 월암리 산18에 덕림정사德林精舍를 지은 분으로, 호남 성리학의 태두인 노사蘆沙 기정진奇正鎭 선생의 제자 성제省濟 기삼연奇參衍의 제자.

2 어버이에 대해 자식을 낮추어 부르는 말.

3 조상祖上이 하던 일이나 뜻을 끊지 아니하고 이어 감.

## 삼가 호송湖松 김권용[1]님 회갑시 운을 차운하여
### 謹次湖松金權容晬辰韻

| | |
|---|---|
| 六旬花甲已周天 | 육순六旬 화갑花甲이 이미 한 바퀴 돌아오니 |
| 詩酒人多頌祝筵 | 시와 술, 사람들 많은 송축연頌祝筵 되었구나. |
| 塤篪如見雲仙會 | 훈지塤篪[2]는 마치 운선雲仙[3]의 회합을 보는 듯 |
| 琴瑟從知月姥緣 | 금슬琴瑟은 월하노인月下老人[4] 인연을 알 뿐. |
| 受生父母惟今日 | 부모님으로부터 삶을 받은 건 오직 오늘이니 |
| 延壽滄桑不計年 | 연수延壽[5]는 창상滄桑,[6] 햇수 헤아리지 않네. |
| 寶樹長春眞可愛 | 보수寶樹[7]에 긴 봄 진실로 가히 사랑스럽고 |
| 世間樂地又何邊 | 세간世間 낙토가 또 어느 다른 곳에 있으리. |

---

1 전라북도 고창군 해리면 고성리 칠곡 마을 출신. 청도김씨. 그를 위해 1944년 김찬용金燦容(1885~?)이 지은 강학소로, 향촌의 후학들을 가르치며 지냈던 호송정사湖松精舍가 이 마을에 있다.
2 질나팔과 저. 전하여 형제가 서로 화목함을 이름.
3 구름을 탄 신선.
4 남녀의 인연을 맺어준다는 전설상의 노인. 중국 당나라의 위고韋固가 달밤에 어떤 노인을 만나 장래의 아내에 대한 예언을 들었다는 데서 유래.
5 수명을 더욱더 오래 늘려 나감.
6 상전벽해桑田碧海.
7 극락정토極樂淨土에 일곱 줄로 벌여 있다고 하는 보물寶物 나무. 곧 금·는·유리琉璃·산호·마노瑪瑙·파리·거거로 벌여 있는 나무.

# 삼가 야은당野隱堂 배성수님 시를 차운하여 짓다
## 謹次野隱堂韻裵聖洙

別業淸川小築堂　　맑은 새냇가에 특별히 지은 이 자그마한 집에서
慇懃魚鳥共相忘　　물고기와 새들도 은근히 함께 서로 잊고 지내네.
恩添雨露三農足　　우로雨露¹ 은첨恩添² 은 삼농三農³으로 족하시고
臭擇芝蘭一室香　　후각 가려 놓은 난초 지초는 온 방에 향기로다.
逸興同歸晋代潛　　일흥逸興⁴에 동귀하니 진대⁵의 도잠陶潛⁶이요
從遊且學漢時良　　종유從遊⁷하고 배우니 한대漢代의 장양⁸이로구나.
因名野隱爲終老　　이름을 야은野隱이라 함 늙음을 잘 마치기 위함,
復有何人較長短　　다시 누가 그 풍악 장단長短을 비교할 수 있으리.

도연명

---

1  조상의 은혜.
2  은혜를 받음.
3  산농山農·택농澤農·평지농平地農의 세 가지. 봄·여름·가을의 세 농 사철. 봄갈이·여름 갈이·추수秋收로 이루어진 세 단계의 농사.
4  아주 흥겨움.
5  진나라 때.
6  도연명.
7  따라서 놂.
8  장양張良: 한漢 고조高祖를 도와 진秦을 멸망시키고 초楚를 평정하여 그 공로로 유후留侯로 봉후되었음.

## 갑오년[1] 겨울 동천재 보소譜所[2]에서 느낀 바 있어 짓다
### 甲午冬東泉齋譜所有感

| | |
|---|---|
| 譜事東泉有約來 | 보사譜事[3] 약속 있어 동천재東泉齋에 오니 |
| 長春花樹洞天開 | 긴 봄 화수花樹[4]에 하늘 탁 트이어 열리네. |
| 亂餘此會還成美 | 난리 끝 이 모임 도리어 아름다움을 이루었고 |
| 何獨文章夜宴盃 | 어찌 문장文章만이리, 야연夜宴 술까지 있네. |

---

1　1954년. 호당의 나이 68세 때.
2　집안의 족보를 만드는 곳.
3　집안 족보에 관한 일.
4　꽃피는 나무, 겨레붙이. 집안 문중.

## 삼가 석탄정石灘亭[1] 원운을 차운하여
### 謹次石灘亭原韻

春雨青灘上　　　봄비가 맑은 시냇물 여울 위에 내리니
黃金柳色明　　　저 황금빛 버드나무는 색깔도 밝아라.
曾嫌君戲折　　　일찍이 그대 장난삼아 꺾은 것 싫어해
不欲傍宮城　　　궁성宮城 곁에는 가지 않고자 하였더라.

석탄정 정면의 「석틴정 석탄정」 현판 (© 김익두, 2023)

석탄정 원운시 현판 (© 김익두, 2023)

전북 고창군 고창읍 율계리 341 석탄정. 호당의 선조 석탄石灘 류운柳澐이 선조 14년(1581)에 이곳으로 이주해와 짓고 이곳에서 풍류를 즐기며 은거하던 정자. 그 후 후손들이 순조 30년(1830)에 새로 지은 것이 오늘에 이르고 있다. 전라북도 유형문화재 (© 김익두, 2023)

---

1  고창군 고창읍 율계리 341에 있는 정자.

# 삼가 동천재 원운을 차운하여
## 謹次東泉齋原韻

| | |
|---|---|
| 方壺淑氣湊城東 | 방호防壺[1] 맑은 기운이 모양성 동쪽에 모여 |
| 左墓右齋此地同 | 왼쪽에는 묘소 오른쪽엔 재실, 이곳이 그 곳 |
| 往往習詩人物興 | 왕왕往往[2] 시 익히니 인물이 흥해 일어나고 |
| 年年承祭鬼神通 | 연년年年이 제사를 잘 이으니 귀신도 통하네. |
| 檻外烟雲含暮景 | 난간 밖의 안개 구름은 저녁 풍경을 머금었고 |
| 窓前梅竹引淸風 | 창 앞의 매화 대나무 맑은 바람을 끌어당기네. |
| 爲憐咫尺寒泉水 | 저 지척咫尺의 차가운 샘물을 늘 가까이 하여 |
| 去去餘波學海中 | 흐르고 또 흘러 배움의 바다로 물결쳐 가네. |

고창읍 서쪽 고수면 봉산 마을에서 본 방장산 모습 (ⓒ 김익두, 2023)

1   방장산方丈山.
2   때때로. 이따금.

## 삼가 탄운정[1] 원운을 차운하여
### 謹次灘雲亭原韻

| | |
|---|---|
| 石亭千載又雲亭 | 석탄정이 천 년 뒤에 또 탄운정이 되어, |
| 世代清風獨享齡 | 수 세대 동안 맑은 바람 홀로 나이를 누리네. |
| 盃上乾坤豪氣發 | 술잔 위의 건곤乾坤은 호방한 기운을 발하고 |
| 詩中日月道心惺 | 시중詩中의 일월日月은 도의 마음 깨우치네. |
| 合流二水明如鏡 | 그 흐름 합친 두 물줄기는 거울과 같이 밝고 |
| 半落三山翠似屛 | 삼산三山은 반락半落[2]하여 병풍처럼 푸르네. |
| 作者吾翁其記孰 | 이 정자 지은 오옹吾翁은 누구를 기억하시나, |
| 四時八景復丁寧 | 봄 여름 가을 겨울, 팔경은 다시 편안하구나. |

---

1  전북 고창군 고창읍 주곡리 사계마을 입구에, 류제풍柳齊豊이 부친 탄운灘雲 류춘석柳春錫(1879~1955)의 만년 휴식을 위해 1953년 지은 정자. 류춘석은 석탄정의 정자주인 석탄石灘 류운柳澐의 후손이며, 고창군 고수면 봉산리 출신. 선친인 사천沙川 류치선柳致善으로 부터 한문을 배우기 시작했으며, 연재淵齋 송병선宋秉璿(1836~1905), 간재艮齋 전우田愚의 문하에도 출입하여 학행이 있고 식견이 높았고, 지기志氣가 호방하고 효심 또한 지극했다.

2  삼산반락三山半落 : 이백의 시「登金陵鳳凰臺(금릉 봉황대에 올라)」중의 "三山半落青天外(삼산은 푸른 하늘 밖으로 반남아 떨어져 있다)"에서 인용한 구절. 삼산三山은 지금의 중국 강소성江蘇省 남경南京의 장강長江 가에 마주한 세 봉우리인 금산金山·초산焦山·북고산北固山을 말함. 이백의 시「登金陵鳳凰臺」의 원문은 다음과 같다. "臺上鳳凰遊/ 吳宮花草埋幽徑/ 晉代衣冠成古丘/ 三山半落青天外/ 二水中分白鷺洲/ 總爲浮雲能蔽日/ 長安不見使人愁".

# 을미년¹ 사월 초파일 래운來雲 서형²이 동참한 부안 웅연포³ 시회에서
## 乙未四月八日與徐來雲同參扶安熊淵浦詩會

| | |
|---|---|
| 蓬山信息久春秋 | 봉래산蓬萊山⁴ 소식은 들은 지 오랜 세월 |
| 最是烟霞地盡頭 | 이곳이 바로 그 연하⁵ 땅 다하는 끄트머리. |
| 星斗文章皆上界 | 북두칠성과 같은 문장文章들은 다 천상계라 |
| 蓮舟太乙此中流 | 연주蓮舟⁶와 태을太乙⁷, 이 가운데에 흘러라. |
| 陰繁處處芳時得 | 그늘 무성한 곳곳마다 방초가 때를 얻으니 |
| 鳥喚聲聲好友求 | 새들 환성⁸으로 소리소리 좋은 벗 구하네. |
| 潁水詠觴同此會 | 영수潁水⁹ 영상詠觴¹⁰을 함께 하는 이 모임, |
| 爲言一洗兩吾愁 | 우리의 근심을 한 번 씻어보기 위함이라네. |

웅연포/곰소항의 저녁노을 (ⓒ 전라북도)

---

1  1955년. 호당의 나이 69세 때.
2  래운來雲 서병태徐丙泰.
3  부안군 진서면 곰소리를 말함인 듯.
4  여기서는 부안 변산.
5  연하烟霞 : 고요한 산수 경치.
6  신선이 타는 연꽃배.
7  태을성太乙星 : 천지 만물이 나고 이루어진 근원 또는 우주의 본체를 관장하는 별. 음양가에서, 북쪽 하늘에 있으면서 병란·재화·생사 따위를 맡아 다스린다고 하는 신령한 별.
8  큰소리.
9  중국 고대 요임금 시대 고사高士 소부巢父 허유許由가 살던 곳의 강 이름. 허유는 요임금이 자기에게 보위를 물려주려 하자 귀가 더럽혀졌다고 영수潁水에서 귀를 씻은 후 기산箕山으로 들어가서 은거하였고, 소부는 허유가 귀를 씻은 영천의 물이 더럽혀졌다 하여 몰고 온 소에게 마시지 못하게 하였다는 고사가 있다.
10  시를 읊조리고 술을 마심.

# 삼가 부안 연봉정사蓮峯精舍[1] 김길상의 원운을 차운하여 짓다
## 謹次扶安蓮峯精舍原韻金吉相

| | |
|---|---|
| 一士守防瓶且城 | 한 선비가 병속처럼 성처럼 지킨 이 뜻[2] |
| 誰知精舍此經營 | 누가 알거나, 이 정사精舍 이 경영하심을 |
| 蓬萊山帶千秋色 | 봉래산[3]은 천 년 세월 가을빛을 띠우고 |
| 彩石江禽萬里聲 | 채석강 두루미는 만 리의 소리를 우는구나. |
| 書劍可憐時事晚 | 서검書劍[4]은 가련, 작금의 일들 늦어지니 |
| 田園自慰老居平 | 전원에 스스로 위로하며 늙어 편안히 지내네. |
| 訪仙學佛皆妄意 | 신선을 찾고 부처 배움 다 망녕된 뜻이라서, |
| 我愛蓮峯正直名 | 나는 '연봉蓮峯'이란 정직한 이름 사랑하네. |

부안 변산 월명암에서 본 변산의 운무 (ⓒ 부안군)

---

1  부안군 주산면 사산리 297-3에 있던 서당인 듯함.
2  수방守防: "수구여병 방의여성守口如瓶 防意如城" 곧 "입을 지키기는 병처럼 하고, 뜻을 지키기는 성처럼 한다"는 말을 인용한 것.
3  여기서는 부안 변산을 이르는 것.
4  학문과 무예武藝.

# 족형 탄운공灘雲公 류춘석[1]을 애도하여
## 晩族兄灘雲公春錫

| | |
|---|---|
| 忠正古家有厥肖 | 충정忠正 고가古家에 그 같은 어진 이 계셔 |
| 堂堂志氣強哉嬌 | 의젓한 그 지기志氣는 강하고도 굳세었도다. |
| 人威百萬從能主 | 사람의 그 위엄 백 만 학도 능히 다스리시고 |
| 師道三千亦見迢 | 수많은 사도師道[2] 중에서도 역시 드높았네. |
| 大壽無何天已定 | 장수長壽는 하늘이 정해 주어 어쩔 수 없고 |
| 遺芳盡在世相招 | 그 꽃다운 유풍 다 남아 세상이 서로 부르네. |
| 可憐亭上風與月 | 가련하구나. 탄운공 정자[3] 위의 저 바람과 달, |
| 去問青山慰寂寥 | 묻노라, 청산이 적요寂寥[4]함을 위로하는지. |

바람과 달 (© 김익두, 2023)

---

1 류춘석(1879~1955). 전북 고창군 고수면 봉산리 출신의 유학자. 선친인 사천沙川 류치선柳致善으로 부터 한문을 배우기 시작, 연재淵齋 송병선宋秉璿(1836~1905), 간재艮齋 전우田愚의 문하에도 출입하여 학행이 있고 식견이 높았으며, 지기志氣가 호방하고 효심 또한 지극했다. 고창읍 주곡리 사계마을 입구에, 그의 아들 류제풍柳齊豊이 부친을 위해 세운 탄운정灘雲亭 정자가 있다.
2 스승의 도리.
3 탄운정灘雲亭 정자.
4 적적하고 쓸쓸함.

## 병신년¹ 겨울 주산재珠山齋² 절운絶韻³ 19수
## 丙申冬珠山齋絶韻十九首

臥遊日月屆嚴冬　　　누워 일월과 노닐며 이 엄동에 다다르니
許與靑燈一二童　　　함께 하는 것, 푸른 등과 한 둘의 아이들,
張也經綸存報國　　　장량張良⁴의 경륜經綸은 보국報國에 있어
此身尙愧學從容　　　이 몸 오히려 조용함을 배움이 부끄럽구나.


主隱淸標見此時　　　주인은 숨고 청표淸標⁵는 드러나는 이 때
半山梅竹數多枝　　　반산半山의 매화 대나무는 가지도 많구나.
絃歌一室今如古　　　가야금과 노래, 온 집안 지금도 예와 같아서
濁世能知意不移　　　혼탁한 세상에 뜻 옮기지 않을 줄 능히 아네.

---

1　1956년. 시인이 70세 때. 호당이 고희의 나이에 이르러, 자신이 세상에 처해 살아온 심회를 읊은 말년의 대표적인 장시.
2　고창군 아산면 반암리 마명 마을 옆 마을인 자갈등 마을에 있던 주산 오구근의 서재인 듯함.
3　절구시絶句詩.
4　장량張良(?~BC186) : 중국 한나라 고조 유방의 공신. 오광의 난이 일어났을 때 유방의 진영에 속하였으며, 후일 항우와 유방이 만난 '홍문연 잔치'에서는 유방의 위기를 구하였다. 선견지명이 있는 책사로 유명함.
5　두루미. 학.

| | |
|---|---|
| 半醉沈吟日欲西 | 반취半醉해 침음沈吟[6]하니 해는 서로 기울고 |
| 佇看雲雨遠天下 | 우두커니 바라보니 비구름 먼 하늘 낮게 있네. |
| 地窄千鴻歸水國 | 땅이 좁아 하늘기러기 수국水國으로 돌아가고 |
| 人稀一丈吠桃溪 | 사람 드물어 노인 하나, 도계[7]엔 개 짖는 소리 |
| | |
| 活水方塘一鑑開 | 활수活水 방당方塘[8]은 한 거울을 만들어 |
| 分明物影此中來 | 분명한 사물의 그림자가 이 중에 나타나네. |
| 時人不識吾君意 | 지금 사람들은 우리 임금님의 뜻을 모르니 |
| 但謂優遊泛酒盃 | 다만 한가히 노닐며 술잔만 띄운다 이르네. |
| | |
| 一身敬畏有天君 | 이 한 몸 경외함은 천군天君이 계심이요 |
| 學乃成人質又文 | 배움은 이에 사람의 바탕과 문채를 이루네. |
| 年踰七旬無所得 | 나이가 칠순이 넘어도 얻은 바가 없으니 |
| 世間生在曰何云 | 세상에 살아 있음을 무엇이라고 이르리. |
| | |
| 一堂和氣坐生春 | 온 집안에는 화기和氣가 앉고 봄이 움터 |
| 最愛兒公趨日新 | 아이들 매일 새로워짐을 제일 사랑하노라. |
| 勤苦方爲天下事 | 장차 천하의 일을 위해서 근고勤苦[9]하고 |
| 耕山魚澤且陶濱 | 경산어택耕山漁澤[10]하며 물가에서 즐기네. |

---

6 깊이 읊조림. 깊이 생각함.
7 도계桃溪 : 무릉도원의 시냇가.
8 네모진 연못.
9 마음과 힘을 다해 애씀.
10 산에서 밭 갈고 물에서 고기를 잡음.

| | |
|---|---|
| 孤燈對坐夜如年 | 외로운 등불 대좌하니 이 밤이 일 년 같아라. |
| 歸雁聲聲海一天 | 돌아가는 기러기 소리 들리는 바다와 하늘 |
| 左右琴書無外事 | 좌우에 거문고와 책이 있고 다른 일은 없어 |
| 敎兒時逐煮茶煙 | 아이들을 가르치고 때로는 차 다리는 연기. |

| | |
|---|---|
| 寓接芳憐歲月深 | 꽃다운 이웃 함께 인접해 사는 세월은 깊어 |
| 半山松桂作書林 | 반산半山 송계松桂[11]에 서림書林[12]을 짓네. |
| 夜來課業恒多寐 | 밤 되면 해야 할 일 많아도 늘 졸음이 많아, |
| 愧負靑燈向我心 | 푸른 등이 나의 마음 향함이 부끄럽구나. |

| | |
|---|---|
| 數里吾行石逕斜 | 내가 가는 몇 리 길에 돌길은 비스듬한데 |
| 竹林深處有詩家 | 죽림竹林 깊은 곳에 시가詩家[13]가 있어라. |
| 愛君手植庭梅早 | 임금 사랑 몸소 심은 뜰 매화 아직 이르나 |
| 雪月江南第一花 | 설월雪月의 강남江南에선 제일의 꽃이로세. |

| | |
|---|---|
| 珠溪雪月適良宵 | 주계珠溪[14]에 설월雪月이 마침 좋은 이 밤 |
| 乘興幾時上小橋 | 흥을 타서 때때로 작은 다리 위에 오르네. |
| 曾識童冠風浴處 | 이미 동관童冠[15]들은 풍욕처風浴處[16] 알아 |
| 詠歸不與野人謠 | 시를 읊조리고 오며 민요들은 하지 않네. |

---

11  소나무 계수나무 숲.
12  여기서는 서재를 말함.
13  시를 짓는 사람.
14  구슬 빛을 띠는 맑은 시냇물. 주산재가 있던 곳의 시냇물을 가리키는 것인 듯도 함.
15  어린 제자들.
16  바람을 쐬어 풍욕을 하는 곳.

| | |
|---|---|
| 山德川仁卜我居 | 덕산德山[17] 밑 인천강가 나의 거처를 잡아 |
| 三間草屋一床書 | 초가삼간을 지어 놓고 집안엔 한 상의 책들 |
| 每邀風月因呼吸 | 늘 풍월을 맞이하여 더불어 호흡을 삼으며 |
| 淡泊生涯不食魚 | 담박淡泊한 이 생애, 물고기는 먹지 않네. |
| | |
| 年年花事雪梅先 | 해마다 꽃 소식은 설매雪梅가 제일 먼저 |
| 富貴春紅然後連 | 모란꽃 춘홍春紅은 그런 뒤에 이어지네. |
| 窮達於人今可見 | 사람의 궁달窮達[18] 이제는 가히 보이나니, |
| 諸君莫恨見龍田 | 그대들 한탄 말게, 용전龍田[19]을 보리니. |
| | |
| 絃歌不絶此山中 | 거문고 노래 소리 그치지 않는 이 산중, |
| 千載猶存夫子風 | 천 년 후에도 오히려 공자 유풍 남아 있네. |
| 溫飽一身悲素志 | 이 한 몸 온포溫飽[20]함은 본래 뜻 아니니 |
| 與人同樂願年豊 | 사람들과 더불어 동락하며 풍년들기 비네. |
| | |
| 白首風塵一布衣 | 백수白首 풍진風塵의 한 포의布衣[21] 선비 |
| 江關賦物動寒微 | 강관부물江關賦物[22]이 한미寒微[23]함 움직여 |
| 昨非今是何能辨 | 작비금시昨非今是[24]를 어찌 능히 변별하리 |
| 自愛田園將有歸 | 스스로 전원을 사랑해 장차 돌아감 있으리. |

---

17 호암의 거처가 있던 호암 마을의 동편 산.
18 빈궁貧窮과 영달榮達.
19 과거에 급제하는 일.
20 따뜻하게 입고 배부르게 먹는다는 뜻으로, 옷과 밥이 넉넉함.
21 베옷. 벼슬이 없는 선비.
22 강의 어귀에서 사물을 노래함.
23 가난하고 지체가 변변하지 못함.
24 금시작비今是昨非. 오늘은 옳고 어제는 그르다. 도연명陶淵明의 「귀거래사歸去來辭」의 앞부분에 나오는 "覺今是而昨非"를 인용한 구절. 과거의 잘못을 이제야 비로소 깨달음을 일컫는 말.

| | |
|---|---|
| 山水一鄕此地佳 | 산과 물의 이 한 시골, 이곳이 아름다워 |
| 明賢傑士訪遊多 | 명현名賢 걸사傑士[25]의 방유訪遊[26]도 많아, |
| 晚行亦得心神爽 | 만행晚行[27]에도 심신의 상쾌함을 얻으니 |
| 風月樓前明有沙 | 풍월 다락 앞이 밝음은 모래가 있음이네. |

| | |
|---|---|
| 十里溪西一草樓 | 십 리 시냇물 서쪽에 있는 한 초루草樓[28] |
| 曲欄明月帶寒流 | 굽은 난간에 뜬 명월은 한류寒流를 띠었네. |
| 二三那結金蘭契 | 두 세 명 이웃들이 금란계金蘭契[29]를 맺어 |
| 詩酒餘年共白頭 | 시와 술로 남은 세월을 함께 늙어 간다네. |

| | |
|---|---|
| 四老相同二二年 | 네 노인들[30] 서로 함께 노닐기 이십 년 |
| 地靈聚在一天邊 | 이곳은 땅의 영기가 모여 있는 한 하늘가 |
| 琴棋日月渾忘世 | 거문고 바둑 세월로 세상을 모두 잊으니 |
| 何必商山橘裏仙 | 어찌 상산商山 귤숲 속 신선[31]이어야 하리. |

| | |
|---|---|
| 東北兵塵已幾年 | 동북 지방의 병진兵塵[32]은 이미 그 몇 년, |
| 空吟白首老江邊 | 헛되이 읊조리는 이 늙은이 강변에 늙노라. |
| 多情惟有風與月 | 다정하게 저으기 바람과 달을 옆에다 두니 |
| 孰謂淸閑一日仙 | 누가 이 청한淸閑을 하루 신선이라 이르랴. |

---

25  뛰어난 인사人士.
26  찾아와 함께 노닐음.
27  늘그막의 삶.
28  지붕을 이엉으로 이은 다락집.
29  친목의 뜻으로 친한 친구들끼리 모은 계.
30  호당 자신과, 그가 호암 마을에서 가장 친하게 지내었던 세 사람의 벗들.
31  상산사호商山四皓 : 진시황秦始皇의 가혹한 정치를 피해 상산으로 들어가 은둔한 동원공·녹리선생·기리계·하황공 네 사람을 말함.
32  전쟁으로 말미암은 어수선하고 어지러운 분위기. 여기서는 6.25 한국전쟁을 말함.

| | |
|---|---|
| 看兒書讀到黃昏 | 아이들 글 읽는 것 보다가 황혼에 이르니 |
| 身在風烟江上村 | 이 몸은 풍연風烟[33]의 강가 마을에 살아라. |
| 梅似佳人心欲蕩 | 매화는 가인 같아 마음이 흔들리려 하다가 |
| 城南忽億少時樽 | 문득, 성 남쪽[34] 소싯적 술동이를 생각하네. |

고창향교 대성전 (ⓒ 김익두, 2023)

---

33 바람에 흩어지는 안개.
34 호당이 젊어서, 이 호암 마을 남쪽인 전남 영광군 홍농면 진덕리 진천동 마을에 살던 시절을 말함 인 듯함.

# 기해년[1] 가을 호은재[2]에서 지은 절구絶句 11수[3]
## 已亥秋壺隱齋絶韻十首

| | |
|---|---|
| 九秋遊賞勝春佳 | 구추九秋[4]에 노닐기 봄 아름다움보다 나아 |
| 楓菊人來錦障街 | 사람들은 단풍 국화 비단병풍 거리로들 오네. |
| 南有金崗何處是 | 남쪽에 있다는 금강金崗[5]은 어느 곳이던가 |
| 禪雲畫出一天涯 | 선운산禪雲山이 그림 그려내니 하늘의 한 끝. |
| | |
| 晚接芳隣我有儕 | 좋은 이웃 늦게 만나 그들과 함께 어울리며 |
| 平生德業願相齊 | 평생 덕업하며 서로 가지런히 하길 바라노라. |
| 故嫌塵累污香菊 | 진누塵累[6]가 향국香菊 더럽힘을 내 싫어하여 |
| 盥洗餘波日灑階 | 세수하고 남은 물은 섬돌 계단에 뿌려 주네. |
| | |
| 秋盡亂懷付爐灰 | 가을 다하니 어지러운 회포 화롯불 재로 남고, |
| 詩逋但有夜中催 | 시는 달아나 다만 밤중의 초조한 재촉만 있네. |
| 隱然霜菊同吾趣 | 은연隱然한 상국霜菊[7]은 곧 내 취향과 같으니 |
| 不恨花中未得魁 | 꽃 중의 우두머리를 얻지 못함을 한하지 않네. |

---

1 1959년, 시인의 나이 73세 때.
2 전북 고창군 아산면 반암리 호암 마을, 호당이 살던 거처.
3 호당이 말년에 도달한 깨달음의 경지를 깊이 노래한 연작시.
4 음력 9월 가을.
5 금빛 산줄기.
6 속루俗累. 살아가는 데 얽매인 너저분한 세상일들.
7 서리 맞은 국화.

| | |
|---|---|
| 獨有靑山望美臺 | 청산에 홀로 살며 미대美臺[8]를 바라보니 |
| 盤壺岩下水縈廻 | 호암壺岩[9] 반석 아래 물은 빙빙 돌아가네.[10] |
| 淸風明月人何處 | 이 맑은 바람 밝은 달에 사람들은 어디 있나 |
| 蹤跡依然脫俗埃 | 종적踪跡은 의연히 속애俗埃[11]를 벗어났네. |
| | |
| 遂水愛山漸入眞 | 물 따르고 산을 사랑해 점점 참됨에 드니 |
| 乾坤別有四時春 | 건곤乾坤의 이 별천지에 사시가 봄이로세. |
| 茂林修竹絃歌在 | 무성한 숲 빼어난 대나무, 현가絃歌[12]도 있고 |
| 孔氏遺風孟氏隣 | 공자님의 남기신 풍속이요 맹자님의 이웃들. |
| | |
| 入山大讀古今文 | 깊은 산에 들어 고금 문장을 크게 읽으니 |
| 南北風塵我不聞 | 남북의 풍진風塵[13]을 나는 듣지 못하노라. |
| 人間此夜皆言苦 | 오늘 밤 사람들의 말은 모두 다 씁쓸하고 |
| 惟有靑燈惜寸陰 | 오직 푸른 등불 있어 촌음寸陰을 아끼노라. |
| | |
| 一離學海卽靑雲 | 한 번 배움의 바다를 떠나면 곧 청운靑雲 |
| 爲語前程年少君 | 나이 젊은 그대들, 앞길 말 좀 들어보게나. |
| 立揚以及榮親道 | 입신양명立身揚名해 영친榮親[14]의 길 들면 |
| 在昔聖門不是云 | 옛 성문聖門[15]에 있음을 옳지 않다 한다네. |

---

8  아름다운 언덕 혹은 누대.
9  호당이 39세부터 거거할 때까지 살았던 고창군 아산면 반암리 호암 마을 앞 병바위.
10 영회縈廻 : 빙빙 휩싸여 돌아감.
11 속애俗埃 : 속세의 티끌이라는 뜻으로, 세상의 여러 가지 번잡한 일을 이르는 말.
12 거문고 같은 것에 맞추어 부르는 노래.
13 바람과 티끌. 세상에 일어나는 어지러운 일들.
14 부모를 영화롭게 함.
15 성인의 도.

| | |
|---|---|
| 鏡裡湖山別有村 | 거울 속같이 맑은 호산湖山 별천지 이 마을 |
| 漁歌樵笛返黃昏 | 어가漁歌 초적樵笛[16]에 황혼이 다시 돌아오네. |
| 居人不識家邦事 | 여기 사는 사람들 나라 일은 알지 못하고 |
| 但說明春結社樽 | 새 봄에 결사結社[17]하여 술을 마실 얘기뿐. |
| | |
| 上有靑山下碧灘 | 위로는 푸른 산, 아래로는 푸른 여울물이니 |
| 一區耕鑿此生安 | 여기서 논밭 갈고 샘 파는 이 삶이 평안하네. |
| 昨非今是爰來覺 | 어제 그르고 오늘 옳음을 이제야 깨달았네.[18] |
| 新沐幾時彈我冠 | 때때로 새로 목욕도 하고 또 의관도 터네. |
| | |
| 生憎絲雪鬢邊侵 | 삶을 시기하는 사설絲雪[19] 살쩍 끝 침노하니 |
| 四十四年我卽今 | 이곳 살이 이제 이미 사십 사 년이 되었구나. |
| 歸臥山樓何所事 | 산루山樓에 돌아와 누웠으니 할 일 무엇인고. |
| 此身惟有伴書琴 | 이 몸 오직 서금書琴과 함께 함이 있을 뿐이네. |
| | |
| 逢春忽憶少年時 | 봄을 만나니 홀연히 내 어릴 때의 생각이 나 |
| 花柳東風處處詩 | 동풍에 꽃과 버들은 곳곳마다 시로 피는구나. |
| 晚愛庭前松竹色 | 나이 들어 뜰 앞 솔 대나무 빛깔을 사랑하니 |
| 此心願與不相移 | 원컨대, 이 마음 함께 서로 변하지나 말기를. |

---

16 나무꾼이 부는 피리소리.
17 계와 같은 공동 단체를 만듦.
18 금시작비今是昨非. 오늘은 옳고 어제는 그르다. 도연명陶淵明의 「귀거래사歸去來辭」의 앞부분에 나오는 "覺今是而昨非"를 인용한 구절. 과거의 잘못을 이제야 비로소 깨달음을 일컫는 말.
19 가늘게 내리는 눈.

호당이 살던 고창군 아산면 반암리 호암 마을 앞 인천강 초여름 아침 절경 (ⓒ 김익두, 2023)

## 전주 박양사를 만나 서로 시를 주다
### 逢全州朴陽簑相贈

| | |
|---|---|
| 東來道士羽爲衣 | 동래東來한 도사道士 날개가 옷이 되니 |
| 金玉儀容座上輝 | 금옥金玉 의용儀容[1]이 좌상에서 빛나네. |
| 風雨鬼神能識否 | 풍우風雨 귀신도 능히 아는가 모르는가 |
| 一場筆翰疾如飛 | 한 바탕 휘갈겨 쓰니 빠르기가 나는 듯. |

창암 이삼만의 초서 10폭병풍 중 일부 (국립전주박물관 소장)

---

1 몸을 가지는 태도. 예의에 맞는 차림새.

## 능주[1] 서은瑞隱 양회택을 만나 서로 시를 주고 받다
### 逢綾州梁瑞隱會澤相和

| 前春逢着又今年 | 우리 지난 봄 만나고 금년 또 보게 되니 |
| 誼若弟兄衾枕連 | 형제같이 금침을 나란히 힘이 마땅하리. |
| 君子存名知有日 | 군자가 이름 얻을 날이 있을 줄을 아니 |
| 經綸俱是眼心田 | 경륜經綸이 눈과 마음 바탕을 갖추었네. |

---

1 전라남도 화순 지역의 옛 지명.

# 봄을 보내는 2수[1]
## 餞春二首

| | |
|---|---|
| 迢迢萬里客登城 | 멀고 먼 만 리 길 나그네 성에 오르니 |
| 啼鳥落花伴水聲 | 우는 새 지는 꽃, 물소리도 더불어라. |
| 壯士美人留不得 | 장사[2]와 미인[3]은 이제 간 곳이 없으니 |
| 古今怨恨此時成 | 고금의 원한이 이런 때를 이루었구나. |
| | |
| 殘春晦日夕暉低 | 남은 봄, 그믐날 저녁 빛은 나지막하고 |
| 小宴爲開流水西 | 작은 잔치를 여니 물은 서으로 흐르네. |
| 造物令人須盡醉 | 조물주는 모름지기 사람을 다 취케 하여, |
| 故嫌離路欲相隨 | 떠나는 길 싫어 서로를 뒤따르고자 하네. |

---

1 망국의 한을 노래한 시로 보임.
2 여기서는, 세상에 뜻을 이루지 못한, 기개와 골격이 굳센 사람.
3 현인·군자. 임금.

## 봄을 보낸 다음날 회포로 짓다[1]
### 餞春翌日題懷

| | |
|---|---|
| 夕陽唱罷下山歌 | 석양 소리 파하고 하산下山하는 노래 |
| 樽酒江湖注若波 | 준주樽酒는 강호에 물결처럼 쏟아지네. |
| 遊子豈知邦國恨 | 노는 자들 어찌 이 나라 한을 알리오 |
| 落花爲宴送春多 | 낙화는 잔치 위해 봄을 많이도 보내네. |

---

1 혼란스런 세태를 한탄한 시.

## 박양사와 더불어 창주한 2수
### 與朴陽簑唱酬二首

簑翁詞筆擅雄豪　　　사옹簑翁[1]은 사필詞筆[2] 웅호雄豪[3]를 마음대로 하여
醉臥壺山千尺高　　　호산壺山[4]에 취해 누우니 그 높이가 천척이로구나.
白鳥飛飛烟雨歇　　　백조白鳥는 날고 또 날고 이제 연우烟雨[5]도 개니
欲隨清興下江皐　　　이 맑은 흥취를 따르고자, 강가의 언덕을 내려가네.

萬千物色蕩詩情　　　천만의 물색物色[6]은 시정詩情을 호탕하게 하고
雨歇霞飛晚景清　　　비 개니 연하烟霞[7] 날고 늦은 풍광이 이 맑구나.
日晏鳥嘲人不起　　　늦은 아침 새들은 일어나지 않은 사람을 조롱하고
春深燕賀屋新成　　　봄 깊어지니, 제비들은 집 새로 짓고 축하 하누나.

호당의 후반기 거쳐 고창군 아산면 반암리 호암 마을 앞
초여름 아침 풍경 (ⓒ김익두, 2023)

---

1　박양사를 이름.
2　글.
3　웅장하고 호방함.
4　시인이 살던 고창군 아산면 반암리 호암 마을.
5　안개비.
6　물건의 빛깔. 자연의 경치.
7　안개와 노을.

## 서암恕菴 김귀수[1]의 집 벽에 희제戱題[2]하다
### 戱題金恕菴龜洙壁上

| | |
|---|---|
| 壺山松桂富書林 | 호산壺山의 송계松桂는 책 많은 서림書林 |
| 惟有故人知子心 | 오직 오랜 벗만이 그대의 마음을 아노라. |
| 不恨世間功業晚 | 세상의 성공이 늦어짐을 한탄하지 마소. |
| 渭川魚鳥好相尋 | 위천渭川[3] 어조魚鳥가 좋아 서로를 찾네. |

호당의 후반기 거처 호암 마을 앞의 호암/병바위 여름 풍경 (ⓒ김익두, 2023)

---

1  김길중의 아들.
2  놀이 삼아 글을 지음.
3  강태공이 때를 기다리며 낚시를 하던 강. 여기서는 고창군 아산면 반암리 호암 마을 앞 인천강.

# 구월 초 호산재[1]에서
## 九月初壺山齋

| | |
|---|---|
| 落木千山小雨寒 | 나뭇잎 진 온 산에는 소우小雨[2]가 차가운데 |
| 悠悠我思倚欄干 | 유유悠悠[3]한 나의 생각은 난간에나 의지하네. |
| 慇勤惟有堂前菊 | 은근慇懃[4]한 생각은 집 앞의 국화에 머물러 |
| 留待重陽共醉看 | 가만히 중양절 기다리며 더불어 취해서 보네. |

호암 마을 동산 덕산/차일봉의 아침 일출 무렵 (ⓒ김익두, 2023)

---

1 호당이 거처하던 전북 고창군 아산면 반암리 호암 마을 자택.
2 잠시 동안 조금 내리는 비.
3 아득하게 먼 모양. 침착하고 여유가 있는 모양.
4 은밀하게 정이 깊음.

## 삼가 만취당晚翠堂[1] 성경수[2] 님의 시를 차운하여
### 謹次晚翠堂成卿修韻

| | |
|---|---|
| 最愛主翁別墅幽 | 주인의 그윽한 별장을 내가 가장 사랑하네. |
| 經營非爲管絃遊 | 이 집 세운 뜻 음악으로 놀기 위함 아니라네. |
| 千叢遠岫泰天屹 | 천총千叢의 먼 묏부리들 태천泰天에 우뚝해 |
| 十里平川入海流 | 십 리의 평평한 시냇물은 해류海流로 드네. |
| 德業平生如地負 | 평생 동안을 덕업德業하기 땅을 짐같이 하고 |
| 功名餘事視雲浮 | 공명은 그 나머지 일이라 뜬 구름같이 보네. |
| 朝開暮落何堪說 | 아침에 피었다 저녁에 짐 어찌 감히 말하리. |
| 一色歲寒不復愁 | 온통 한 빛의 세한歲寒에 다시 수심 없어라. |

---

1  개항기~일제 강점기 고창 출신의 유학자 성경수成卿修(1875/고종 12~1941)가 지내던 정자.
2  자는 보현輔賢, 호는 만취晚翠, 본관은 창녕昌寧. 1875년(고종 12년) 고창군 해리면 송산리에서 출생. 성재省齋 기삼연奇參衍(1851~1908)에게 배우고 송사松沙 기우만奇宇萬(846~1916)을 종유從遊 했다. 흉년이 들면 배고픈 사람들을 위해 수십 석의 곡식을 내어 놓아 향민이 그 공적을 기리어 적선기적비를 세워 주었다.

# 집안 대부님 영산공 류기춘[1]을 애도하여
### 輓族大父瀛山公基春

| | |
|---|---|
| 於仁於富處其身 | 어짊과 부유함에 함께 몸을 처하셨으니 |
| 宇內如公有幾人 | 세상에 공 같은 분 몇 사람이나 있으리. |
| 今日遽然厭世去 | 오늘 갑자기 세상 싫어지신 듯 떠나시니 |
| 瀛山笑迎帝鄕春 | 신선들이 웃으며 맞아 그곳엔 늘 봄이리. |

---

1  고창읍 주곡리 주곡 마을 출신 영산瀛山 류기춘柳基春. 이 마을에는 그가 지은 유안당遺安堂이 있고, 류기춘이 환갑잔치 대신 기근으로 어려운 사람들 200~300명을 먹여 살린 것을 기리는 송덕비頌德碑도 있다.

## 삼가 용산의 율산栗山 이응률님 회갑에 차운하여
### 謹次龍山李應律壽宴韻

此宴此遊都爲君　　이 잔치 이 유흥遊興 모두 그대를 위함이니
衣冠舊制見儒群　　의관은 옛 제도, 보이는 것은 선비 무리들,
東陞西升賓主合　　사방에서 흥을 돋우니 빈주賓主가 화합하고
塤音篪樂弟兄分　　서로 나팔과 젓대를 부니 형제의 분수로세.
六一春回花甲日　　예순 한 해 봄 돌아온 이 화갑花甲의 잔칫날,
萬千壽稱彩仍雲　　찬란한 구름 가리켜 천 만 세 수壽를 비네.
龍山白首風流足　　용산龍山의 저 백수 노인은 풍류가 넉넉해
毁譽時間不復聞　　세상의 험담과 칭찬을 다시 듣지 아니하네.

신윤복의 풍류도 유리원판(국립중앙박물관 소장)

## 삼가 반암[1] 마을 호은壺隱 김길중의 원진당 운을 차운하여
### 謹次盤岩金壺隱佶中元眞堂韻

| | |
|---|---|
| 維聖維賢縱出天 | 오직 성인과 어진 이는 하늘이 내놓았으니 |
| 元眞句訓豈徒然 | '원진元眞'이란 교훈이 어찌 한갓된 것이리요. |
| 繼往開來功莫盛 | 계왕개래繼往開來[2]의 공로 이보다 성할 수 없고 |
| 集群成一德全能 | 무리들 모아 하나 이루니 덕은 능히 온전쿠나. |
| 幸有先生千載下 | 다행히 천 년의 뒤에도 선생이 예 계시어서 |
| 復明吾道大東邊 | 우리 유도儒道가 대동大東 끝에서 다시 밝네. |
| 斯堂永遠肖孫意 | 이 집에서는 저 후손들의 뜻이 영원하나니, |
| 江漢秋陽講誦連 | 강한추양江漢秋陽[3]의 가을볕에 글 읽는 소리 이어지네. |

---

1  고창군 아산면 반암리 반암 마을.
2  계왕개래繼往開來 : 옛 성인들의 가르침을 이버받아서 후세의 학자들에게 가르쳐 전함.
3  강한추양江漢秋陽 : 『맹자』 등문공滕文公 상上에 나오는 말로 원문은 "江漢以濯之, 秋陽以暴之, 皜皜乎不可尚已", 곧 "양자강과 한수의 물로 씻어내더라도 가을볕으로 쬐더라도, 공자님의 덕은 희고도 희어 더할 게 없다."란 말에서 인용한 것으로, 여기서는 군자의 수행을 부단히 게을리 하지 않는다는 말.

## 갱음[4] 2수
## 賡吟二首

聖門正學大如天　　　　성문聖門[5]의 바른 학문 크기가 하늘같아
天道循環理自然　　　　대도大道의 순환 이치가 스스로 그러하네.
不捨眞源千載又　　　　참된 근원을 버리지 아니함이 또 천 년,
同包元氣四時全　　　　우리 동포同包의 원기가 사시에 온전쿠나.
神功化育無形外　　　　조물주의 신공神功은 형체 없이 화육하고
霽月徘徊太極邊　　　　비 갠 밝은 달은 태극의 주변에서 배회하네.
一堂禮設尊三位　　　　한 집안 예를 베풂이 삼위三位[6]를 높이니
世世雲仍勿替連　　　　대대로 운잉雲仍[7]들이 쇠함 없이 이어지네.

孔朱同道道原天　　　　공자 주자는 하나의 도, 도의 근본은 하늘
湛祖當年見確然　　　　담조[8]는 당년에 도의 확연함 보이시었네.
萬古綱常刪筆在　　　　만고萬古 강상綱常[9]과 산필刪筆[10] 있으시고,
百家註解集成全　　　　백가百家[11] 주해註解 모여 온전함 이루네.

---

4  남의 노래에 이어서 노래하는 것. 남의 시에 이어서 읊는 것.
5  성인의 도道.
6  공자·맹자·주자를 말함인 듯함.
7  자손들.
8  담조湛祖: 하서 김인후.
9  삼강오륜三綱五倫.
10  다듬어진 붓. 가다듬어진 글솜씨.
11  백가서百家書. 여러 학자들의 여러 가지 저서.

| 霽月光風想像裡 | 광풍제월光風霽月[12] 상상想像하는 가운데 |
| 德山仁水欲居邊 | 덕산德山 인수仁水[13] 가에서 살자고 하네. |
| 揭額長春人坐了 | 현액을 걸어 두고, 긴 봄 사람들 일으키어 |
| 乾坤和氣一團連 | 온 세상 일단화기一團和氣[14]로 이어지게 하네. |

고창군 아산면 반암리 반암 마을 하서 김인후
선생 강학 기념비 (ⓒ 김익두, 2023)

---

12 비가 갠 뒤의 맑게 부는 바람과 밝은 달. 마음이 넓고 쾌활하여 아무 거리낌이 없는 인품.
13 인천강. 고창 선운사 앞 장수강의 상류.
14 단합되어 원만한 화기和氣.

## 임신년[1] 춘삼월 족형 류석운님을 모시고 회포를 펴다
### 壬申春三月陪族兄石雲敘懷敘懷

| | |
|---|---|
| 看盡名山到極濱 | 명산 보기 다하여 물가 끝에 다다르니 |
| 萬千氣象畵圖新 | 천 만 기상을 그린 그림같이 새롭구나. |
| 高吟大醉天將暮 | 높이 읊고 크게 취해 하늘 장차 저무니 |
| 歸路城東滿載春 | 돌아오는 길 성 동쪽은 봄 가득 실었네. |

---

1   1932년. 시인 나이 46세 때.

## 효자 신재愼齋 강은영 공과 열부 박씨의 행록行錄에 쓰다
### 題孝子慎齋姜公殷永烈婦朴氏行錄

| | |
|---|---|
| 萬古綱常今復長 | 만고 강상綱常[1]이 이제 다시 기루어져서 |
| 惟君先業以其方 | 오직 그대는 먼저 그 방법 업으로 삼았구려. |
| 愛吟落日千秋切 | 해질 무렵 효열 읊어보니 천추千秋 간절하고 |
| 操守青春百世芳 | 청춘으로 수절하니 백세百世 꽃향기로구나. |
| 孝行一家兼烈行 | 효행 일가一家에 열행烈行도 또한 겸비하니 |
| 晉陽甲族又牟陽 | 진양[2] 갑족甲族[3]이 또 모양[4] 갑족이로구나. |
| 表彰閭宇非徒美 | 표창[5]한 여우閭宇[6] 헛된 아름다움 아니니 |
| 餘慶他時大放光 | 그 여경餘慶[7] 훗날 가서 크게 빛을 발하리. |

---

1  삼강과 오상/오륜.
2  경상남도 진주晉州의 옛 이름.
3  가계家系가 아주 훌륭한 집안.
4  전라북도 고창의 옛 이름.
5  남의 공적이나 선행을 세상에 드러내어 밝힘.
6  효열각孝烈閣.
7  남에게 좋은 일을 많이 한 보답으로 뒷날 그의 자손이 받는 경사로움.

## 반남정사盤南精舍에서 백청사와 임은 부자를 만나 창주唱酬하다
### 盤南精舍逢白青史及 林隱父子

| | |
|---|---|
| 清和四月又晴天 | 청화淸和한 이 사월에 또 하늘도 개니 |
| 一樹海棠晚吐英 | 해당화 한 나무 늦게 꽃빛 토하는구나. |
| 此日文章同父子 | 이런 날 문장을 부자父子와 함께 하니 |
| 江山不僻大家聲 | 강산 궁벽하지 않은 대가의 소리로세. |

## 호산재[1]에서 성산 이아李雅를 만나 회포를 펴다
### 壺山齋逢城山李雅敍懷

芳林三月雨餘堤
客馬紅塵日欲西
亦有主人山水樂
停盃問答趣相齊

방림芳林[2]의 삼월, 비 아직 남아 있는 언덕
말탄 나그네 흙먼지, 해는 서으로 지려 하네.
또 이 집 주인은 늘 산수를 즐거워하고 있어
술잔 멈추고 문답하는 흥취 서로 가지런하이.

고창군 아산면 반암리 호암 마을에 남아 있는 호암 류명석의 구가 안채 (ⓒ김익두, 2023)

---

1 호당壺堂 류명석의 가숙家塾. 고창군 아산면 반암리 호암 마을 소재.
2 좋은 향기가 있는 숲.

## 부안 김백술 둘째 손자 6세 아이 김정기가 아침저녁으로 조모 새 묘소에 성묘함에 이 시를 지어 주다
### 扶安金伯述次孫正基六歲兒朝夕省墓于祖母新山贈

| | |
|---|---|
| 天送孩香有此童 | 하늘이 아이의 향기를 여기 보내어 이 아이를 두니 |
| 年方五六出群中 | 나이가 겨우 대여섯 살인데도 무리 가운데 뛰어나네. |
| 奇哉祖母新山處 | 기특하도다, 조모祖母의 새 산소가 있는 곳에 가서 |
| 拜省晨昏長者同 | 아침저녁으로 배알하고 보살핌이 꼭 어른과 같구나. |

## 부안의 사문[1] 김연사와 석암 종형제가 성묘 왔을 때 느껴 이 시를 짓다
### 扶安金斯文蓮史與石菴從兄弟省墓來時感而吟

| | |
|---|---|
| 二賢伯仲省楸來 | 두 어진 맏이와 둘째가 성묘를 하러 와서는 |
| 拜掃幽堂且獻盃 | 유당幽堂[2]을 쓸고 또 술잔을 들어 올리네. |
| 并轡咸稱頻歲到 | 말을 나란히 하여 자주 해마다 온다고 하고 |
| 連衿最愛此時開 | 옷소매 맞대며 이 때 오는 것 가장 좋아하네. |
| 日昏山下雙尨吠 | 날 저문 산 아래 두어 마리 삽살개는 짖고 |
| 秋盡天邊一雁回 | 가을 다한 하늘가 기러기 한 마리 돌아오네. |
| 白首同庚情彌好 | 흰 머리, 동갑내기, 뜻도 더욱 서로 맞으니 |
| 明朝驪曲莫相催 | 내일 아침, 이별곡은 서로 재촉치 마십시다. |

---

1 유학자.
2 묘소.

# 호산재[1]에서 지은 3수
## 壺山齋三首

| | |
|---|---|
| 坐看經傳靜如僧 | 앉아서 경전 보니 고요하기 승려 같아서, |
| 晝對晴窓夜以燈 | 낮엔 비 갠 창 대하고 밤엔 등불 밝히네. |
| 歲去歲來相不關 | 세월 가고 또 오고 서로 상관하지 않는데 |
| 何心白髮使人增 | 무슨 마음으로 백발은 사람에게 더하는고. |
| | |
| 經籍千年閱古今 | 천 년의 경적經籍[2]에서 고금을 살펴보고 |
| 綱常大義此中尋 | 강상綱常[3]의 큰 뜻 그 가운데서 찾노라. |
| 勸君餘力須勤讀 | 남은 힘 있거든 모름지기 힘써 글 읽음은 |
| 世上無知近獸禽 | 세상에 알지를 못하면 금수에 가깝기에. |
| | |
| 不風不雨雪全晴 | 바람도 없고 비도 안 오고 눈도 다 개니 |
| 一夜樓粧白玉城 | 하룻밤 사이에 다락은 백옥성白玉城이로다. |
| 遇其太陽消亦易 | 그것이 태양 만나 사라지며 또 양陽이 되니, |
| 漸聞檻外泛溪聲 | 조금씩 들려오누나, 난간 밖 시냇물 소리. |

---

1  호당壺堂 류명석의 가숙家塾. 고창군 아산면 반암리 호암 마을 소재.
2  경서經書.
3  삼강三綱과 오상五常. 곧 사람이 지켜야 할 도리. 오상五常은 인仁, 의義, 예禮, 지智, 신信 또는 오륜五倫(父義, 母慈, 兄友, 弟恭, 子孝).

고창군 아산면 반암리 호암 마을 호당의 구거 앞에 1998년에 세워진 호당 부부 효열창덕비 (ⓒ김익두, 2023)

## 삼가 오구근의 조부 별장 사가정四嘉亭[1] 원운을 차운하여 짓다
### 謹次吳九根祖考別四嘉亭原韻莊

| | |
|---|---|
| 亭號隱然半掩柴 | 정자 이름 은연隱然[2]하고 사립은 반쯤 닫혔네. |
| 四嘉非是四時佳 | 사가四嘉란 님의 호, 사시의 아름다움 아니리라. |
| 禮義守成耕讀裏 | 예의禮儀는 농사짓기와 글읽기의 근본을 이루고 |
| 智仁樂在水山涯 | 지인智仁의 즐거움은 물과 산의 말미에 있노라.[3] |
| 玉女仙人曾輸地 | 옥녀玉女와 선인仙人이 일찍이 지상으로 내려와 |
| 竹君梅友小成街 | 죽군竹君 매우梅友들 자그만 거리를 이루었네. |
| 孝忠爲志沒其世 | 충효忠孝로 뜻을 삼아 속된 세상을 떨쳐 버림은 |
| 識得當時難與偕 | 오늘날 더불어 함께하기 어려움을 알아 터득함. |

---

1 주은珠隱 오구근吳九根의 조부 상우당三愚堂 오재욱吳在郁이 고창군 아산면 반암리 마명 마을에 지은 별장이자, 그의 조상 도암蹈庵 오희길의 사당인 금암사琴巖祠의 강당이기도 함. '사가四佳'란 사가정 인근의 4가지 절경인 '인강어화仁江漁火 · 가인석조佳人夕照 · 소요귀운逍遙歸雲 · 옥녀명월玉明月'을 말한다 함.

2 뚜렷하지는 않으나 어딘지 모르게 모양이 드러남.

3 『논어』옹야편雍也篇에 나오는 "지혜로운 사람은 물을 좋아하고, 어진 사람은 산을 좋아한다[知者樂水 仁者樂山]"를 인용한 것.

고창군 아산면 반암리 마명 마을에 상우당三愚堂 오재욱吳在郁이 지은 별장 사가정 (©류연상, 2023)

고창군 아산면 반암리 마명마을에 있는, 주은 오구근의 조상 오희길吳希吉(1556년/명종 11~1625년/인조 3)의 위패를 모신 사당 금암사琴巖祠. 오희길은 자를 길지吉之, 호를 도암韜庵이라 했고, 명종明宗 11년 고창읍 교촌리에서 출생, 김인후金麟厚의 제자 금강錦江 기효간奇孝諫의 문하에서 『소학』을 공부했다. 1571년(선조 4) 기효관奇孝寬의 딸과 혼인했으며, 변성온卞成溫 · 정운룡鄭雲龍 등과 교유. 24세 때인 1579년(선조 12) 집터가 향교를 짓는 데 좋은 자리라 하여 팔기를 종용받자, 그 터를 그냥 내주고 순창의 고례촌古禮村[현 순창군 금과면 고례리]으로 이사했다. 1592년(선조 25) 경기전참봉慶基殿參奉 재임시에 임진왜란이 일어나자 태조의 영정과 『조선왕조실록朝鮮王朝實錄』을 내장산 · 강화도 · 묘향산으로 옮기는 일을 주도하였다. 1618년(광해 10) 7월 위성원종공신일등衛聖原從功臣一等 공신에 참록되었고, 다음해 8월 허균의 무고로 거제도에 귀양가, 1620년(광해 12) 유배지에서 『도동연원록道東淵源錄』을 수찬하고, 다음해 『명대의편明大義篇』 · 『천명도설天命圖說』 · 『안산지岸山誌』 · 『백운지白雲誌』 등을 지었다. 1625년(인조 3) 유배지에서 향년 70세로 사망. 학문의 연원은 김인후와 성혼을 본받아 독학 정취하여 위학僞學의 허물이 없었다. 저서로 『도암선생문집韜庵先生文集』 3권 1책이 있다. 묘소는 전라북도 순창군 금과면 고례리. (© 김익두, 2023)

제2권 271

# 사가정[1]을 중수함에 차운하여짓다
## 四嘉亭重修次韻

| | |
|---|---|
| 肖孫繼述倍增先 | 본받은 자손들이 선조의 뜻 더욱 높여 이어가니 |
| 復有亭名千百年 | 정자의 이름이 백년 천년 후에도 다시 예 있구나. |
| 半圍屛石靑山際 | 이 곳은 병풍석이 반쯤 에워 싼 청산의 끝자락, |
| 小鑿鑑塘活水邊 | 조그맣게 판 거울 연못물 솟아오르는 물가로세. |
| 非絲非竹修春禊 | 거문고와 퉁소가 아니라도 춘계春禊[2]를 행하고 |
| 宜月宜風任夜眠 | 적당한 달과 바람에 몸 맡기고 밤에는 잠드노라. |
| 樂道在中人不識 | 낙도樂道가 그 가운데 있음을 사람들은 모르니 |
| 却疑別境學神仙 | 내 문득 별천지에서 신선을 배우는가 의심되네. |

고창군 고창군 아산면 반암리 마명 마을에 삼우당三愚堂 오재욱吳在郁이 지은 금암사의 강당 사가정 현판. 글씨는 염재念齋 송태희(ⓒ류연상, 2023)

---

1  고창군 아산면 반암리 마명 마을에 상우당三愚堂 오재욱吳在郁이 지은, 그의 조상 도암암蹈庵 오희길의 사당 금암사琴巖祠의 강당이자, 오재욱의 정자.
2  음력 삼월 상사일上巳日에 물가에서 행하는, 요사夭事를 떨치기 위한 제사.

# 주산재[1]에서 절구로 지은 8수
## 珠山齋絶韻八首

| | |
|---|---|
| 學尋正路直升堂 | 바른 길을 배워 찾는 직승당直升堂[2]에 |
| 江漢濯來又曝陽 | 강물이 출렁여 오고 또 뙤약볕이로구나. |
| 次第工夫然後大 | 순서대로 공부한 연후에야 크게 되나니 |
| 諸君爲記我心長 | 그대들은 내 마음 장구함을 기억하게나. |
| | |
| 高樓夜會月來時 | 높은 다락 밤 모임에 달이 떠오르는 때 |
| 詩債重輕客亦知 | 글빚[詩債]의 경중을 나도 또한 잘 안다네. |
| 鶴子梅妻眞可羨 | 학자매처鶴子梅妻[3]는 진실로 부러운 것, |
| 瓊琚報答盡情遲 | 경거보답瓊琚報答[4]도 정 다하면 늦네.[5] |

---

1 고창군 아산면 반암리 마명 마을 옆 마을인 자갈등 마을에 있던 주산 오구근의 서재인 듯함.
2 호산재의 별칭인 듯함.
3 매처학자梅妻鶴子. 유유자적한 풍류 생활을 이르는 말. 중국 송나라의 임포林逋가 서호西湖에 은거하며, 처자도 없이 오직 매화나무를 심고 학을 기르며 생활을 즐겼다는 데서 유래한다.
4 경거瓊琚 곧 아름다운 구슬로 보답함. 『시경』의 「위풍衛風」 '모과木瓜'에 나오는 "나에게 모과 던져주면 경거로 보답하리[投我以木瓜 報之以瓊琚]"라는 구절을 인용한 것.
5 시를 지어 서로 주고받을 때, 상대방의 마음이 상하기 전에 시를 지어야 한다는 것.

| | |
|---|---|
| 江南曾作竹林遊 | 강남에 일찍이 죽림竹林 노닐음[6] 이루어, |
| 浩蕩如春義氣秋 | 호탕함은 봄 같고 의기義氣는 가을 같네. |
| 白首經綸論古昔 | 늙은이 경륜經綸은 옛날을 논구論究하며 |
| 七十亦有飼秦牛 | 칠십 먹은 나이에도 소를 먹여 기른다네. |
| | |
| 山村送歲又迎春 | 산촌에서 세월을 보내며 봄을 맞이하니 |
| 片月寒砧曉色新 | 조각달 다듬잇돌에 차고 새벽빛 새로워라. |
| 消息東風吟詠好 | 동풍 소식 홀로 읊조리며 노래함이 좋아, |
| 園林自愛景中人 | 동산 숲에 자애自愛하는 풍광 속의 내 삶. |
| | |
| 可愛山窓梅竹風 | 사랑할만 하구나. 산 매죽梅竹에 부는 바람 |
| 看書閱月臥堂中 | 책 보다가 달을 보며 당중堂中에 누웠네라. |
| 兩翁趣味誰能識 | 두 늙은이 이런 취미를 누가 능히 알리야. |
| 景色四時興不同 | 사시의 경색景色 따라 흥도 또한 다르구나. |
| | |
| 逢君此夜正難分 | 그대 만난 이 밤 정히 나뉘기가 어렵구나. |
| 何所見而何所聞 | 본 것은 무엇이고 들은 것은 또 무엇인가. |
| 半醉欲題樓外景 | 반취半醉해 다락 밖의 경치 읊고자 하는데 |
| 一山梅竹又煙雲 | 온 산엔 매죽梅竹, 그리고 연운煙雲[7]이로다. |
| | |
| 小村住在水西東 | 나는 물의 동서쪽 작은 마을에 살고 있으니, |
| 處處炊煙接半空 | 곳곳에 밥 짓는 연기 반공半空에 맞닿는다네. |
| 日夕農談人自樂 | 해 지면 농사얘기가 사람들의 자락自樂이요 |
| 以衣以食是誰功 | 옷 해 입고 밥먹는 것은 이 누구의 공이러뇨. |

---

6  죽림유竹林遊 : 죽림칠현竹林七賢의 노닐음.
7  구름처럼 피어나는 안개.

| | |
|---|---|
| 仁川江上一珠山 | 인천강仁川江 위의 하나의 산 이 주산珠山 |
| 別有靈區秘世間 | 세간에 숨겨진 별천지인 이 신령스러운 곳. |
| 童冠五六宜風浴 | 동관童冠[8] 대 여섯과 마땅히 풍욕風浴하고[9] |
| 十里夕陽咏物還 | 십 리 석양에 경물을 읊조리며 돌아오네. |

고창군 아산면 반암리 호암 마을 앞을 흐르는 인전강의 초여름 아침 풍경 (ⓒ김익두, 2023)

---

8   어린 학생들.
9   『논어』선진편先進篇에, 공자孔子가 몇몇 제자에게 각자가 가진 뜻을 말해 보라고 하자, 증점曾點이 기수沂水에서 목욕하고 무우舞雩에 올라가 바람을 쐬고 노래하며 돌아오겠다고 대답한 고사에서 유래한다. 명예와 이익을 버리고 자연 속에서 유유자적함을 이르는 말.

## 섣달 그믐날 밤에
### 除夕

| | |
|---|---|
| 欲將此夜繫于天 | 장차 이 밤, 하늘에 매어 놓고 싶어라. |
| 白髮無爲更送年 | 백발은 하릴없이 다시 해를 보내누나. |
| 千種憂愁同雪盡 | 온갖 근심들은 눈과 함께 다 사라지고 |
| 萬家慶福伴春還 | 만가萬家 경복慶福, 봄과 함께 돌아오소. |

## 입춘에 지은 2수
### 立春二首

| | |
|---|---|
| 寒谷春回事不稀 | 추운 골짜기 봄 오니 일이 드물지 않아라. |
| 今年是覺去年非 | 올해엔 지난해 그릇된 일들 깨닫게 되네. |
| 故人消息傳新曆 | 옛 사람들 소식은 새 책력 속에 전傳하고, |
| 老吾精神換歲衣 | 늙은 내 마음은 세의歲衣[1]를 바꾸노라. |
| 粘土田家牛忽出 | 전가田家 진흙으로는 소가 홀연히 나오고 |
| 彩金樓閣燕初飛 | 누각의 채금彩金[2]에 제비도 처음 나누나. |
| 椒觴半醉吾能述 | 산초술에 반쯤 취해도 내 능히 술회하여 |
| 萬里東風一筆揮 | 만 리 불어오는 동풍에 일필휘지一筆揮之. |

---

1 세월의 옷. 새해 새로 해 입는 옷.
2 고운 금빛.

| | |
|---|---|
| 聞說春來事不稀 | 듣건대 봄이 오면 일이 드물지 않다는데 |
| 維新歲月是耶非 | 옛 제도를 고치는 이 세월 옳은지 그른지. |
| 柳須公子黃金面 | 버들은 모름지기 공자[3]의 황금 얼굴이요 |
| 梅似佳人白雪衣 | 저 매화는 가인佳人[4]의 흰 눈옷 같구나. |
| 曉頭有意鷄東唱 | 꼭두새벽 뜻이 있어 닭은 동쪽에서 울고 |
| 日下何心雁北飛 | 해 질 무렵 기러기는 왜 북으로 나는고. |
| 回寅斗柄自然裡 | 두병斗柄[5]이 돌아옴은 그 자연의 이치라서, |
| 始覺微陽一氣揮 | 비로소 미미한 양기 하나 나타남 깨닫노라. |

---

3 공자公子 : 귀한 집의 나이 어린 자제.
4 현인賢人 · 군자君子 · 임금 등을 가리킴.
5 북두칠성 중의 자루 부분의 세 별.

## 삼가 청담淸潭 박민호의 풍영정[1] 원운을 차운하여
### 謹次風詠亭原韻朴淸潭珉鎬

| | |
|---|---|
| 登斯風詠又臨流 | 이 풍영정風詠亭에 올라 물을 내려다보니 |
| 好是城南地盡頭 | 참 좋구나, 성 남쪽의 땅이 다하는 머리맡. |
| 蓬海近雲仙降夜 | 봉해蓬海[2]는 구름 가깝고 신선 내리는 저녁 |
| 長沙低日客逢秋 | 장사長沙[3] 땅 석양 나그네 가을을 만나누나. |
| 蓮塘間護魚兒戱 | 연못은 어린 물고기들 노니는 걸 보호하고 |
| 松檻時招鶴子遊 | 소나무 난간은 때로 새끼 학 노닐라 부르네. |
| 當官其趣誰能識 | 지금 벼슬아치 중 이 아취를 누가 능히 알리 |
| 帝有他年畵看幽 | 임금님은 어느 해에나 이 그윽함 그려 보시리. |

고창군 성송면 하고리 삼태마을 뒤편 언덕에 있는 풍영정
(ⓒ류연상, 2023)

풍영정 원운시 편액 (ⓒ류연상, 2023)

---

1 고창군 성송면 하고리 삼태 마을 뒤편 언덕에 있는 청담 박민호의 정자.
2 신선이 사는 곳.
3 고창군 무장의 옛 이름.

## 삼가 성송면 선동 학천 강진수님 회갑에 부쳐
### 謹次星松面仙洞姜鶴川珍守壽宴韻

愛君甲宴最良時  그대의 사랑스런 회갑연 제일 좋은 한 때
月日三三春色遲  이 삼월 삼짇날 봄빛은 아직도 더디구나.
賓筵會請花相識  손님 잔치 회청會請[1]을 꽃들이 서로 알고
主宅風流燕亦知  주인댁의 풍류風流를 제비들도 아는구나.
地久滄桑千有算  땅이 상전벽해 하니 일천 년이 남아 있고
年增鐵樹萬生枝  해가 갈수록 철수鐵樹[2]엔 만 가지가 나네.
人間多福元何在  인간 다복多福의 근원은 그 어디에 있는고
偕壽天緣正可期  함께 늙는 천생연분 정녕 가히 기약 하네.

---

1 모임에 오라고 청함.
2 쇠처럼 오래가는 나무.

## 경담鏡潭 서상준을 만나 회포를 펴다
### 逢徐鏡潭相俊敍懷

| | |
|---|---|
| 愛我鏡潭別有天 | 내가 사랑하는 이 경담鏡潭은 세상의 별천지 |
| 溢流一派自成川 | 넘쳐흐르는 한 물결 스스로 한 시내 이루었네. |
| 若爲灌漑同其利 | 논밭에 그 물을 대면 이로움도 함께 하리니 |
| 東作人人喜得年 | 동쪽에 농사하는 사람마다 풍년을 기뻐하리. |

## 남일南一 김용진님이 이리[1]로 이사를 감에 이별하며 드리다
### 金南一龍鎭搬移裡里 贈別

| | |
|---|---|
| 鄕土同生五十春 | 시골 흙 속에서 함께해온 오십 년 세월 |
| 風塵便作北南人 | 풍진은 문득 우리를 남북으로 갈라 놓네. |
| 我懷漠漠還如夢 | 내 회포 막막함은 도리어 꿈과도 같지만, |
| 君德洋洋必有隣 | 그대 덕 양양洋洋[2]하니 반드시 이웃 있으리. |
| 金馬方爲新寓府 | 금마지방은 바야흐로 새로 살 고을이요 |
| 仁川自是舊遊濱 | 인천강[3]은 이제부턴 옛날에 놀던 물가. |
| 雲山此別關心事 | 산에는 구름, 이 이별 마음에 자꾸 걸려 |
| 把手將言淚濕巾 | 손잡고 말하려다 눈물이 수건을 적시네. |

---

1　지금의 익산시.
2　넓고 큼.
3　고창군 아산면 선운산 일대를 흘러가는 강. 장수강이라고도 함.

# 장사[1]의 벗 검재儉齋 김윤용을 찾아가 차운하여 짓다
## 長沙訪金友允容號儉齋次韻

| | |
|---|---|
| 長沙今日訪君尼 | 내 오늘 무장에 사는 그대 거처 찾으니 |
| 世守鄕園舊宅盧 | 대대로 지켜 오신 시골 동산의 이 옛 집, |
| 將臺烽燧千年屹 | 장대將臺[2] 봉수[3]는 천 년 뒤에 우뚝하고 |
| 玉洞桃花十里餘 | 옥동의 복숭아꽃은 십 리에 남아 있구나. |
| 擧世無非燕趙士 | 모두 다 연나라 조사나라 선비[4] 아님 없고 |
| 高門獨有孔朱書 | 높은 문에는 공주서孔朱書[5]만 놓여 있네. |
| 爲愛齋名明義重 | 집 이름을 사랑하게 됨은 그 뜻이 소중함이니 |
| 平生儉字作衿裾 | 평생을 검자儉字로 옷깃자락을 지으시네.[6] |

고창군 무장면 장사/무장 읍성 객사
(ⓒ김익두, 2023)

1 고창군 무장면 지역.
2 장수가 올라서서 명령·지휘하던 대臺. 성城·보堡 따위의 동서 양쪽에 돌로 쌓아 만들었다. 여기서는 고창 무장면 무장읍성의 장대를 말함인 듯.
3 봉수대烽燧臺 : 봉홧불을 피워 놀리는 대.
4 연조사燕趙士 : 연조비가사燕趙悲歌士. 우국지사를 비유적으로 이르는 말. 중국 전국 시대에, 연나라와 조나라에는 세상을 비관하여 슬픈 노래를 부르는 선비가 많았다는 데서 유래함.
5 공자·주자에 관한 글씨들.
6 김운용의 호 '검재儉齋'의 '儉' 자를 언급한 것.

## 석남의 청담淸潭 박민호[1]를 찾아가 회포를 펴다
### 訪石南朴淸潭珉鎬敍懷

| | |
|---|---|
| 風詠宜潭潭又淵 | 풍영風詠[2]은 마땅히 물가이고, 물가엔 또 연못이라 |
| 洞然一鑑轉天玄 | 그 형연洞然[3]의 한 거울은 이제 천현天玄[4]이 되었구나. |
| 餘流欲用農功地 | 남은 그 물의 흐름은 농사짓는 땅에나 쓰고자 하여 |
| 也有堤防已固堅 | 응당 제방을 만들어 두어서 그것이 이미 견고하여라. |

고창군 성송면 하고리 삼태 마을에 남아 있는
청담 박민호의 정자 풍영정의 현판 (ⓒ류연상, 2023)

---

1　고창군 성송면 하고리 삼태 마을에 풍영정을 짓고 살던 선비.
2　박민호의 정자 풍영정風詠亭.
3　넓고 깊은 모양.
4　푸른 하늘의 감푸르게 깊은 빛.

## 호송湖松 김권용[1] 해은海隱 김수현 청담清潭 박민호와 함께 회포를 편 2수[2]
### 同金湖松權容金海隱秀鉉朴清潭珉鎬敘懷二首

| | |
|---|---|
| 亂後吾儕有此身 | 전란이 지난 뒤에 우리들 이 몸이 살았으니 |
| 於山於海更爲隣 | 산과 바다에들 처하여 다시 이웃이 되었네라. |
| 可憐書劍今無用 | 가련하다 책과 칼, 이젠 다 쓸 데 없음이여. |
| 白首風塵共七旬 | 이 흰 머리도 이제는 풍진에 함께 칠순일세. |
| | |
| 湖山景色護君居 | 호수와 산 풍광 빛깔 그대 거처 보호하니 |
| 修竹蒼松一草廬 | 빼어난 대나무와 푸른 솔과 한 채의 초가집, |
| 蓮沼出錢朝雨裏 | 연이파리 아침 빗속에서 엽전만큼 돋아나고 |
| 麥郊起浪午風餘 | 보리밭 들판엔 낮 바람이 물결처럼 일어나네. |
| 賓主相逢亭上酒 | 주인 손님 서로 만나 정자 위에서 술 마시니 |
| 聖賢盡在案頭書 | 성현聖賢은 책상머리의 책속에들 다 계시네. |
| 驪歌一曲吾將發 | 여가驪歌[3] 한 곡조를 내가 장차 부르려 하노니, |
| 幾日城南復共裾 | 어느 날에나 성 남쪽에서 다시 함께 살아보리. |

---

1 전라북도 고창군 해리면 고성리 칠곡 마을에 호송정사湖松精舍를 짓고 살던 선비 청도김씨清道金氏 호송처사 湖松處士 김권용金權容.

2 6.25 한국전쟁을 겪고 난 후인 1957년, 호당이 70세에 지은 시.

3 이별의 노래. 송별의 노래.

## 삼가 화산[1] 송하松下 선생 자제 유학자 김민용님의 후송당 원운을 차운하여
### 謹次花山後松堂原韻金斯文 珉容松下先生子

乃父其風自有淸　　그 아버님 풍류는 스스로 맑음이 있으시어
松松下後樂生生　　송하松下와 후송後松[2] 부자 즐거움 생생하네.
半山琴韻千秋曲　　반산半山의 금운琴韻[3]은 그 천추의 곡조이요
平地海濤萬里聲　　평지平地 바다 저 파도는 만리의 소리로다.
遲矣能持高士節　　오래구나. 능히 고사高士의 절개 지킴이여.
茂乎且悅故人情　　무성하구나, 또 옛사람의 정을 기뻐함이여.
吟哦日日兼醒醉　　날마다 음아吟哦[4]하고 성취醒醉[5] 겸하나니,
奚美晋時五柳明　　어찌 진나라 때의 오류명[6]만 아름답다 하리.

---

1　고창군 해리면 왕촌리 화산 마을인 듯함.
2　김민용의 호.
3　거문고 소리.
4　시가를 소리 높여 읊음.
5　술에 취하고 깨어남.
6　도연명의 호.

## 삼산三山 기로회[1] 운을 차운하여
### 次三山耆老會韻

| | |
|---|---|
| 三山雅會我聞初 | 삼산三山[2]의 아회雅會를 내 듣고 처음에는 |
| 疑是群仙物外居 | 이곳이 신선의 세상 밖 거처인가 의심했네. |
| 溪夜同來明月榻 | 밤 시냇물에 밝은 달, 평상 위에 함께 와서 |
| 洞天團合白雲盧 | 동천洞天[3]이 흰구름 쌓인 이 집에 합일되네. |
| 巡酌二三先齒德 | 두세 잔 술잔 돌림은 치덕齒德[4]이 먼저라 |
| 華函十四列名書 | 열 네 개 화함華函[5]에 나란히 이름 쓰네. |
| 人間了債知何處 | 인간의 빚 다 갚게 됨을 어느 곳에서 알리 |
| 耆老風流樂有餘 | 기로耆老[6]들의 풍류, 그 즐거움 유여하네. |

고창군 신림면 쪽에서 바라본 방장산
(ⓒ김익두, 2023)

---

1  60세 이상 노인들의 모임.
2  미상. 지명인 듯함.
3  신선이 사는 곳. 산과 내로 둘러싸인 경치 좋은 곳.
4  많은 나이와 뛰어난 덕. 여기서는 그것을 갖춘 사람.
5  빛깔 나는 함.
6  60세 이상의 노인.

## 삼가 운림정雲林亭[1] 김녕준님의 시 원운原韻을 차운하여
### 謹次雲林亭原韻金寧駿

| | |
|---|---|
| 主翁別業我曾聞 | 주인 어른신의 별장 이름은 내 일찍이 들었더니 |
| 眞箇圖寫入七分 | 진실로 그림을 그리어 들여놓은 이 일곱 직분들 |
| 天開方丈千秋月 | 하늘 열린 방장산方丈山엔 천추의 달이 떠 있고 |
| 地近蓬業五色雲 | 땅은 봉래산蓬萊山 가까워 오색 구름을 일삼네. |
| 閑庭看護靈神草 | 한가한 뜨락에서 영신초靈神草[2]를 보살피나니 |
| 積案表章道德文 | 책상에 쌓인 표장表章[3]들은 다 도덕의 글들이라. |
| 一笑不關山外事 | 한 번 웃고, 산 밖의 세상사들은 관계치 않노니 |
| 當時志節獨離群 | 당대의 지조와 절개 홀로 속된 무리 떠나 있구려. |

---

1 고창군 신림면 세곡리에 신암新菴 김구현金九鉉(1876~1956)이 외세의 혼란 속에 낙향해 동문인 송천松川 고예진高禮鎭(1875~1952)과 주사主事 이원로李元老, 참봉參奉 류관현柳寬鉉과 함께 아이들에게 강학했던 곳이다. 김구현의 자는 수경洙卿, 본관은 선산善山. 지금의 고창군 신림면 세곡리 은정동銀井洞 출신. 면암勉庵 최익현崔益鉉의 문하에서 수학. 최익현이 대마도에서 순국하자 1909년(순종3)에 태산사泰山祠를 창건하여 최익현의 위패를 봉안하였다. 1918년 고종과 1926년에 순종이 승하하자 태봉台峯에 망곡단望哭壇을 세우고 곡하는 절의를 나타냈다.
2 신령스런 약초풀. 애기풀.
3 남의 공적이나 선행을 세상에 드러내어 밝히는 글.

## 인암거사 김훈석을 애도하여
### 輓仁菴居士金勳錫

| | |
|---|---|
| 光山世族有斯仁 | 광산김씨 세족에 이런 어진 이가 있었나니 |
| 顧行履言絜矩身 | 그 언행 살펴보면 혈구지도[1]를 실천하셨네. |
| 一夜聞君天上去 | 하룻밤 만에 그대가 하늘로 가셨다는 소식 |
| 空樑落月却疑眞 | 텅 빈 들보 지는 달, 문득 살아계신가싶네. |

---

1  혈구지도絜矩之道 : 자기를 척도尺度로 하여 남을 헤아리는 동정同情의 도리.

## 삼가 송우암 선생 박두남 처사 조두소俎豆所[1]인 노양서원[2]시 원운을 차운하여 짓다
### 敬次魯陽書院原韻宋尤菴先生朴斗南處士俎豆所

| | |
|---|---|
| 先生道德冠吾東 | 선생님들 도덕은 우리 동방의 으뜸이시라 |
| 復觀魯陽百世風 | 다시 노양魯陽[3]의 오랜 풍속을 보게 되었네. |
| 篤信孔朱開後學 | 공자 주자 독신篤信[4]하여 후학들 깨우치고 |
| 爲憂邦國擊群蒙 | 나라를 근심하여 어리석은 무리 일깨우시네. |
| 山水高長元定地 | 산 높고 물 유장한 이곳에 땅을 처음 정해 |
| 春秋陟步適宜中 | 봄가을로 오르내림[5]이 합당한 도리에 맞네. |
| 斗南處士惟親炙 | 두남斗南 처사[6]가 스승의 수발을 생각하시어 |
| 師弟如今妥位同 | 사제師弟가 지금같이 마땅한 위치에 계시네.[7] |

---

1 사당의 제기를 보관하는 건물. 사당.
2 조선 후기의 문신이자 학자인 우암 송시열宋時烈(1607~1689)과 두남 박세경朴世經을 모시는 서원으로, 전라북도 정읍시 흑암동 상흑마을에 있음.
3 노양지과魯陽之戈 : 당당한 위세를 가리키는 고사성어. 『회남자淮南子』에 보면, 중국 전국시대 초楚나라 노양공魯陽公이 한韓나라와 한창 격전 중에 해가 저물자, 창을 들어 올려 해를 다시 멈추게 하였다는 고사에서 나온 말.
4 독실하게 믿음.
5 봄과 가을에 서원의 사당에서 제사를 지냄을 말함.
6 두남 박세경.
7 송우암 선생과 그의 제자 박두남이 노양서원 사당에 나란히 모셔져 있는 것을 말함.

노양서원 현판 (ⓒ 김익두, 2023)

노양서원. 조선 후기의 문신이자 학자인 우암 송시열宋時烈(1607~1689)과 두남 박세경朴世經을 모시는 서원으로, 전라북도 정읍시 흑암동 상흑 마을에 있음. (ⓒ이용찬, 2023)

# 영친왕[1] 환국시 환영회에 차운하여
## 英親王還國時歡迎會次韻

| | |
|---|---|
| 韓日兩邦隣海東 | 한일韓日 두 나라는 해동의 이웃인데 |
| 王孫爲質事多空 | 왕손들이 볼모되고 헛된 일들이 많아서 |
| 異域留身能幾歲 | 이역에 몸을 두기 능히 그 몇 해시던가. |
| 長時歸思見秋風 | 긴 세월 돌아올 생각 추풍에 보이셨네. |
| 傳舍特迎千里外 | 전사[2] 특별히 천리 밖에서 맞이하더니 |
| 本宮還位七旬中 | 본궁에 환위[3]하시니 칠순 나이 되셨네. |
| 衰顔白髮猶無恙 | 쇠한 얼굴 흰 머리 오히려 병은 없으셔 |
| 感舊臣民此會同 | 느꺼워하는 신민들 이 모임에 함께하네. |

---

1  대한제국의 마지막 황태자 이름은 은垠. 고종의 일곱째이나 생존 형제 중 셋째 아들이며, 순종純宗의 이복동생.
2  손님을 맞아들이는 집.
3  원래의 지위로 돌아옴.

## 삼가 월촌月村 이공의 「삼세 육효 증 동몽교관 정려문」 시의 운에 차운하여 짓다
### 謹次月村李公三世六孝贈童蒙敎官旌閭韻

| | |
|---|---|
| 三傳六孝罕吾東 | 삼대에 육효六孝는 우리 동방에 드문 일 |
| 惟有月村世德中 | 오직 월촌月村의 세덕世德[1] 중에만 있어라. |
| 爲問起居朝夕例 | 기거起居를 묻는 일이 아침저녁의 일이요 |
| 時供甘旨熱寒同 | 때 맞춰 감지甘旨[2]를 드림은 늘상 한결같네. |
| 累襲家模皆善士 | 여러 대 집안 규모 다 훌륭한 선비의 것 |
| 當朝命贈盡童蒙 | 지금 조정에서 동몽童蒙[3] 직책 명하셨네. |
| 願將餘地移其行 | 원컨대, 장차 나머지 그 행실 우러러 보아 |
| 又是忠臣一路通 | 또 이 충신과 한 길로 통하게 되길 바라네. |

---

1 대대로 쌓아 내려오는 아름다운 덕.
2 어버이를 봉양하는 음식.
3 동몽교관童蒙敎官, 곧 학생 아이들을 가르치는 공무원 직책.

## 운강거사雲岡居士 김재진에게 주다
### 贈雲岡居士金在璡

| | |
|---|---|
| 晚歲肯構一草堂 | 늦은 나이에야 초당 하나를 즐거이 얽었나니 |
| 高山居士號雲岡 | 고산의 거사居士 운강雲岡이라 호를 지었네. |
| 斷指非徒人仰慕 | 단지斷指[1]는 비단 사람들이 앙모함뿐 아니요 |
| 祔先又是我揄揚 | 선조들 합사合祀[2]함 또한 내 칭송하는 바.[3] |
| 閨門和氣靑春好 | 안방의 화한 기운에 푸르른 봄이 즐거웁고 |
| 寶樹濃陰白日長 | 보수寶樹[4]의 짙은 그늘에 하루해는 길어라. |
| 所志不求忠孝外 | 뜻한 바, 충효 이외에는 구하는 것이 없으니 |
| 也應百世必有芳 | 백세에 응하여 반드시 꽃다운 이름 두게 되리. |

---

1 부모나 남편의 병세가 위독할 때 손가락을 잘라서 그 피를 먹게 하는 일.
2 사당을 지어 조상들의 위패를 한 곳에 모아 제사를 지내는 것.
3 원문에는 '揄揚유양'으로 되어 있으나, '悠揚유양'의 오기인 듯함. '悠揚'이란 어떤 소리가 멀리서 은은하고 아득하게 들려온다는 뜻.
4 극락정토極樂淨土에 일곱 줄로 벌여 있다고 하는 보물寶物 나무. 곧 금·은·유리琉璃·산호·마노瑪瑙·파리玻璃·거거車渠의 나무.

## 집안 동생 백천거사 류진석 회갑잔치에 차운하여 짓다
### 族弟白川居士震錫晬宴次韻

| | |
|---|---|
| 花甲君年延壽春 | 화갑의 그대 나이 장수를 맞이한 봄이니 |
| 塤箎琴瑟樂其辰 | 나발 젓대 금슬들이 생일을 즐겁게 하네. |
| 一生盛宴能爲再 | 일생의 성연盛宴[1]은 능히 두 번을 하고 |
| 百代旭倫久見親 | 백대의 환한 인륜은 오래 친목하도다. |
| 嵩呼此地青山重 | 드높고 크도다, 청산이 중첩한 이 땅이여 |
| 彩舞中天白日新 | 찬란한 춤, 중천의 밝은 해도 새롭구나. |
| 餘慶津津多享福 | 여경餘慶은 진진津津,[2] 향복享福도 다양, |
| 宜稱耆老太平人 | 의당 이 기노耆老[3]를 태평인이라 부르네. |

신윤복의 풍류도 유리원판(국립중앙박물관 소장)

---

1 성대한 잔치.
2 푸지고 풍성풍성함. 흥미나 재미·맛 따위가 깊고 흐뭇함.
3 60세 이상의 노인을 부르는 말.

## 학천鶴川 강진수 거사를 만나 회포를 펴다
### 逢姜居士鶴川珍守敍懷

| | |
|---|---|
| 春雨牟陽最喜生 | 봄비에 모양[1]에서 가장 즐거운 일 생기니 |
| 今人亦可記亭名 | 지금 사람들도 가히 그 정자 이름 기억하네. |
| 樽前白髮同其樂 | 술동이 앞에 두고 노인들이 즐거움 함께 하니 |
| 揮筆乾坤律易成 | 세상에 붓 휘둘러 시의 운율을 쉽게 이루네. |

고창군 고창읍 모양성

---

1  고창의 옛 이름.

# 고창 서장 오창옥 교풍회矯風會 풍자風字 운을 차운하여 짓다
## 次高敞署長吳昌玉矯風會風字韻

| | |
|---|---|
| 奉公先策大矯風 | 봉공奉公¹의 선책先策은 풍속 바로잡는 것 |
| 復有吾鄕聖代風 | 우리 고장에 다시 성대聖代의 풍속을 두노라. |
| 正若三農逢旱雨 | 정히 삼농三農²에 가뭄 비를 만난 듯하여 |
| 幸何百里到春風 | 다행이로다, 이 고장 백리에 봄바람 이르렀네. |
| 措刑幾是觀周德 | 형벌을 놓음에 거의 주나라의 덕을 보는 듯 |
| 勸學將知趨魯風 | 학문을 권함에 장차 노나라 풍속을 아는 듯. |
| 欲選絃歌傳樂府 | 현가絃歌³를 골라서 악부樂府⁴에 전하리니, |
| 牟陽第一雅成風 | 모양성牟陽城⁵ 제일 고아한 풍속 이루리라. |

---

1 공직에 종사함.
2 봄농사·여름농사·가을농사.
3 거문고 따위의 현악기에 맞추어 부르는 노래. 태평연월을 구가하는 노래.
4 조선 초기에 발생한 시가 형태의 하나. 나라의 제전祭典이나 연례宴禮와 같은 공식 행사 때 궁중음악에 맞추어 불렸으며, 주로 조선 왕조의 개국과 번영을 송축하였다. 『용비어천가』·「문덕곡」 따위가 여기에 속함.
5 전북 고창의 옛 이름.

고창 향교 앞에 있는 도암 오희길의 공덕비
(ⓒ김익두 2023)

## 삼가 가산可山 김재남님 생일잔치에 차운하여 짓다
### 謹次金可山在南晬宴韻

| | |
|---|---|
| 花籌添得幾春秋 | 꽃 산가지 얼마의 춘추春秋를 첨가했던가. |
| 壽考無窮半白頭 | 수고壽考[1]는 무궁한데 머리는 반백이네. |
| 六六乾坤稱慶節 | 육육건곤六六乾坤[2]은 경절慶節[3]을 일컫고 |
| 三三日月作風流 | 삼삼三三[4] 일월日月[5]은 풍류風流를 짓는구나. |
| 山海同盟終易守 | 산과 바다 동맹하여 끝까지 쉬이 지키니 |
| 古今此宴再難遊 | 이 잔치 고금古今에 다시 놀기 어렵네라. |
| 喚人天午寫眞景 | 환호하는 사람들은 한낮의 진경 그려내고 |
| 彩舞嵩歌畵一樓 | 찬란한 춤 드높은 노래 한 다락을 이루누나. |

복희팔괘伏羲八卦

---

1 장수長壽. 오래 삶.
2 『주역』에서, 건괘乾卦·곤괘坤卦의 두 괘와 나머지 6괘인 감괘坎卦·이괘離卦·진괘震卦·태괘兌卦·손괘巽卦·간괘艮卦를 말함. 건괘乾卦·곤괘坤卦는 각각 아버지·아들을 상징하고, 감괘坎卦·이괘離卦·진괘震卦·태괘兌卦·손괘巽卦·간괘艮卦는 아들들을 상징한다는 뜻.
3 온 국민이 기념하는 경사스러운 날. 제왕·후비·태자의 탄일.
4 『주역』의 음효陰爻 3개와 양효陽爻 3개를 말함. 『주역』에서 효爻에는 음효陰爻와 양효陽爻가 있고, 음효 3개 양효 3개가 모여서 구성된 괘를 소성괘小成卦라 하는데, 이것이 복희팔괘伏羲八卦이다. 음효·양효 6개가 모여서 구성된 괘를 대성괘大成卦라 하는데 이것이 『주역』의 64괘이다.
5 세월.

# 삼가 문안공 김량감[1] 조두소[2] 화정원우華亭院宇[3] 운을 차운하여 짓다
## 敬次光山金氏華亭院宇韻文安公諱良鑑俎豆所

| | |
|---|---|
| 先生理學冠吾東 | 선생의 이학理學[4] 우리 동방의 으뜸이시며 |
| 又是文章才藝通 | 또 그 문장과 재예에도 두루 다 통달하셨네. |
| 爵重當朝金紫內 | 중책의 벼슬을 맡으시어 나라 안에 빛나시고 |
| 功多聖廟畵圖中 | 공이 많으시어 성묘聖廟[5] 벽그림에 올라 있네. |
| 千古仁山兼智水 | 천고의 인산仁山이 지수智水를 겸비하였으니, |
| 一天霽月又風光 | 온 하늘의 제월霽月[6]이요 또한 풍광일세. |
| 厥肖三位同其德 | 저 세 분을 그린 초상 그 덕을 같이 하시니 |
| 慕仰春秋享不窮 | 춘추로 모앙慕仰하여 제사가 끊이지 않네. |

---

1 고려전기 판상서호부사, 수태위, 문하시랑 등을 역임한 문신. 본관은 광산光山. 1070년(문종 24) 상서우승 좌간의대부尙書右丞左諫議大夫에 이어 서북로병마부사가 되고, 이듬해 상서좌승 지어사대사尙書左丞知御史臺事가 되었다.

2 사당.

3 고창군 대산면 교동길 24[매산리 743-1]에 있는 화동서원華東書院 정모재靖慕齋를 말함인 듯. 이화동서원은 고려 때 문신 문안공文安公 김양감金良鑑을 주벽으로 이조판서 김인우金仁雨, 사은 김승길金承吉, 매은 김오행 등 4명의 위패를 봉안하고 있다.

4 중국 송대의 유학儒學.

5 문묘文廟. 공자孔子를 비롯하여 사성四聖 이하以下 중국中國 역대歷代의 대유大儒와 신라新羅 이후以後의 조선朝鮮의 큰 선비들을 함께 모신 사당.

6 비 갠 달.

# 백천白泉 이용초를 만나 상화하다
## 逢李白泉容初相和

| | |
|---|---|
| 仙杖蓬行過此處 | 선장仙杖[1]이 봉래산 가시다 지나시는 이곳 |
| 幾多增賁一壺山 | 수없이 쌓아올려 이 하나의 호산壺山[2]일세. |
| 經綸白首吾曾識 | 백수白首[3]의 경륜經綸[4]을 내 일찍이 아느니, |
| 擧世風塵獨抱關 | 세상 풍진風塵에 홀로 포관抱關[5]으로 있다네. |

호산 마을 앞의 초여름 아침 풍경 (© 김익두, 2023)

---

1 신선의 지광이. 이용초를 말함.
2 고창군 아산면 반암리 호산 마을 소재의 산. 일명 병바위.
3 이용초를 말함.
4 세상을 다스리는 포부와 능력.
5 포관격탁抱關擊柝:『맹자』에 나오는 말로, '문지기와 야경夜警'이란 뜻으로, 신분身分이 낮은 관리官吏를 이르는 말.

## 삼가 진사 우천牛泉 이약수[1] 선생 인산사[2] 모의당 운을 차운하여 짓다
### 謹次仁山祠慕義堂韻李進士若水號牛泉先生

| | |
|---|---|
| 淵源世德道吾東 | 대대로 이어온 세덕世德[3]의 도道는 우리 동방 |
| 最善靜翁誓死同 | 최선을 다해 정암靜菴[4]과 함께 죽음 맹세했네. |
| 忠直抗疏虹貫日 | 충직하게 항소하니 무지개가 해를 꿰뚫었고, |
| 慘嚴大譴杖生風 | 참엄慘嚴[5]히 꾸짖는 지팡이 소리 바람을 일으켰네. |
| 千里長沙如在地 | 머나먼 장사長沙[6]의 땅, 지금도 여기에 계신 듯 |
| 重陽黃菊奉安中 | 중양절重陽節 노란 국화꽃들이 봉안奉安[7] 중이네, |
| 綱常欲絶誰能續 | 끊어지려 하는 강상綱常[8]을 누가 능히 이으리요. |
| 慕會諸生恨不窮 | 사모하여 모인 여러 유생들의 한은 끝임이 없어라. |

---

1 김굉필의 문인. 성수침成守琛·서경덕徐敬德 등과 교유. 1510년(중종 5)에 사마시에 합격하였고, 1519년(중종 14)에 현량賢良으로 천거되었으나, 기묘사화己卯士禍 때 성균관 유생들을 이끌고 조광조의 무죄를 호소하자 중종이 진노하여 평해平海로 유배되었다가 예산禮山으로 이배, 대흥大興 적소謫所에서 세상을 떠났다. 선조 초에 조광조 등과 함께 복권되었다.
2 고창군 해리면 사반리에 숙종 때 이약수의 묘 아래 세운 광주이씨廣州李氏 사당.
3 대대代代로 쌓아 내려오는 아름다운 덕德.
4 조광조趙光祖(1482/성종 13~1519/중종 14)의 호. 부제학·대사헌 등을 역임한 조선시대 문신.
5 지극히 엄하게.
6 고창 무장 지역의 옛 이름.
7 신주神主나 화상畵像을 받들어 모심.
8 삼강三綱과 오상五常. 곧 사람이 지켜야 할 도리.

## 신축년[1] 삼월 그믐날 호은서재[2]에서 봄을 보내며 짓다
### 辛丑三月晦日壺隱書齋餞春韻

我恨年年送別春　　　내 해마다 이 봄을 이별해 보냄을 한탄하나니
箇中白髮漸看新　　　백발이 하나하나 점점 새로워짐을 보게 되누나.
詩樓此會傾樽暮　　　시루詩樓[3] 이 모임에 술동이를 기울이는 해거름
故與殘花秉燭人　　　짐짓 남아 있는 꽃들과 더불어 촛불 켜는 사람.

---

1　1961년. 시인의 나이 75세 때. 서거하기 5년 전.
2　호당의 사저.
3　시를 짓는 정자의 다락.

# 집안 숙부 현곡처사 류영선[1]님을 애도하며
## 輓族叔玄谷處士永善

| | |
|---|---|
| 金精玉髓有其身 | 금정옥수金精玉髓[2] 그 몸 안에 두시어서 |
| 早歲文明動四隣 | 젊은 시절 그 문명文名이 사방을 움직였네. |
| 信祖被誣能辨舊 | 신암信菴 할아버지 무고 능히 옛일로 변론 |
| 艮翁授敎亦知新 | 간옹艮翁[3]께 배워 또 새로운 것들 아셨네. |
| 衣冠此日無雙士 | 그 의관衣冠도 오늘날 다툴 선비 없었고 |
| 儀禮當年唯一人 | 의례儀禮는 당년에 오직 혼자뿐이시었네. |
| 仙子招兮吾未輓 | 신선의 부름이여, 내 아직 만가 못 부르니 |
| 幾多想像帝鄕春 | 제향帝鄕[4] 봄을 얼마나 더 상상해야 하나. |

---

1 류영선(1893/고종 30~1961). 호는 현곡玄谷. 본관은 고흥. 『간재성리유선』·『예의관보』·『사례제요』등을 편찬한 고창 출신 유학자. 아버지는 류기춘柳基春, 어머니는 광주이씨廣州李氏 이병현李秉賢의 딸이다. 간재 전우田愚의 문인으로, 1905년 을사늑약乙巳勒約의 치욕으로, 전우를 따라 서해西海 고군산 외딴섬 왕등도旺嶝島·계화도繼華島 등지에서 근 20년간 갖은 고초를 극복하면서 유학에 전념하였다. 1924년 고향에 돌아와 현곡정사玄谷精舍를 건립, 전통 도학을 보전하기 위해 후진 교육에 전념하여 많은 영재를 배출시켰고, 고창에 용암사龍巖祠를 건립, 스승 전우의 영정을 봉안하였으며, 그 후 자신도 이 용암사에 배향되었다. 저서로는 『현곡집玄谷集』32권 16책이 있다.
2 여기서는 탁월한 정신과 뛰어난 체질을 말함.
3 구한말 호남의 명유名儒 간재艮齋 전우田愚를 말함.
4 하느님 고향. 천당. 저승.

현곡 류영선이 그의 스승 정우와 함께 배향되어 있는 용암사.
고창군 고창읍 주곡리 333[주곡1길 68-34] 소재

## 삼가 신림면 가평 종중인 류종성님의 수송정秀松亭[1] 운을 차운하여 짓다
### 謹次秀松亭原韻新林加坪宗人柳種聲

| | |
|---|---|
| 月斧風斤斫棟椽 | 월부月斧[2] 풍근風斤[3]으로 기둥 서까래를 깎아 |
| 輞川別業豈徒前 | 망천輞川[4] 별장이 어찌 전날에만 있었으리오. |
| 徘徊雲影三山近 | 배회하는 구름 그림자는 삼신산[5] 가까이 있고 |
| 上下天光一水連 | 상하의 하늘빛은 한 물줄기에 서로 이어졌구나. |
| 好賢多得門盈轍 | 어진 이를 좋아하니 문 앞에 수레가 그득하고 |
| 知足何嫌郭有田 | 족함을 아니 어찌 변두리에 밭 있음을 싫어하리. |
| 亭號秀松因忠節 | 정자 이름 수송정秀松亭은 충절로 말미암았음을 |
| 遲遲澗畔獨相傳 | 느릿느릿 흐르는 간반澗畔[6]이 홀로 서로 전하네. |

전라북도 고창군 신림면 가평로 473/고창군 신림면 가평리 530-1에 있는 수송정 모습 (ⓒ 김익두, 2023)

---

1 고창군 신림면 가평에 있던 정자.
2 신선의 도끼.
3 신선의 도끼.
4 중국 당나라 시인 왕유王維의 별장이 있던 곳.
5 여기서는 고창의 진산 방장산을 말함.
6 산골 물 흐르는 시냇가.

# 정와거사 김인중[1]을 애도하여
## 輓靜窩居士金仁中

| | |
|---|---|
| 湛翁德蔭又斯賢 | 담옹[2]의 그 음덕으로 어진 이가 태어났으니 |
| 家法由來不異前 | 가법家法의 유래가 예전과 다르지를 않았네. |
| 漆書滿案眞謨計 | 칠서漆書[3]가 책상에 가득하니 참된 계책이요 |
| 墨竹臨軒是寶傳 | 묵죽墨竹[4]을 집에 두니 이는 보배로운 가전. |
| 年將九十身猶健 | 나이가 구십에도 몸은 오히려 건강하시었고 |
| 行有百千學已全 | 행실에 있어 수백 가지, 학문도 온전하시었네. |
| 晝枕幻城塵外夢 | 낮잠 주무시며 환상의 티끌세상 밖 꿈꾸시다 |
| 雲梯鶴駕遠朝天 | 구름사다리 학 가마로 멀리 조천朝天[5]하셨네. |

고창군 아산면 반암리 하서 김인후 강학비.
이 마을은 하서 김인후의 울산김씨들이 많이 사는 마을로, 일찍이 하서가 이 마을에 와서 학동을 가르친 것을 기념하여 세운 비석 (ⓒ김익두, 2023)

---

1 호당이 살던 인근 마을인 고창군 아산면 반암리 반암 마을에 살던 하서 김인후의 집안 후손.
2 하서河西 김인후.
3 종이가 없던 옛날에 대쪽에 새겨 옻칠을 한 글자. 여기서는 아주 오래된 책들을 말함.
4 먹으로 그린 대나무.
5 하느님을 뵈움. 세상을 떠남.

## 원평[1]의 연은거사蓮隱居士 김공을 애도하여
### 輓院坪蓮隱居士金公

| | |
|---|---|
| 仁川惟有金居士 | 인천仁川[2]엔 오직 연은거사가 있었으니 |
| 正直衣冠舊制依 | 정직한 의관衣冠[3]은 옛 제도에 의지했네. |
| 衰老厭情天節去 | 쇠노염정衰老厭情[4], 천절天節[5]에 가시니 |
| 鷓鴣芳草雨聲微 | 자고새 우는 방초 속에 빗소리만 가늘구나. |

고창군 아산면 용계리 원평 마을 지도(카카오맵)

---

1 아산면 용계리 원평 마을.
2 인천강仁川江 근처. 인천은 고창군 아산면 선운사 인근을 흐르는 강 이름. 장연강·장수강이라고도 한다.
3 의상범절. 문물이 열리고 예의가 바른 풍속.
4 늙어서 기력과 정력이 쇠약하여 인정에서 멀어짐.
5 나라의 경축일. 큰 축하의 날.

## 주은珠隱 오구근[1]의 생일잔치에 차운하여 짓다
### 珠隱吳九根晬宴次韻

| | |
|---|---|
| 愛君花甲復春秋 | 그대의 화갑을 사랑하여 다시 춘추가 바뀌니 |
| 華髮猶存年少頭 | 화발華髮[2]은 오히려 소년 머리 위에 있는 듯. |
| 彩舞嵩歌來慶節 | 찬란한 춤 드높은 노래는 경삿날을 불러오고 |
| 左琴右瑟作風流 | 좌우에 있는 금슬琴瑟은 풍류를 지어내나니. |
| 期成不比他時會 | 이 기약 이룸 다른 때의 모임과 비할 수 없고 |
| 盛宴無多此日遊 | 이런 성연盛宴 많지 않다. 오늘 이 놀음이여. |
| 五福人間惟曰壽 | 인간의 오복五福 으뜸이 목숨 장수라 하나니 |
| 願言緒業此中求 | 모든 일들 이 가운데서 구하시라 말하고 싶네. |

고창군 아산면 반암리 마명 마을 금암사 앞에 있는 오구근 기적비 (ⓒ김익두, 2023)

---

1 임진왜란 때 전주사고의 『조선왕조실록』을 내장사·강화도·묘향산으로 옮겨 우리 역사를 보존한 도암韜庵 오희길吳希吉의 후손으로, 마명 마을에 사가정四佳亭을 지은 오재욱吳在郁의 손자이다. 마명 마을에 거주하며 호암 등과 교유하며 살았다.
2 하얗게 센 머리털.

## 가호稼湖 이강식 거사를 애도하여
### 輓稼湖李居士康植

| | |
|---|---|
| 德門照應極星輝 | 이 덕문德門¹에 극성極星²이 조응하여 빛나니 |
| 五福如君今世稀 | 그대와 같은 오복五福 지금 이 세상엔 드물었네. |
| 騎鯨一夜靑天去 | 고래를 타고 하룻밤에 푸른 하늘로 올라가시어 |
| 化鶴千年故里歸 | 학으로 천화하시어 천 년 옛 마을로 돌아가셨네. |
| 地分南北徒吾在 | 땅은 남북으로 갈라져 세상엔 헛되이 나만 남아, |
| 誼若弟兄復孰倚 | 형제같이 도타웠던 그 정 그 누구에게 의지하리. |
| 造物亦知人愛惜 | 조물주도 또한 사람 사이 애석愛惜함 아시는가. |
| 江風山雨動寒微 | 강바람 산비는 이 한미寒微³한 삶을 울리누나. |

---

1 덕망이 높은 집안.
2 극에 가장 가까운 항성恒星. 북극北極에서는 소웅좌小熊座의 주성主星인 북극성北極星. 남극南極에는 적당한 별이 없음.
3 가난하고 지체가 변변하지 못함.

## 삼가 류일평 허재 두 선생 조두소[1] 용강사우[2]의 원운을 차운하여
### 謹次龍崗祠宇原韻柳一萍虛齋兩先生俎豆所

| | |
|---|---|
| 本宇復興自由辰 | 이 집을 다시 일으킴도 스스로 다 때가 있어서 |
| 龍崗精采倍生新 | 용강龍崗의 정묘한 광채 갑절이나 새로 빛나네. |
| 伯仲孝心常愛日 | 맏이와 둘째 두 형제[3]의 효심 늘 사랑하는 나날 |
| 吳高同德互爲隣 | 오씨와 고씨 같은 덕인德人이 서로 이웃 되었네. |
| 曾作虛舟千里海 | 일찍이 빈 배를 천 리 먼 바다에 지어 놓았으니 |
| 可期泥塑一團春 | 가히 니소泥塑[4]는 한바탕의 봄을 기약하노라. |
| 爰增舊制存其禮 | 이에 옛 법제를 더하여 그 예도가 남아 있으니 |
| 來世誰非慕仰人 | 후세에는 어느 누가 우러러 사모는 사람 아니리. |

---

1  제각. 재실.
2  용강사우龍崗祠宇 : 용강사龍崗祠. 고창군 신림면 환산 마을에 위치한 고흥류씨의 사우. 일평 류혜원·허제 류필원 형제를 모시고 있다. 경내에는 강당과 용강사, 그리고 정려각 등 3동의 건물이 배치되어 있다. 좌측에는 이들 형제의 정려 현판이 모셔진 정려각이 있다. 고종 5년, 조령으로 창효사彰孝祠가 철폐되자 그곳에 배향되어 있던 이들의 위패를 이곳으로 옮겨 봉안하였다. 류필원은 1625년(인조3) 5형제의 맏이로 출생하여 효심과 우애가 극진하였고, 학행이 높아 후진양성에도 힘을 쏟았다. 부친이 위독해지자 동생과 함께 부친을 단지수혈斷指輸血하여 부친의 생명을 연명케 하였다고 한다. 이에 1722년(경종 2)에 정려와 복호가 내려졌다 함.
3  일평 류혜원·허제 류필원 형제를 말한다.
4  진흙으로 만든 우상. 여기서는 조두소에 배향되어 있는 상을 말함.

## 삼가 죽포거사竹圃居士 박병현님 원운을 차운하여
## 謹次竹圃居士朴炳現原韻

| | |
|---|---|
| 竹號斯賢勝七賢 | 죽포竹圃 이 어진 분은 죽림칠현보다 더하여 |
| 禮遵先王夙不愆 | 예는 선왕을 준수하여 일찍이 어그러짐 없었네. |
| 城東少世生長地 | 성의 동쪽은 어려서 당신이 나서 자란 곳이요 |
| 南極稀年自有天 | 남극성 희년稀年[1]에 스스로 하늘에 계옵시네. |
| 洗去還同巢父耳 | 깨끗이 씻고 돌아감은 곧 소부 허유 귀와 같고 |
| 荷來無愧丈人肩 | 둘러메고 와도 부끄럽지 않음 대장부의 어깨라. |
| 玉金聲色曾非取 | 금옥 같은 성색聲色[2]은 일찍이 취하지 아니했고 |
| 許與直通性理學 | 성리학의 경전에 직통直通함만 허락 하셨었네. |

---

1 아흔 살.
2 목소리와 얼굴빛.

## 아내 김씨를 추도하다
### 亡室孺人金氏追悼

| | |
|---|---|
| 嗟矣同庚十八時 | 슬프구나. 나와 동갑내기로 십 팔세 때부터 |
| 始成伉儷不相離 | 항려伉儷[1] 되어 서로 떨어지지 않고 살았지. |
| 多年我病君無病 | 나는 여러 해 병 앓아도 그대는 무병터니만, |
| 命途後先尚可期 | 타고난 수명, 선후를 가히 기약할 수 있으리. |
| 西寓東遷貧且樂 | 이리저리 옮기며 가난 속에도 또 즐거웠더니 |
| 死生却換有誰知 | 생사가 문득 바뀜이 있을 줄 그 누가 알았던가. |
| 歲深閨院音容遠 | 규원閨院[2] 세월 깊어 그대 음성 얼굴 멀리 가니 |
| 佇看青山送暮遲 | 우두커니 청산 보며 저무는 날 보내기 더디구나. |

---

1   짝, 곧 남편과 아내.
2   부부가 함께 거하는 안방.

## 유학자 변영호를 애도함
### 哀卞斯文榮濩

昨日聞君赴玉京　　어제 들으니 그대가 옥경玉京으로 가셨다고
緣何上帝急招名　　무슨 연유로 상제님은 그리 급히 부르시었나.
回思兩堂俱存在　　돌이켜 생각하니 두 부모 아직 구존해 계시니
但恨千年罔極情　　다만 천 년의 그 망극罔極한 정을 한탄하노라.

## 삼월 그믐날 서암 귀수를 만나 봄을 보내며
### 三月晦日逢恕菴龜洙餞春

| | |
|---|---|
| 餞春携酒最宜山 | 봄을 보내며 술잔 잡기는 산이 제일 마땅하니 |
| 高處登臨興不閑 | 높은 곳에 올라 임하니 흥이 한가하지 못하네. |
| 情似佳人難此夜 | 정은 마치 가인佳人과 같아 이 밤이 힘겨우니 |
| 殘花紅燭却忘還 | 남은 꽃 붉은 촛불에 문득 돌아갈 것을 잊네. |

# 동갑계날 주은珠隱 오구근과 차운하여
## 吳珠隱九根甲稧次韻

| | |
|---|---|
| 歲在巳年再會新 | 세월 이미 여러 해 지나니 재회함이 새롭구려. |
| 同庚盡在稧中人 | 동갑들이 우리 모임 중의 사람들로 다 있구나. |
| 唱酬金玉成試社 | 금옥金玉을 창수唱酬[2]하여 겨루기 모임 이루고 |
| 揖讓作酒隣盃樽 | 겸손히 술을 따라 술잔과 술동이를 이웃하네. |
| 即見明時仁壽域 | 곧 명시明時[3]를 드러내니 인수仁壽의 지역에 |
| 期成烟月太平身 | 연월烟月[4] 이룸을 기약하니 태평한 몸이라. |
| 爲言夏四箕東趣 | 여름날 네 가지 기쁨, 우리 동방 취미라 하니, |
| 奚美山陰亭上來 | 어찌 산음 땅 정자[5] 위만이 아름답다고 하리. |

---

1 임진왜란 때 전주사고의 『조선왕조실록』을 내장사·강화도·모향산으로 옮겨 우리 역사를 보존한 도암韜庵 오희길吳希吉의 후손으로, 그의 조부는 그의 선조 도암 오희길의 신위를 지금의 고창군 아산면 반암리 마명마을 금암사琴巖祠에 모신 상우당三愚堂 오재욱吳在郁이다. 오재욱은 반암리 마명 마을에 거주하며 인근에 사가정이란 강당 겸 정자를 짓고 살았다.

2 시문을 지어 서로 주고 받음.

3 평화로운 세상.

4 태평한 세상.

5 중국 산음현 회계산 자락에 왕희지가 지은 정자 난정蘭亭을 말함. 왕희지는 353년에 지역 인사 41명과 함께 이곳의 유상곡수流觴曲水에 술잔을 띄워 보내며 시회를 열었다.

고창군 아산면 반암리 마명 마을 주은 오구근 기적비(ⓒ김익두, 2023)

# 삼가 석탄정[1] 연자年字 운을 차운하여
## 謹次石灘亭年字韻

| | |
|---|---|
| 南下爲亭問幾年 | 남하南下하여 정자 물은 지 그 몇 년이던고. |
| 淸風世代箇中傳 | 맑은 바람이 기리기리 이 가운데 전해 오네. |
| 留置絃觴僚友樂 | 거문고 술잔 마련해 두고 동료 벗과 즐기며 |
| 貯存詩禮子孫賢 | 시례詩禮[2]를 쌓아 두니 자손들 다 어질어라. |
| 磐礴精神臨玉局 | 반박磐礴[3]한 정신 옥국玉局[4]에 임하여 있고, |
| 泛流氣像等樓船 | 드넓은 기상의 무리들 누선樓船[5]에 오르네. |
| 追思高處先依遠 | 높은 곳에서 먼저 먼 곳에 의지해 생각하니 |
| 渺渺佳人一望天 | 아득히 가인佳人[6] 하나 하늘을 바라보누나. |

---

1 고창읍 율계리 341에 있는 정자. 1581년(선조 14) 석탄石灘 류운柳澐이 낙향 후 학문 강론을 위해 건립한 것을 1830년에 후손들이 다시 중건한 것이다.
2 시와 예절.
3 넓고 큰 모양.
4 중국 송나라 때의 유명한 도관道觀인 옥국관玉局觀. 소동파가 영주에서 나라의 사면을 받고 돌아와 옥국관 제거提擧가 되어 한가하게 노닐었다는 고사가 있음.
5 다락이 있는 배.
6 현인. 군자. 임금.

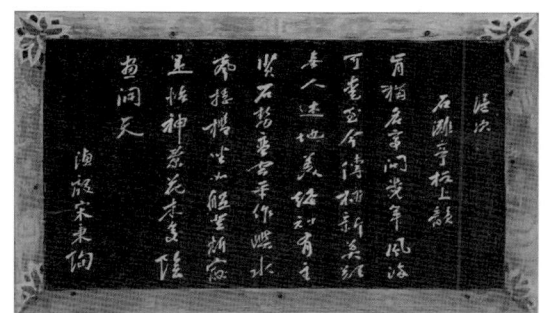

전북 고창군 고창읍 고창천길 174-10/고창읍 율계리 341
석탄정 벽에 걸린 현판 시 (ⓒ 김익두, 2023)

전북 고창군 고창읍 고창천길 174-10/고창읍 율계리 341 석탄정 전면 벽에 걸린 석탄정 현판과 원운 시 (ⓒ 김익두, 2023)

## 계묘년[1] 봄에 77세의 늙은이가 스스로를 위로하며
### 癸卯春七十七歲翁自慰

| | |
|---|---|
| 八旬惟白髮 | 팔순에 오직 백발뿐이니 |
| 世上樂何如 | 세상의 즐거움 어떠한가. |
| 臥遊山水景 | 누워 산수경치 구경하고 |
| 坐對聖賢書 | 앉아 성현의 글 대하네. |

호당의 초상 (ⓒ 김익두, 2023)

---

1　1964년. 호당이 서거하기 2년 전. 현재 남아 전하는 그의 마지막 시 작품.

## 答金斯文權容書

歲換新舊 瞻想倍切 適因令抱來 問候詳悉 更審辰下 眠體候何似 閣內均迪 周溱不任 仰祝 弟劣狀依遣 率下無頤 以是爲幸也 第所賜精舍記 旣承盥手讀之 再三不已 譬如文勢光明乎做得空中樓閣也 且二樂之同異泛說 無非節節句當而至於歸宿處 柳命錫當之之說 此何至濫筆焉 恐有阿好而然耶 不覺汗出者也 吾聞尤菴宋先生 嘗有三大作文云 今吾兄大作 幾許江海有之而餘波亦能及此邊也 雖不往見其大洋 竊料以一臠 知其全鼎之味也 爲其攢賀萬萬者 不啻專美於是記之作也 只是記文中 默默焉洋洋焉兩個無非天然云者 何其透見這理之極如許耶 此千古峨洋之畵 莫非丹靑也而誠不可當之者是也 嗟夫 古人有言士別三日刮目相對者 固爲吾身之符而拘於鎖憂 未見遂素 於焉星霜已至于衰年矣 顧我一生之志 只在山水書籍而所得乎今者 不越乎消遣而已也 此何是道也哉 第待春和一次躬進 多少承誨 期於爲計耳 餘只祝體上氣力增壽康寧 畧此謹不備禮

## 유학자 김권용[1]에게 답함

신구新舊의 해가 바뀌니, 우러러 생각함이 더욱 간절해지네. 마침 손자에게 서신을 보내 안부는 자세히 물었지만, 다시 안부 살피어 생각건대 체후體候는 건강하시며 합내閤內[2] 고루 평안하신지. 두루 돌이켜 별 탈 없기를 바라네.

아우는 잘 지내고 솔하率下[3]에 아무 탈이 없다 하니 이로써 다행을 삼네. 다만 아우가 보내준 「이요정사기二樂精舍記」는 즉시 받들어 손을 씻고 두 세 번이나 놓지 못하고 다시 읽었다오. 비유컨대, 그 문세文勢는 마치 광명光明이 공중의 누각을 지어 얻은 것 같네. 또 '이요二樂'에 관한 서로 같고 다른 범설汎設[4]은 구구절절句句節節히 마땅하여, 귀숙처歸宿處[5]에 이르지 아니함이 없네.

류명석柳命錫이 마땅히 그럴 수 있다는 말씀이 있는데, 자네 붓을 함부로 놀린 것 아닌가, 나 듣기 좋으라고 하는 말 아닌가. 나도 몰래 식은땀이 흐르네. 들건대, 우암尤菴 송시열宋時烈 선생은 일찍이 세 가지 큰 글을 지으셨는데, 이제 오형吾兄도 큰 글을 지으셨네그려. 어찌 그 큰 강과 바다에 있는 여파餘波가 또 능히 나에게 미치겠는가. 비록 그 큰 바다를 가서 보지 못하나, 저으기 한 번 저며서 요리하여 그 전체 요리의 맛을 헤아려보는 것 같네. 그 찬하讚賀[6]할 것이 만만萬萬하여 오로지 아름다울 뿐만이 아니니, 그 기록한 글

---

1 호암의 가까운 친구. 전라북도 고창군 해리면 고성리 칠곡 마을 출신. 청도김씨. 그를 위해 1944년 김찬용金燦容(1885~?)이 지은 강락소로, 향촌의 후학들을 가르치며 지냈던 호송정사湖松精舍가 이 마을에 있다.
2 집안.
3 거느리고 있는 식솔.
4 폭넓은 설명.
5 귀결점.
6 합장合掌하고 축하함.

가운데에 '묵묵언默默焉 양양언洋洋焉'하여 천연天然이 아님이 없다고 한 것은 그 이치의 궁극이 아님이 없으니, 진실로 가히 마땅한 것이 이것이라 생각하네.

아아. 무릇 옛 사람들이 말한바 선비가 헤어진 지 사흘이면 '괄목상대刮目相對'한다 함은 진실로 나의 부절符節7인데, 쓸데없는 근심에 얽매어 내 뜻을 이루지 못한 지도 벌써 여러 해, 이미 몸이 쇠약한 나이에 이르게 되었구려.

나의 한 평생 뜻을 되돌아보니, 다만 산수山水와 서적書籍이 있을 뿐이요, 이제 얻은 바는 소요逍遙함에 지나지 않는다네. 어찌 이를 다 이르겠는가. 다만 화창한 봄이 되기를 기다려, 한 번 몸소 나아가 다소나마 깨우침을 받들어 계책을 삼을 것을 기약할 뿐이네.

나머지는 다만 존체 기력을 높이시어 기리 평안히 증수增壽8하시기를 빌며, 이만 삼가 간략하고 무례하게 줄이네.

---

7   예전에, 돌이나 대나무·옥 따위로 만들어 신표로 삼던 물건. 신뢰를 보증하는 신표.
8   장수. 만수무강.

이요정사 예정지 터에서 내어다본 초여름 남쪽 풍경 (© 김익두, 2023)

## 慰李喪制康植

　省禮言哀哉 德門不幸 大小喪變夫復何言 伏惟第去年 尊王考熙川府君 享期違世 人皆謂化仙矣 今年尊大人都事府君 以平日精力猶不至於衰邁 又揣其佑善之理 宜享期頤而天不慭遺 遽爾遺世耶 自承諱音 不任驚恒中且一二第姪之先後慘逝 是何變是何故耶 哀惜驚愕而且仰訴于上天者也 伏不審茲辰 尊王考府君小祥奄及 重制體 何以勝任 伏想純至孝心 倍切哀痛 深自寬抑過無傷孝體焉 命錫 誼當奔哭而事多所糜末由遂素 彌切憂想 謹不備奉狀

## 상제喪制 이강식李康植을 위로하며

　예를 다 생략하고 말하네만 슬프다네. 덕문德門¹이 불행하여 당한 크고 작은 상변喪變을 대저 어찌 다시 말하리요. 엎드려 생각건대, 다만 지난해에 높으신 왕고王考² 희천熙川 어르신께서 향년을 누리시고 세상을 달리 하시어, 사람들이 다 이르기를 선화仙化하셨다고 했었네. 금년에는 아버님께서 평일의 정력으로써 그 쇠약함에는 가까이 이르지 아니하셨고, 또 그 선을 돕는 이치로 헤아려 보아도 마땅히 향년을 누리시어야 하나, 하늘이 억지로 놓아주지 아니하여 바삐 세상을 버리신 것인가. 휘음諱音³을 받들고부터 감당하지 못할 경황驚惶⁴ 중에, 또 첫째 둘째 제질弟姪⁵이 앞서고 뒷서서 참서慘逝⁶하니, 이 어찌된 변고이며 이 어찌된 까닭인고. 애석哀惜 경악驚愕하고 또 상천上天⁷에 우러러 호소할 것이라. 엎드려 자네 안부를 살피지 못하였네.
　어느덧 높으신 할아버님의 소상小祥이 되니, 거듭 몸에 상례를 갖추어 어찌 차마 감당하리요. 엎드려 생각하건대, 그 순수하고 지극한 효심은 그 애통함이 몇 배나 더 간절할 것이니, 깊이 스스로 너그러이 억제하여 효체孝體⁸를 상하지 않게 하시게. 명석命錫은 마땅히 분곡奔哭⁹하고, 얽힌 일이 많아서 내 뜻대로 하지 못해도 자네를 걱정한다네.
　삼가, 예를 갖추지 못하고 이 글을 드리네.

---

1　덕망이 높은 집안.
2　돌아간 할아버지.
3　부음訃音.
4　놀라고 두려워 어리둥절하며 허둥지둥함.
5　아우와 조카.
6　비통하게 세상을 더남.
7　하느님.
8　효도하는 몸.
9　부고를 받고 하는 곡.

## 이요정사[1] 원운
二樂精舍原韻

| | |
|---|---|
| 斯水斯城小棟成 | 이 물 줄기 이 고개 안에 작은 집 한 채 이루어 |
| 休遊端合暮年情 | 쉬고 노는 생각이 내 늘그막의 뜻에 합당하다네. |
| 千古峨洋知者少 | 천고의 아양峨洋[2]을 알아주는 이 드무나니 |
| 四時仁智見其生 | 사시사철 두 즐거움[二樂][3]으로 일생을 보내네. |
| 簾外重重微翠色 | 주렴 밖으로는 겹겹이 여릿한 비취색이 물들고 |
| 檻前曲曲碧波聲 | 난간 앞에는 굽이굽이 저 푸른 물결의 소리로다. |
| 天然境物人何及 | 천연의 경물에는 사람이 어찌 미칠 수 있으리요. |
| 愧我假名構此精 | 내 이름[4] 빌려 이 정사精舍를 짓는 것 부끄럽네. |

---

1  호당이 지으려고 하다가 짓지 못하고 서거한 그의 서재 이름.
2  아양峨洋 : 서로를 깊이 알아주는 지기지우. 아양곡峨洋曲 : 옛날 백아(한자)가 탔다고 하는 악곡.
3  '인仁'과 '지智'라는 두 가지 즐거움. 『논어』 옹야편雍也篇에 나오는 "지혜로운 사람은 물을 좋아하고, 어진 사람은 산을 좋아한다. 지혜로운 사람은 움직이고, 어진 사람은 고요하며, 지혜로운 사람은 즐거워하고, 어진 사람은 오래 산다(智者樂水, 仁者樂山; 智者動, 仁者靜; 智者樂, 仁者壽)."라는 글귀를 인용한 것. 시인은 이 두 가지를 '두 가지 즐거움' 곧 '이요二樂'라 하고, 이 두 가지를 자신의 만년 삶의 종지로 삼고자 하였다.
4  '이요二樂'라는 이름.

이요정사 예정지 터에서 내어다본 초여름 남쪽 호암 풍경(ⓒ 김익두, 2023)

# 二樂精舍記

　　天然乎方壺 即湖南三神山之一也而牟陽縣之鎭山也 其西來三十里許 別有乾坤 洞壑盤旋 日月明暢 左右皆是粉黛烟花而及其洞門 一有靈岩屹 然如壺 每興雲雨之氣 能攘患難之厄 亦稱之小方壺也 箇中尤其所愛者 前有仁川 後有德山 人俗淳化 自有長春之氣像也 先時卜壺岩 徐竹林兩賢 俱以河西金先生之高足 隣居講學 先生亦有欲居之意 以詩贈之 其曰 人德山川裏 相將一笑居之句也 而果如詩讖 至今后孫 世多文名也 甲子往年間 余寓居靈城而遊覽于此鄕山水 愛慕其先賢之往蹟 卽以挈家移佳 窮居耕讀 只以不願乎其外五字 期以爲志也 是時適有白處士遂堂公 早以淵齋宋先生門弟 隱居樂道 敎養後進也故余悅服而受敎門下者 蓋有累年矣 嗟乎 歲不與余而其如白首窮經之何 久而思之 晚年爲計者 不乎過消遣世慮而已也 乃 就家南爽塏處 別構小舍數間 有時登臨于斯而叙懷 醉醒于斯而忘歸 其所以四時景物之領畧 與暮年淸閑之意會 無不由於是構之所成也 遂得乎己者 非徒消遣世慮而修養性情之道若將有之矣 因爲記不忘而以二樂字名其舍 以其名則美矣而其義則難而至矣哉 語曰仁者樂山 智者樂水 此先聖所以言惟仁智者 能與物性之動靜也 懼夫噫矣 余以下學 曾未及仁智之域而豈敢言此二物動靜之理哉 於斯但樂其山之德水之仁二者之嘉名 而取之爲記也[1]

---

[1] 『호당유고壺堂遺稿』 원문에는, 이 글 바로 다음에 김권용金權容의 「二樂精舍記」와 계은溪隱 선생이란 분이 쓴 「溪隱先生贈柳命錫性澤字名說」이란 글이 실려 있으나, 이 두 글은 그 성격상 부록에 들어가야 할 글이라서, 여기서는 다음 「부록」으로 옮겨 수록한다.

# 이요정사기²

　천연天然이로다, 방호方壺³여. 이는 곧 호남 삼신산의 한 줄기요, 모양현牟陽縣⁴의 진산鎭山⁵이라. 그 서쪽으로 삼십 리쯤에 한 별천지가 있으니 반선盤旋⁶ 동학洞壑⁷이요, 해와 달이 밝게 빛나 좌우가 다 분대粉黛⁸ 연화烟花⁹라.

　그 동네 입구에 이르면 한 신령한 바위가 우뚝 서 있는데, 그것이 마치 병[壺]과 같으며, 늘 운우지기雲雨之氣¹⁰가 일고, 능히 환난지액患難之厄¹¹을 물리칠 만하여 또한 작은 방호方壺라 칭하는 것이라.

　개중에 그 더욱 사랑스러운 것은 앞에는 인천강仁川江¹²이 있고 뒤에는 덕산德山¹³이 있으며, 사람들의 풍속이 순화淳化하여 스스로 장춘長春의 기상氣像이 있는 것이라. 일찍이 변호암卞壺岩 · 서죽림徐竹林 두 현인이 함께 하서河西 김선생¹⁴의 고족高足¹⁵으로 이

---

2　이 기문記文은 호암이 생전에 지으려고 했던 자신의 서재 '이요정사二樂精舍'에 현판으로 걸어두기 위해 미리 지어둔 것인데, 호암은 이 서재를 짓지 못하고 1966년 서거했다.
3　삼신산三神山의 하나. 동해에 있다고도 하며 지리산이라고도 함. 전설상 발해渤海의 동쪽에 있는 신선이 산다는 산. 여기서는 고창군 아산면 반암리 호암 마을을 가리킴.
4　전북 고창의 옛 이름.
5　옛날에 온 나라 또는 서울과 각 고을을 각각 진호한다고 생각한 산.
6　길이나 강 따위가 구불구불하게 빙빙 돎.
7　깊고 큰 골짜기. 산천으로 둘러싸인 경치 좋은 곳.
8　얼굴에 바르는 분과 눈썹을 그리는 먹. 전하여 곱게 화장한 미인.
9　안개 낀 꽃 경치. 봄날의 아름다운 경치.
10　음양이 조화된, 남녀 간 인연의 기운.
11　근심 걱정의 사나운 운수.
12　고창군 아산면 선운사 일대를 흐르는 강. 장연강 · 장수강이라고도 함.
13　고창군 아산면 반암리 호암 마을의 뒷산.

근처에 사시며 학문을 강론하심에, 선생도 또한 이곳에 거처하실 뜻을 두시어 그것을 시로 지어 주셨는데 그 시에 가로대

"인천강과 덕산의 저 산천 속에
　장차 서로 한 번 웃으며 살리."

하시었는데, 과연 이는 시참詩讖[16]과 같은 말씀이라. 지금 그 후손들이 세상에 문명文名을 많이 드러내고 있을진저.

지난 갑자년[17] 사이에 내가 영광靈光[18]에 우거寓居하면서 이 시골의 산수를 유완遊翫[19]하며 그 선현先賢의 지난 자취를 애모愛慕하여, 곧 집안을 이끌고 이곳으로 이주하였는지라.[20] 몸소 밭 갈고 글 읽으며 거처하여 다만 그 외의 것은 원치 아니하고, 그것으로 뜻을 삼으리라 생각하였다. 이때에 마침 백처사白處士 수당공遂堂公[21]이 계시어, 일찍이 연재淵齋 송선생[22] 문하의 제자로서, 은거隱居 낙도樂道하시며 후진들을 교양敎養하신 까닭으로, 나도 또한 이에 열복悅服[23]하여 그 문하에서 가르침을 받는 문하 사람이 되어 벌써 여러 해가 된 것이라.

아아, 세월은 나와 더불어 함께 하지 아니하는데, 나는 어찌하여 흰 머리가 되도록 궁경窮經[24]하고 있는 것인가. 오래도록 생각해 보니, 만년에 계책으로 삼을 것은 세려世

---

14　김인후.
15　수제자.
16　자기가 지은 시가 우연히 자기의 신상에 관한 예언이 된 것.
17　1924년.
18　전남 영광군 일대.
19　여기저기 돌아다니며 구경함.
20　호암이 이곳으로 이주한 것은 그의 나이 29세 때인 1925년 을축년임.
21　호당의 스승인 수당 백락규. 고창군 아산면 반암리 반암 마을 사람.
22　송병선(헌종 2/1836~고종 42/1905). 구한말 충남 대덕 출생. 호는 연재淵齋, 자는 화옥華玉. 우암 송시열의 후손. 여러 차례 여러 벼슬에 제수되었으나 끝까지 나아가지 않았으며, 1905년 을사늑약이 체결되자, 스스로 음독 자결하였다. 저서로는 『연재집』 등이 있다.
23　기쁜 마음으로 순종하여 따름.
24　경전들을 깊이 연구함.

慮[25]에 소요逍遙[26]하는 것에 지나지 않는 것이라. 이에 집 남쪽 상개처爽塏處[27]에 나아가 몇 칸의 작은 정사精舍[28]를 따로 지어, 시간이 있을 때면 그곳에 등림登臨하여 회포를 펴고, 이곳에서 취성醉醒[29]하며 집으로 돌아갈 것을 잊으니, 이는 이른바 사시四時의 경물景物[30]을 영략領略[31]함과 늘그막의 맑고 한가한 뜻과 맞음이요, 이 정자를 지음으로써 이루어지지 않은 것이 없음이라. 드디어 이 몸에 맞는 것은 한갓 세려世慮에 소요함만이 아니라 성정性情[32]을 수양하는 도가 장차 있을 것이라.

이로 인하여 기록하여 잊지 아니하고 '이요二樂'란 글자로써 이 정사精舍의 이름을 삼으니, 그 이름은 아름답고 그 뜻은 어렵고도 지극한 것이로다. 『논어』에 이르기를, 어진 이는 산을 즐기고 지혜로운 이는 물을 즐긴다 하였으니, 이는 선성先聖[33]께서 어짊과 지혜로움이 능히 물성物性[34]의 동정動靜[35]과 더불음을 말씀하신 것이라. 아아. 두렵기도 하여라.

나는 배움이 낮은 사람으로 일찍이 어짊과 지혜로움의 경지에 이르지 못하였으니, 어찌 감히 이 두 가지 동정動靜의 이치를 말할 수 있으리요. 이에 다만 산의 덕德과 물의 어짊[仁]이라는 두 가지를 즐긴다는 아름다운 이름으로, 이를 취하여 기록할 따름이러라.

전북 고창군 아산면 반암리 호암 마을에 현재 남아 있는 호당 류명석의 구거 안채 모습.
(ⓒ 김익두, 2023)

---

25  세상의 근심 걱정거리들.
26  자유롭게 이리저리 슬슬 거닐며 돌아다님.
27  앞이 탁 틔어 밝은 곳.
28  학문을 가르치려고 베푼 집. 정신을 수양하는 곳.
29  술에 취하고 깨어남.
30  시절을 따라 달라지는 경치.
31  대강을 짐작하여 앎.
32  성질과 심정. 또는 사람이 본디 가지고 있는 본성.
33  옛날의 성인.
34  물건의 성질.
35  사물이 움직이는 상황. 물질의 운동과 정지. 어떤 행동이나 현상이 벌어지고 있는 낌새.

## 族丈溪隱先生贈柳命錫性澤字名說

丙午冬從余遊 歸家後 幹家之蠱故未得專力於爲己之學而後悔莫及之意 告余曰改名命錫字之而性澤者 願學子思子所謂天命之性也 雖有古今智愚之珠而其所賦之性即一也 或爲聖人或爲衆人何哉 余昔日有是哉 堯舜性之者也 顏淵曰舜何人也 余何人也 有爲者亦若是 孟子不亦云乎 盡其心知其性 知其性則知天矣 性澤乎顧名思義 學顏孟之學則可以至於聖賢矣 欽哉勉哉

## 집안 어르신 계은溪隱[1] 선생이 주신 류명석의 자字 성택性澤에 관한 설說

병오년 겨울 나한테 오시어 놀다 집에 돌아가신 뒤에, 내가 집안의 여러 일들 때문에 몸을 닦는 공부에 전념하지 못하니, 집안 어르신 계은溪隱 선생께서 후회막급後悔莫及한 뜻을 나에게 고하시어 가로대, "자네의 이름을 명석命錫이라 고치고 자字를 성택性澤이라 한 것은 자사子思[2]의 천명지성天命之性[3]을 배우라 함이었다. 비록 고금에 지혜롭고 어리석은 차이는 있으나, 그 하늘로부터 부여 받은바 성性은 다 한 가지로 같은 것이라. 그런데도 혹 성인聖人도 되고 혹 중인衆人도 되는 것은 어째서이냐?" 하시었다. 내가 가로대, "옛날에도 이런 일이 있는 줄 압니다! 요순堯舜은 하늘이 내리신 성性대로 사신 분이라. 안연顔淵[4]이 가로대 '순舜은 어떤 사람이고 나는 어떤 사람인가?' 하셨으니, 누구든지 성性을 실천함이 있는 자는 또한 다 그와 같이 될 수 있는 것인 줄 압니다." 하였다. 맹자도

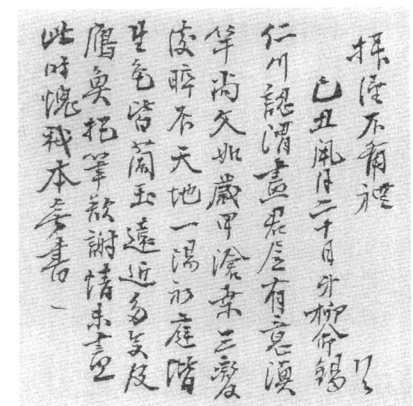

호당의 육필 (© 류연창, 2023)

---

1   계은溪隱 류낙연柳樂淵. 고창군 고수면 봉산리 출생. 본관은 고흥. 『경당유고』를 남긴 경당敬堂 류상준柳相浚의 부친.
2   중국 춘추시대 말기의 유학자. 공자의 손자. 『중용中庸』을 지음.
3   『중용』의 처음에 나오는 구절 "天命之謂性 率性之謂道 修道之謂敎" 곧 "하늘이 명한 것을 성性이라 하고, 성性을 따르는 것을 도道라 하고 도道를 닦는 것을 교敎라 한다."에서 인용한 것.
4   공자의 제자 안회顔回. 안회의 자字가 연淵이라서 안연顔淵이라고도 한다. 공자가 가장 신임하였던 제자. 공자의 '극기복례克己復禮'란 가르침을 지킨 사람.

또한 이르지 않았는가? "그 마음을 다하면 그 성性을 알고, 그 성性을 알면 곧 하늘을 알게 된다."라고.

성택性澤이여. 그 이름을 되돌아보고 그 뜻을 생각해 볼지라. 안자顏子[5]와 맹자孟子의 가르침을 배운 즉, 가히 성현聖賢의 경지에 이르게 되리라. 공경하고 또한 힘쓰리로다.

---

5  공자의 제자 안회顔回.

# 壺堂遺稿
호당유고

附錄
부록

# 二樂精舍記

清道 金權容

扁其堂曰二樂 二之所樂何居焉 語曰仁者樂山智者樂水 即其義也 凡愛山愛水 是人之同情而只以景致爲美者居多 若以仁者之樂 求諸山水則此異乎世人之情 與山水同其體而養其德也 盖樂者吾心之快好處 山水者物性之天然也 以其天然之物 匹美於吾心之所好則默默焉洋洋焉 天然之中 必有自然之樂 鄙萌塵滓從這裡消磨 果非仁智之有得於心者 寧有是哉 誰爲其人焉 今於吾友壺山子柳命錫當之矣 觀夫平生讀書盖有淵源而窮理還於格致 時世人物之情 靡不參究 且尙雅趣聞有名山勝水 往輒逍遙一片精神只是禹貢之書 每因春和景明 秋高日淨之時 登臨放懷 嘯也歌 賦也詩 坦然無拘灑脫胸襟 足爲烟霞之主 何其壯遊也 嗚呼 光陰駸駸世事蹉跎 溢目桑瀾無地乾淨 翛然有退擧之志 遂入壺巖山中 峯巒之秀麗 水石之淸幽 不遜於子厚之零陵 壺中日月不旣在玆乎 爰占一區莵裘之所 晦跡而安貧 修心而養道 逸士衡茅碩人考盤正謂此也 然則擇其所處而安可不謂人乎 知其所止而定 亦不謂知乎 第念壺巖之形勝 以山水名 今人與境遇 因以爲號曰壺堂 又爲之精舍曰二樂 就此山水所樂 可以驗仁智之德也允矣 余 與壺臾旣有倚玉之契 且被詢蕘之託 豈以不文辭諸 遂書之如此

癸卯 蜡月 上元 淸道 金權容 記

# 이요정사기[1]

청도인 김권용

그 집에 편액扁額을 하여 가로대, '이요二樂'라 하니, 그 두 가지를 즐긴다[二樂]는 말은 어디에 있는가. 『논어論語』에 가로대, "어진 이는 산을 즐기고, 지혜로운 이는 물을 즐긴다." 하였으니, 곧 그 뜻이라.

무릇 산을 사랑하고 물을 사랑하는 것, 이는 사람의 같은 마음이니 다만 그 경치를 아름다운 것으로 삼는 사람들이 많은 것이라. 만약 인仁과 지智의 즐거움으로써 여러 산에 구한즉 이는 세상 사람들의 뜻과 다른 것이요, 산수山水와 더불어 그 본체를 같이 하고 그 덕을 양성하는 것이라.

무릇 즐기는 것은 내 마음의 쾌호快好한 것이요, 산수山水라고 하는 것은 물성物性의 천연天然이라. 그 천연의 사물로써 내 마음의 좋아하는 바를 필미匹美[2]한즉 잠잠하고 양양洋洋하여, 천연天然한 가운데 반드시 자연의 즐거움이 있어, 더러움의 싹과 진애塵埃의 때가 한갓 이러한 속에서 사라져 없어지게 되나니, 과연 마음에 인지仁智를 얻음이 없는 자는 어찌 이러함이 있으리요.

누가 그러한 사람인가. 이제 나의 벗 호산자壺山子 류명석柳命錫이 바로 그러한 분이라. 보건대 무릇 평생 동안을 독서하여, 다 그 연원을 두고 이치를 궁구하여 깊이 격물치지格物致知[3]의 경지에 이르니, 지금의 세상 사람들의 물정物情에 대해 참구參究[4]하지 않음이

---

1  『호당유고壺堂遺稿』 원문 목차에는 이 글이 본문 목차에 들어 있지 않고, 본문의 2권 말미에 실려 있으나, 글의 성격상 부록에 들어가야 할 글이기 때문에, 여기서는 「부록Ⅰ」옮겨서, 그 초두에 실어 번역한다(역자 각주).
2  미상.
3  사물의 이치를 구명하여 자기의 지식을 확고하게 함.
4  근거들을 참고하여 연구함.

없고, 또 항상 고아한 취미의 한가함을 이름난 산과 빼어난 물에 두시어 문득 나아가 소요逍遙하시니, 그 일편一片의 정신은 곧 우공禹貢[5]의 모습이라.

화창한 봄이 되어 경치가 밝아지고 하늘 높은 가을이 되어 날이 깨끗해지는 때면, 늘 산에 오르고 물가에 임하여 회포를 푸시니, 부르면 노래가 되고 지으면 시가 되어, 평탄하여 구애됨이 없이 흉금胸襟을 쇄락灑落[6]하게 털어버리시니, 족히 이 경치의 주인이라. 그 장쾌한 노닐음이 어떠하뇨.

아아. 광음光陰은 빠르게 달려가고 세사世事는 불운하여 뜻을 얻지 못하여, 고달픈 세상일에 수고로움이 끊이지 아니하더니, 문득 멀리 원행遠行할 뜻을 두시어, 드디어 호암壺巖 산중으로 들어오시니, 봉만峯巒[7]의 수려함과 수석水石의 청유淸幽[8]함이 자후子厚[9]의 영릉零陵[10]에 손색이 없음이라, 그 항아리[壺] 가운데에 이미 일월이 있다함은 바로 이것이 아니리요.

이에 한 은거지를 점쳐 발자취를 숨기고 안빈낙도安貧樂道하시고, 마음을 닦고 도道를 양성하시니, 일사逸士[11]의 형모衡茅[12]와 석인碩人[13]의 고반考槃[14] 이란 정녕 이를 이름이라.

이렇듯이 그 살 곳을 가리어 편안히 하시니, 가히 어질다 이르지 아니하리요. 그 그칠 곳을 알아 정定 하시니, 또한 안다고 이르지 아니하리요.

내 생각컨대 호암의 형승이 그 산수로 이름났고, 이 사람이 그 경치를 얻었으니, 그를

---

5  『서경』의 한 편명. 이 편목은 우임금이 황하의 범람하는 홍수를 다스리고, 또 중국을 9개의 주로 나눈 업적 등을 기록한 것.
6  기분이나 몸이 개운하고 깨끗함.
7  꼭대기가 뾰족뾰족하게 솟은 산봉우리.
8  풍경이 수려하고 그윽함.
9  중국 당나라 중기의 시인 유종원柳宗元(773~819)의 자. 유불도儒佛道佛를 참작하되 신비주의를 배격하고 합리주의의 입장을 취했던 중국 중당기中唐期의 시인.
10 당나라 중당기 시인 유종원이 살던 곳.
11 세상을 등지고 숨어 사는 선비.
12 풀로 대충 엮어 지은 집.
13 높고 큰 덕德이 있는 사람.
14 은거해 살면서 특별하게 일삼는 것이 없이 한가롭게 사는 것.

호암壺巖이라 호號하고, 그의 정사情舍를 이요정사二樂精舍라 하나니, 가히 이 산수에 나아가 즐기는 바가 인仁과 지智의 덕을 증험할 만하니 믿음직스럽도다.

 내 이 호암壺巖의 노인[壺叟]과 더불어 두터운 교분을 맺었고, 또 그가 나에게 순요詢蕘[15]의 부탁을 하여오니, 어찌 불문不文[16]이라고 사양할 수 있으리요. 결국 이와 같이 몇 자 쓰노라.

계묘년[17] 섣달 보름날
청도 김권용
삼가 쓰다.

---

15 나무꾼에게 묻는다는 뜻으로, 자기보다 못한 사람에게 모르는 것을 묻는 일을 부끄러워하지 않음을 비유하여 이르는 말.
16 글에 대한 지식이 없음. '불성문不成文'의 준말.
17 1963년. 호당의 나이 77세 때. 서거하기 3년 전.

전북 고창군 아산면 반암리 호암 마을 호당의 거처 호암재에서 바라본 남서쪽 초여름 아침 풍경.
사진의 왼쪽 바위가 반암 및 호암[병바위] (ⓒ 김익두, 2023).

## 이요정사를 추모하며[1]
### 二樂精舍追慕

**불초자**不肖子 **제두**濟斗

| | |
|---|---|
| 江山窈窕別區成 | 강산이 요조窈窕[2]하게 별천지를 이룩한 이곳 |
| 二樂爲亭送暮情 | 두 가지 즐거움[3] 정자 이뤄 늘그막 정 이별하셨네. |
| 衆岫逶迤雲屛立 | 무리진 산봉우린 위이逶迤[4]한데 구름은 병풍, |
| 仁川回抱激滿生 | 인천강 굽이돌아 격만[5]한 삶 포근히 끌어안은 곳 |
| 閒中詠物淸絶句 | 한가한 가운데 사물 읊조림 그 절구[6] 참 맑았어라. |
| 靜裏讀書聖經聲 | 고요함 속에 독서하시며 그 경전을 읽으시던 소리, |
| 感慕至今親不在 | 느꺼워 사모하나 지금 그 어버이 이승 아니 계시고 |
| 依俙風景儼然精 | 희미해진 풍경 의지하니 정사精舍 더욱 엄연하여라. |

---

1 이 시와 다음 시는 원래 문집에는 들어 있지 않으나, 유족들이 보관해 오던 것을 이번 추가하여 번역하였음(역자 각주).
2 모양새가 얌전하고 정숙함.
3 공자가 말한 "지혜로운 사람은 물을 좋아하고, 어진 사람은 산을 좋아한다[智者樂水 仁者樂山]"는 두 가지 즐거움.
4 구불구불 가는 모양.
5 격만激滿: 세차고 그득함.
6 절구絶句: 오언五言이나 칠언七言의 4구체로 지은 한시. 여기서는 한시漢詩를 말함.

전북 고창군 아산면 반암리 호암 마을 호당의 거처 호암재 뒷산 아래의 당산 정자 초여름 아침 풍경
(ⓒ 김익두, 2023)

# 이요정사를 추모하며
## 二樂精舍追慕

불초자不肖子 제옥濟玉

| | |
|---|---|
| 逐水愛山小築城 | 물을 따르고 산을 사랑하여 작은 집을 터를 이루시어 |
| 家翁休息敍幽情 | 가옹家翁[1]은 휴식 속에 그윽한 정취 글로 펴시었네. |
| 田園有趣三間屋 | 전원에다 흥취 풍류를 두신 작은 초가삼간 누옥에서 |
| 仁智爲心二樂生 | 인지仁智[2]를 마음 삼아 두 가지 즐거움[3] 얻으시고 |
| 壺石怪奇千古立 | 수 천 년 병바위[4] 기괴하게 솟아오른 십승지의 터[5] |
| 江流不息四時聲 | 강물 흐름은 쉬지 않아 봄 여름 가을 겨울 소릴 내고 |
| 淸風明月依然在 | 맑은 바람 밝은 달은 아직도 여기 의연히 살아 있네. |
| 追憶當年升降精 | 어버이 사시던 정사[6] 생각, 끝없이 요동치는 이 마음. |

---

1 집안 어르신.
2 공자가 말씀하신 "智者樂水 仁者樂山"의 '仁'과 '智'를 말함.
3 "智者樂水 仁者樂山"의 '仁'과 '智'의 두 가지 즐거움.
4 호석壺石 : 고창군 아산면 반암리 호암 아을 앞에 있는 '병바위'를 말함.
5 이 호암 마을은 예로부터 풍수지리 상으로 '십승지十勝地' 터로 알려져 왔음.
6 정精 : 여기서는 정사精舍, 곧 호암 선생이 호암 마을에 지으신 이요정사二樂精舍를 말함.

# 호산재[1]에서 저문 봄날 여러 선비들이 시를 창수唱酬[2]하다
## 壺山齋暮春諸賢唱酬

**朴晦堂**　　　　　　　　　　**박회당**

花邊酌酒動微波　　　　　　꽃 옆에서 술잔 기울이니 가는 물결 움직이고
盡日酣歌烏角斜　　　　　　좋일토록 감가酣歌[3]하니 갓끈들이 기울어지네.
別般春色壺山下　　　　　　보통과 사뭇 다른 봄빛, 이 호산壺山 아래에는
楊柳門前桃李多　　　　　　버드나무 늘어진 문 앞 복숭아 오얏꽃도 많구나.


**曺方南**　　　　　　　　　　**조방남**

壺堂春酒白如波　　　　　　호당壺堂[4]의 봄 술은 희기가 물결 같아서
醉後起登右逕斜　　　　　　취한 뒤에 일어나 오른쪽 기운 길을 오르네.
追憶蘭亭疇昔事　　　　　　난정蘭亭[5] 추억하니 주석疇昔[6]의 일이나
右軍千載遺風多　　　　　　우군右軍[7]은 천 년 후도 유풍遺風이 많네.

---

1　호당壺堂 이명석의 가숙家塾. 고창군 아산면 반암리 호암 마을 소재.
2　시문詩文을 지어 서로 주고받고 함.
3　주흥酒興이 나서 노래함.
4　호당 류명석의 사숙.
5　왕희지가 쓴 「난정기蘭亭記」에 나오는 잔치.
6　그렇게 오래지 않은 옛적.
7　왕희지王羲之.

康南石                    강남석

佳約相深萬斛波           가약佳約⁸은 만곡파萬斛波⁹보다도 더 깊어서
一筇晚到夕陽斜           한 대지팡이¹⁰가 늦게 이르니 석양이 기우네.
壺主南朋知興否           남녘 벗 호산재 주인¹¹ 이 흥 아시나 모르시나.
淸遊暇日無別時           해맑은 놀이를 하는 겨를은 별로 많지 않다네.


朴晦堂                    박회당

立雲放嘯夕陽流           서 있는 구름에 휘파람을 부니 석양 흐르고
海上靑山一點幽           바다 위엔 푸른 산 한 점, 그윽이 떠 있어라.
病情時事何堪說           병든 뜻의 지금 세상일 어찌 감히 말하리요.
買却漁舟伴白鷗           고깃배를 사 띄워 놓고 백구와 더불어 노세.


具心齋                    구심재

一場詩酒足風流           한 바탕의 시와 술은 족히 풍류가 되는 것
樂在烟霞小洞幽           연하烟霞¹²를 즐기니 작은 마을이 그윽하네.
陸海愧無經濟策           땅과 바다에 경제 대책 없음이 부끄러우니
只宜遊散伴閒鷗           마땅히 놀다 흩어지며 한가한 갈매기나 짝하세.

---

8   아름다운 언약.
9   아주 큰 바닷물.
10  지팡이 짚은 손님.
11  호당 류명석.
12  안개와 노을. 고요한 산수의 경치.

### 族叔 愼齋

主翁事業已多年
肯構書樓溪石邊
朝夕講論鄒與魯
不求世外彼蓬仙

### 족숙 신재

이 집 주인어른 이 사업이 이미 여러 해
시냇물 바윗가에 이 서루를 즐거이 지었네.
아침 저녁으로 맹자와 공자를 강론하시며
세상 밖 저 봉래산 신선은 구하지를 않네.

### 金愚齋

虛擲光陰問幾年
芳隣惟有美吟邊
此時點檢人間事
四老同遊鶴髮仙

### 김우재

헛되이 세월 버리기 그 몇 년이었던가 물으니
꽃다운 이웃 다만 변방에서 아름다이 읊조리네.
이런 때에 인간의 일들 자세히 검토하여 보며
네 노인들[13] 함께 노닐으니 학발鶴髮[14] 신선이네.

### 族兄東谷

花樹今宵笑話瀾
萍鄕倫誼夢中閑
天雨未歸非偶事
何愁雲靉暗前山

### 족형 동곡

화수회花樹會[15] 오늘밤 우스운 얘기들 난만하고
떠도는 고향 인륜 옳게 하매 꿈속 한가하여라.
하늘의 비 돌아가지 않으니 우연한 일 아니라,
무슨 수심 운애雲靉[16]는 저 앞산에 어두운고.

---

13　사노四老 : 호암에 살았던 동갑내기 네 노인. 류호당柳壼堂·이송계李松溪·류신재柳愼齋·강소당姜笑堂.
14　학의 깃처럼 흰 머리털. 높은 사람의 하얗게 센 머리털을 비유하는 말. 노인의 백발.
15　일가끼리 모여 하는 모임 또는 잔치.
16　구름이 끼어 흐리게 된 공기.

#### 宗人柳淸溪

詩筇隨柳靈界來  
花樹親情此夜開  
入眼景物感倚大  
春暮風流長進盃  

#### 종인 류청계

시절詩節[17]이 버들가지를 따라 영계靈界에 오니  
화수회花樹會 친밀한 정情, 이 밤에 벙글어라.  
눈에 드는 경물景物들은 감동에 의지해 커지고  
이 봄 저녁 풍류風流 길어져, 술잔을 올리네.

#### 梁瑞隱

與君情熟積如年  
共笑共談笑語連  
願作南溪垂釣老  
風簑歸路又園田  

#### 양서은

그대와 더불어 익은 정, 한 해 만큼 쌓여 있으니  
함께 웃고 함께 얘기하니 웃음소리 연이어지네.  
원컨대 남쪽 시냇가 낚시 드리운 노인 되었다가  
바람에 삿갓 쓰고 다시 이 전원으로 돌아오세.

#### 金滄浪

轉到壺岩岩下家  
短籬東畔路西斜  
肇年宿債爭錢葉  
晚節眞香翫筆花  
仙鄕雲物精神近  
苦海風波消息遐  
復有箇中餘景好  

#### 김창랑

호암壺岩 마을 돌아들면 바위 아래 있는 집  
낮은 울타리, 동쪽 언덕길은 서쪽으로 비스듬  
젊어서는 묵은 빚으로 엽전을 다투었는데  
늘그막엔 참 향기에 붓꽃 완상하며 산다네.  
신선 고장 구름 낀 경물에 마음이 가까워  
고해苦海의 풍파의 소식은 아득히 멀어라.  
다시 이 가운데에 남은 경물景物이 좋으니,

---

17 싯구. 시에서 운율이나 억양 따위의 특징에 의해 구분한 시행 단위.

臘梅雪月兩交加　　　　　렵월臘月¹⁸ 매화 설월雪月과 더욱 사귀리.


金滄浪　　　　　　　　　김창랑

遠涉蓬瀛得境眞　　　　　먼 봉래산과 영주瀛洲¹⁹ 건너 얻은 진경眞景
壺堂和氣一團春　　　　　호당壺堂의 화기和氣는 한바탕의 봄이로구나.
風濤低落聽松社　　　　　바람 파도소리 나지막이 소나무 숲에 들리고
月露澹凝觀竹隣　　　　　달 이슬 담응澹凝²⁰하여 댓잎 위에 보이네.
情如膠漆還擬舊　　　　　정情은 교칠膠漆²¹ 같아 도리어 옛날 생각하고
美盡東南更作新　　　　　아름다움 다한 동남쪽엔 다시 새로움 감돌아라.
界外徬徨緣底事　　　　　세상 밖으로 방황함은 무슨 일로 인함인고
非非是是未歸人　　　　　시시비비 따짐은 남에게 돌아가지 않는 법.


朴陽簑　　　　　　　　　박양사

霖雨支離水聲豪　　　　　장마가 지루하게 계속되니 물소리가 우렁차고
白鷺群飛太劇高　　　　　백로 무리지어 날아올라 태극에까지 높았구나.
何時願捨長程履　　　　　어느 때나 먼 길 돌아다니길 그만두기 바랄까.
豊樂西天擊壤皐　　　　　서쪽 하늘의 풍악豊樂²² 소린 땅 언덕을 치누나.

---

18　섣달.
19　삼신산의 하나. 중국의 진시황과 한 무제가 불사약을 구하러 사신을 보냈다는 가상의 선경仙境.
20　깨끗하고 맑게 맺힘.
21　교분이 썩 두터워 서로 떨어질 수 없음.
22　풍물/농악을 치는 소리를 말함인 듯.

전북 고창군 아산면 반암리 호암 마을 앞 호당/병바위의 여름 아침 풍광 (© 김익두, 2023)

# 만장[1]
## 輓章

達城 徐丙泰　　　　　　달성 서병태

我來哭拜公知否　　　　내가 와서 곡배哭拜함을 아시나 모르시나.
淚木滂滂霑一巾　　　　눈물은 세차게 흘러 온 수건을 다 적시네.
夜色淒涼晨月吊　　　　밤빛도 처량淒涼, 새벽달도 조상弔喪하며
水聲哽咽夕陽嚬　　　　물소리도 경열哽咽,[2] 석양도 찡그리네.
數尺丹旌辭士路　　　　수 척數尺 붉은 깃발 선비를 이별하는 길,
八旬鶴髮訪仙隣　　　　팔순 학발鶴髮[3] 선린仙隣[4] 찾아가시네.
欲識君家餘蔭德　　　　그대 집에 남은 음덕蔭德[5] 알고자 하니
叢竹芳蘭雨露春　　　　총족叢竹[6] 방란芳蘭[7] 우로雨露의 봄이네.

1　죽은 사람을 슬퍼하여 지은 글을 비단緋緞 천이나 종이에 적어 기旗처럼 만든 것. 행상行喪할 때에 상여喪輿 뒤에 들고 따름. 이 글들은 호당의 장례식 때에 그와 평소에 가까웠던 분들이 호당의 서거를 추모하여 지어 만장 깃발을 만들어, 사람들로 하여금 들고 상여 뒤에 따르게 한 것임.
2　목이 메어 움.
3　학의 깃처럼 흰 머리털. 높은 사람의 하얗게 센 머리털을 비유하는 말.
4　신선 친구.
5　조상이 끼쳐주신 덕.
6　무더기로 난 대나무.
7　향기로운 난초.

晋州 姜昌欽　　　　　　진주 강창흠

崛起湖南柳二樂　　　　호남에 우뚝 솟은 류공柳公의 이요二樂[8]
訓子禮詩八十春　　　　제자들 가르치며 예시禮詩로 사신 팔십 평생.
奇花瑤草据新發　　　　기화奇花 요초瑤草들은 더욱 새로 피나니
居安思危是眞人　　　　거안사위居安思危[9]하신 이분이 곧 진인.


淸道 金源容　　　　　　청도 김원용

種德行仁閑處士　　　　덕을 씨 뿌리시고 인을 행하신 한처사閑處士[10]
故爲遽作玉京筵　　　　어찌 옥경玉京[11]의 잔치를 갑자기 지으시는가.
平生惟樂山與水　　　　평생을 오직 산수 자연만을 즐기며 사셨으니
不朽令名百世傳　　　　그 이름 썩지 않아 백세百世에 전하게 되리라.


孫婿 扶安 金炯滿　　　손서孫婿[12] 부안 김형만

歲星昨夜落江城　　　　세성歲星[13]이 어젯밤에 강성江城에 떨어지니
畵角凄涼野鳥驚　　　　화각畵角[14]이 처량하고 들새들도 다 놀라네.
喬禾已成延世澤　　　　후손들[15] 이미 성장하여 세택世澤[16]을 이어,

---

8　호당 류명석의 별호. 정자.
9　평안할 때에도 위험과 곤란이 닥칠 것을 생각하며 잊지 말고 미리 대비함.
10　초야에 묻혀 사는 선비.
11　백옥경白玉京. 옥황상제가 산다는 하늘나라 서울.
12　손녀孫女의 남편男便. 아들의 사위.
13　목성木星 별의 다른 이름.
14　뿔로 만든 아름다운 피리. 화각華角.

| | |
|---|---|
| 奇花還發据新煩 | 기화奇花 다시 피나 새로운 번뇌가 자리하네. |
| 淸心不入重泉夢 | 맑은 마음 다시 천몽泉夢[17]에 들지 아니하고 |
| 厚德應言千古名 | 너그러운 덕 말씀에 응하니 천고의 이름일세. |
| 門外素車丹旐引 | 문밖의 흰 수레[18] 단조丹旐[19]를 이끌고 가니 |
| 登舍含淚訴離情 | 당에 올라 머금었던 눈물 이별의 정 호소하네. |

**甥姪 密陽 朴東容**      생질 밀양 박동용

| | |
|---|---|
| 守分聽天八十年 | 분순分數를 지키시며 청천聽天[20]하기를 팔십 년 |
| 決然捨去世間緣 | 결연하게 세상의 인연을 버리시고 떠나가셨구나. |
| 一床琴酒靈筵在 | 한 상의 금주琴酒[21]는 영연靈筵[22]에 남아 있고 |
| 五畝農桑裘業傳 | 오무五畝[23] 농상農桑[24] 구업裘業[25]을 전하시었네. |

**族第源錫**      족제 원석

| | |
|---|---|
| 惟公率性稟天眞 | 생각컨대 공은 솔직한 성품에 천진하셨네. |

---

15  여기서 '교화喬禾'란 잘 자란 벼이삭을 말하는데, 전하여 잘 성장한 후손들을 비유적으로 표현한 것.
16  조상이 남긴 은혜.
17  물욕의 꿈을 말함인 듯.
18  상여를 말함인 듯.
19  비단으로 만든 큰 기.
20  하늘의 소리를 들음.
21  거문고와 술.
22  신주神主나 혼백魂帛을 모셔 놓는 자리.
23  몇 평 안 되는 땅뙈기.
24  뽕잎으로 누에를 키우는 일.
25  스스로 옷을 만들어 입는 일.

可惜壽享八旬年　　　　　목숨을 누리신 팔십 년이 가히 슬프구나.
家業美風子孫寄　　　　　가업家業과 미풍美風은 자손에게 맡기시고
便向玉京訪仙緣　　　　　문득 옥경 향하여 선연仙緣[26] 찾아가시네.


**族弟東鉉**　　　　　　　족제 동현

倏忽光陰一夢中　　　　　빠른 이 세월의 흐름 한 바탕 꿈 가운데라.
翩翩仙駕向蒼穹　　　　　편편翩翩[27]히 선가仙駕[28]는 창궁[29]을 향하네.
泉臺雲暗千山隔　　　　　천대泉臺[30]에 구름 캄캄, 천 산들이 격해 있고
濬派水長萬里通　　　　　준파濬派[31]와 머나먼 물길은 만리로 통하였네.


**門生 水原 白泰鉉**　　　문하생 수원 백태현

曾年受業門弟子　　　　　내 일찍이 이 문하에서 수업해온 제자로서
揮涙題詩未定心　　　　　눈물 뿌리며 시 지으니 마음 정치 못하겠네.
先賢文字憑誰問　　　　　선현先賢의 글 누구에게 의지해 물어볼거나.
自此頓然無復尋　　　　　이로부턴 돈연頓然[32]히 다시 찾을 수가 없네.

---

26　신선과의 인연.
27　가볍게 나부끼거나 훨훨 나는 모양.
28　상여.
29　푸른 하늘.
30　저승. 구천.
31　깊은 파도와 물결.
32　소식 따위가 뚝 끊어짐.

光山 李世鎭　　　　　　광산 이세진

幽明永閉不相通　　　　유명幽明[33] 영원히 닫히니 서로 통하지 못해
送哭靈魂八月風　　　　팔월 바람에 울며 영혼靈魂을 떠나 보내드리네.
忽向靑山安宅兆　　　　홀연히 청산을 향하니 택조宅兆[34]가 편안하리.
薤歌一曲夕陽中　　　　해가薤歌[35] 한 곡조만 석양 중에 들려오누나.


蔚山 金要洙　　　　　　울산 김요수

淑氣湖南降此賢　　　　호남의 맑은 기운 이 어진 이를 내리시니
天資穎悟又明通　　　　타고난 자질 영오穎悟[36] 명통明通[37]하셨네.
先生他日何承見　　　　어느 날에나 선생을 또 승견承見[38]할거나.
生進死別恨不窮　　　　삶이 사별에로 나아가니 한은 끝이 없구나.

---

33　내세와 현세. 저승과 이승.
34　무덤.
35　상여소리.
36　남보다 뛰어나게 영리하고 슬기로움.
37　밝게 통함.
38　다시 보게 됨.

호암 마을 앞 초여름 아침 풍경 (ⓒ 김익두, 2023)

# 祭文一

　　維歲次丁未八月十二日壬午 卽壺堂居士柳公小祥前一日也 陽界友生金玟容塵冗何多 喪未奔哭 晚後一篇哀詞 哭告于靈几之前曰 嗚呼 惟公以牟陽大家 南州高士 心志也正大 動止也勤飭 事親極其孝 奉先殫其誠 敎子以方御家有度 至於待族戚處朋友 皆以誠敬爲本 蓋其天質之美固然而學問之力亦不可誣也 早于業學群經諸史靡不涉獵 極究精奧 所著詩文盈箱溢案矣 晚好山水絕勝名地 忘食而周遊 廢寢而玩踏 竟入壺岩山中 名基而家焉 吉岡而葬焉 奉先裕後之功 於是爲大矣 孰不欽仰 八旬人間無恙善過 矧今芝蘭郁郁滿庭 鵷鸞振振于飛 餘慶無量未艾 回顧域內如公者誰人 皆哭公 我獨歌哭 然而所可恨者 情義之深厚 心志之交孚 非若尋常知舊而一朝棄我先逝 公則雖無損慽 諄諄之言論 溫溫之德性 於何聞之 於何覩之 今而後 始知我公大寐不醒也 厭世溷濁 遠遊於淸都玉京耶 或從顏卜修文於泉臺之下耶 留在沙石 自顧踽凉不勝悵然矣 略掇蕪辭以伸衷情 不昧英靈 或可垂覽否 嗚呼哀哉.

清道 金玟容

# 제문 1

유維 세차歲次 정미년丁未年[1] 팔월 십이일 임오일壬午日은 곧 호당거사壺堂居士 류공柳公의 소상小祥 하루 전날이라. 이승의 벗 김민용金玟容은 티끌이 쓸데없이 어찌 많은지. 초상이 남에 빨리 곡하지 못하고 뒤늦게야 한 편의 애사哀詞를 지어 영궤靈几[2] 앞에 곡하며 고하옵니다.

오호라. 생각건대, 공은 모양牟陽[3]의 대가大家 출신으로서 남쪽 고을의 높은 선비라, 심지心志가 정대正大하고, 동지動止[4]가 근절勤節[5]하며, 어버이 섬김을 지극히 효성스럽게 하고, 선조를 받듦에 그 정성을 다하고, 자식을 가르쳐서 바야흐로 집안을 거느림에 법도가 있게 하고, 집안의 친척들을 대하고 벗과 사귀는 데 다 성실과 공경으로써 그 근본을 삼으니, 대개 그 타고난 바탕의 아름다움이 확실하고, 학문의 힘 또한 가히 속임이 없었다. 어려서부터 학문을 수업하여 수많은 경전과 여러 역사를 섭렵치 않음이 없고, 정치精緻[6]하고 오묘함을 다 꿰뚫고, 시문을 지은 바는 상자에 가득하고 책상에 넘치시었다. 늘 잠자리에 듦을 폐하시고 두루 답파踏破[7]하시다가, 마침내 호암壺巖[8] 산중의 이름난 터전에 드시어 가업을 영위하신 후에, 좋은 언덕에 잠드시었다.

---

1 1967년. 호당이 서거한 다음 해.
2 영위靈位를 모신 궤연几筵.
3 전북 고창高敞의 옛 이름.
4 행동거지行動擧止. 움직이는 일과 멈추는 일.
5 근면하고 절도가 있음.
6 정교하고 치밀함.
7 몸소 제발로 세상을 두루 돌아다님.
8 고창군 아산면 반암리 호암 마을.

선조를 받들고 후손들에게 너그러운 공이 크시니, 누가 흠앙欽仰치 않으리요. 팔순의 나이에도 병 없이 선하게 지내시었고, 지금에도 자손이 뜰 가득히 욱욱郁郁하고, 고니와 난새들이 진진振振[9]히 날고, 여경餘慶[10]이 다하지 아니하니, 역내域內를 되돌아보아도 공과 같은 사람이 누가 있으리오.

사람들은 모두 다 공을 곡하나 나는 홀로 노래부르며 곡하느니, 그러나 가히 한스러운 것은, 정의情義[11]의 심후深厚와 심지心志[12]의 교부交孚[13]라. 오랜 벗을 심상尋常[14]한 것같이 아니하시었는데, 하루아침에 나를 버리고 먼저 가시니, 비록 잃어버림을 근심함은 없으나 순순諄諄[15]한 언론과 온온溫溫[16]한 덕성은 어떻게 들으며 어떻게 보리요. 이제 이후로는 비로소 우리 공께서 기리 잠드시고 깨어나지 않으시리라는 것을 아나니, 아아. 싫도다, 이 어지럽고 혼탁함이여. 멀리 청도淸都[17] 옥경玉京[18]에 노니시는가. 혹은 안복顔卜[19]을 좇아 천대泉臺[20] 아래에서 글을 닦으시는가. 사석沙石[21]에 머물러 있으면서 스스로 혼자 가시는 외로운 모양을 돌아보니 슬픔을 이기지 못하겠노라. 간략히 습득한 무사蕪辭[22] 몇 마디로 나의 충정衷情[23]을 펴나니, 눈이 흐리지 않으신 영령英靈이시여, 혹 가히 드리워 보지 아니하시는가. 아아. 슬프도다.

청도 김문용

---

9 매우 번성·번창한 모양.
10 남에게 좋은 일을 많이 한 보답으로 뒷날 그의 자손子孫이 받는 경사.
11 따뜻한 정과 의리.
12 마음에 품은 뜻.
13 믿음성 있게 서로 사귐.
14 대수롭지 않고 예사로움.
15 도탑고 정성스러움.
16 편안하고 따뜻함.
17 탐욕이 없는 나라.
18 도교에서 옥황상제가 사는 이상국의 수도.
19 미상. 살만한 명산을 점쳐서 터를 잡음.
20 저승. 구천.
21 모래와 돌. 몹시 척박한 곳.
22 되는대로 조리 없이 늘어놓는 난잡한 말. 자기의 말을 겸손하게 이르는 말.
23 마음속에서 우러나오는 참된 정.

## 祭文二

　　維歲次丁未八月辛未朔十三日前十二日任午 地上友晉州姜昌欽 哭告于壺堂居士柳公之靈筵曰 天降才德 惟兄其一 生寄死歸 聖凡同一 初號壺堂 再以二樂 惟兄於我 情同誼同 鄉同面同 里同年同 何其二疾 未得回春化鶴先歸 雖然身后賢子肖孫 不失尺寸 家規凡百勝於兄居 羨哉羨哉 況又惟兄了債人事 能修天爵 天餉厚矣 歸於眞宅京臺上郞署遊耶 天假數年 二樂亭高 花鳥月夕 詩濃酒濃 雲淡風輕正午春天 訪花隨柳 溶乎仁川 風乎牛峯 談笑敍懷竟日忘歸 未然大別 惟有所托 我去逢場 握手相笑 歲月如流於焉再期 不勝襟懷 短誄短酌 欲敍情懷 嗚呼哀哉 靈其知諳庶幾歆格

晉州 姜昌欽

# 제문 2

유維 세차歲次 정미丁未¹ 팔월八月 신미삭辛未朔 십삼일 전 십이일 임오壬午에 지상의 벗 진주 강창흠은 곡하며 호당거사 류공의 영연靈筵²에 아뢰옵니다.

하늘이 내리신 재덕才德은 오직 형 한 사람뿐인데, 삶에 의탁했다가 죽음으로 돌아가니, 성스러움과 범속함이 함께 하나로다. 처음에는 호를 호당壺堂이라 하시고, 두 번째로는 이요二樂라 하시었으니, 형은 나와 정情과 의誼, 향鄕과 면面, 리里와 나이가 같으시다. 한 번 병들더니 어찌 다시 회춘回春을 얻지 못하여 학이 되어 먼저 돌아가셨는가.

그러나 몸이 가신 뒤에도 현자賢子³ 초손肖孫⁴이 척촌尺寸⁵을 잃지 아니하고, 집안 규모가 무릇 형이 살아계실 때보다 백배 더 나으니, 부럽고 부럽도. 하물며 또 형은 사람의 일을 다시고, 능히 천작天爵⁶을 닦으셨으니, 하늘이 후하게 대접하시리라.

그대는 진택眞宅⁷ 옥경대玉鏡臺⁸ 위에서 낭서郎署⁹로 노니시는가. 하늘이 빌려 주신 몇 년 동안에 이요정二樂亭을 높이 지으시고, 화조월석花朝月夕에 시주詩酒를 짙게 하시고, 구름 맑고 바람 가벼운 봄 한낮이면 꽃을 찾고 버들을 좇아 인천강仁川江¹⁰에서 목욕하

---

1 1967년. 호당이 서거한 다음 해.
2 신주神主나 혼백魂帛을 모셔 놓는 자리. 또는 궤연几筵을 달리 이르는 말.
3 어진 자식들.
4 할아버지에 대하여 손자가 자기를 낮추어 일컫는 말.
5 한 자 한 치라는 뜻으로, 얼마 되지 않는 조그마한 것을 이르는 말.
6 '하늘에서 받은 벼슬'이란 뜻으로, 존경받을 만한 선천적 덕행.
7 천당에 있는 집.
8 옥황상제가 사는 하늘나라의 옥경에 있다는 누대.
9 도교에서 가장 편안하게 노니는 직책.
10 고창군 아산면 선운사 인근 장수강의 중상류.

고, 우봉牛峯에서 바람을 쏘이시며, 담소談笑로 회포를 펴시며 종일토록 돌아갈 것을 잊으셨을 터인데, 그러지 못하고 이제 대별大別을 하시었네.

 오직 내가 부탁할 것은, 내가 찾아가거든 서로 손을 잡고 웃자는 것일세. 세월이 물과 같아 어언간於焉間에 다시 돌아가신 날이 되어 금회襟懷[11]를 펴고자 하나니, 아아. 슬프다. 영령께서는 이를 깊이 아시리니 모름지기 흠격歆格[12]하시길 바라노라.

진주 강창흠

호암 마을 당산 근처의 초여름 아침 풍경 (ⓒ 김익두, 2023)

---

11 마음속에 깊이 품고 있는 회포.
12 신명神明이 감응感應함.

## 『壺堂遺稿』跋

　右我先考壺堂府君遺稿幷附錄二卷 府君下世後 不肖收輯於巾衍 將欲公諸世 囑林友秀鍾編次之 府君氣厚質粹 才又敏慧而貧甚 不能從學於有道之門 然餘力學問覃思硏精 至老不少懈 詩又遇景 輒寫不事雕琢 所以府君初不留草 然欲知府君平日心懷者 捨此奚以哉 實爲吾家之天球弘璧也 玆付即若干欲與同志者共之

庚午 四月之望
不肖男 濟斗 泣血謹識

# 『호당유고』 발문

　이 책은 나의 선고先考 호당壺堂께서 남기신 유고遺稿에다가 부록 두 권을 덧붙인 것으로서, 선고께서 세상을 떠나신 후 내가 책보를 펴 수집하고, 장차 세상에 공표하고자 하여, 벗 임종수 씨에게 부탁하여 순서를 좇아 편찬한 것이다.

　선고께서는 기품이 돈후하시고 바탕이 순후하시었으며, 재능 또한 혜민慧敏하시었으나, 가난이 심하시어 능히 도道 있는 문하들을 좇아 배우지 못하시었다. 그러나, 지극히 어려운 생활을 꾸려 나가시면서도 그 틈틈이 학문에 힘쓰시어, 깊이 생각하시고 정신을 갈고 닦으셨으며, 늙음에 이르도록 조금도 게을리 하지 않으시었다. 시詩에 있어서도 또한 어떤 정경을 만나면 문득 그것을 묘사하시었으나, 조탁雕琢을 일삼지는 않으시었다.

　선고께서 먼저 초고草稿를 정리해 남기신 것은 아니었으나, 선고의 평일 심회心懷를 알고자 한다면 이것을 버리고야 어찌 알 수 있으리요. 이 책은 실로 우리 집안의 천구天球요 홍벽弘璧이라, 이에 그 중에 약간을 모아 출간하여, 뜻을 같이 하는 분들과 이를 함께 하고자 하노라.

경오 사월 보름
불초 장남 제두
눈물을 흘리며 삼가 쓰다.

## 『호당유고壺堂遺稿』를 간행하며

　본서는 고흥高興 류공柳公 호당壺堂 류명석柳命錫 님이 남기신 글들을 모아 정리한 『호당유고壺堂遺稿』를 번역한 것입니다. 1992년 봄에 본 문집을 간행하기로 결정하였는데, 사방에 흩어져 있는 호당壺堂의 유고들을 모아 유고집을 정리하고 번역하여, 2년 반 만에 발간을 하게 된 것입니다.

　본서를 간행할 수 있도록 본서의 서문을 써 주신 임종수林秀鍾님, 본 유고집 정리에 많은 도움을 주신 이재구李載九님, 그리고 번역을 맡아 주신 전북대학교 국문과 김익두金益斗 교수님께 마음으로부터의 깊은 감사를 드립니다.

　끝으로 본서 간행의 모든 일을 맡아 추진하다 1993년 여름 세상을 뜬 문상文相이와, 이 유고집 간행에 성원을 아끼지 않으신 문중 어르신들과 물심양면의 성의를 보여준 집안 혈족들에게도 이 자리를 빌려 사의를 표하고자 합니다. 아울러, 본서가 우리 집안의 기쁨에 그치지 아니하고 좀 더 널리 읽혀져서, 우리 문중뿐만 아니라 우리 배달민족 모두에게도, 작으나마 버리지 못할 보탬이 되기를 빌어 마지않습니다.

1994년 초가을
장남 제두濟斗 감가 쓰다.

## 역자 발문[1]

# 조선시대 이후 우리나라 시골 선비들의 행방
### 호당壺堂 류명석柳命錫의 생애와 문학

아득히 먼 '환단시대桓檀時代' 이후, 우리는 우리 나름의 독자성 있는 '배달문화'를 이루어 왔으며, 우리나라의 글 배우고 가르치는 사람들은 우리의 독자적인 학교學敎의 문화를 이룩하여 왔다.

그 바탕 위에, 다시 중국 쪽으로부터 들어오는 문화들을 넉넉히 수용하면서, 우리의 글 배우고 가르치는 전통에다 좀 더 풍부하고 다양한 색채와 향미를 더하게 되면서, 언제부턴가 우리는 '선비문화'라는 한 문화의 범주를 형성하게 되었다.

이 전통은, 삼국 고려 조선을 거쳐 오늘에 이르기까지, 마르지 않는 '샘이 깊은 물'로서, 융융하고도 도도한 하나의 흐름을 형성해 내려오고 있다. 이 흐름은 근래에 와서는 주로 '밑으로 흐르는' 전통, 겉으로는 잘 드러나지 않는, 보이지 않는 흐름으로 복류伏流하고 있기는 하지만, 나라가 위기에 처하거나 중대한 민족적 결단을 내려야만 할 때가 되면, 이 물줄기는 그 숨기고 있던 강렬하고도 싱싱한 생명력을 메마른 대지 위로 힘차게 용솟음쳐 올리곤 한다.

그러나, 이 흐름이 어느 방향으로 흘러 왔고, 또 어떻게 어디로 지금 흘러가고 있는지에 대해서, 우리는 그동안 '전통 계승'이라는 문제와 관련지으면서 논의해 온 바가 있으나, 우리는 지금 어느 정도나 그것에 대해 깊이 있게 스스로 파악하고 있는 것일까?

근래에 들어서, 우리 국학계에서 우리 한문학漢文學 전통에 많은 사람들이 관심을 돌려 연구 작업을 실행하고 있는 것은 매우 바람직한 것이다. 그런데, 그러한 '회심回心'을 주로 우뚝한 봉우리, 이미 널리 알려져 있어서 누구에게나 손쉽게 파악될 수 있는 실체들에

---

1 1994년 초판에 들어간 역자 발문(역자 각주).

주로 그 관심의 방행들이 향하고 있고, 그러한 크나한 묏부리와 골짜기의 지류들을 이루는, 보다 작지만 중요한 흐름과 봉우리에 대해서는 관심을 기울이지 않는 듯하다. 마치 지리산을 오르는 사람들 대부분이 다 노고단에서 천왕봉까지만 가면 지리산을 다 정복한 것처럼 생각하는 것과 같이.

우리는 이 작은 흐름, 작은 봉우리, 적지만 중요한 봉우리들과 물줄기들에도 관심을 기울일 때가 왔다. 그것은 오늘날 처한 세계사적 현실에 비추어 보아서도 더욱 그렇다. 작은 지류 물줄기들에는 그것들이 모여 이루어진 큰 물줄기와는 다른 성분들을 가지고 있다. 그 작은 물줄기가 흐르는 골짜기 특유의 성분들, 곧 그 골짜기의 돌과 흙과 풀과 나무와 짐승들의 소리와 냄새와 빛깔과 양분들이 골고루 배어 흐르기 마련이며, 거기에는 그래서 그물 특유의 향기와 빛깔과 맛과 양분이 들어 있게 마련이다. 지금처럼 한강이나 낙동강이나 큰 물줄기일수록 심하게 '오염'이 된 현실에서는, 이러한 작은 물줄기, 아직 오염이 덜 된 상류의 작은 물줄기들이 더 귀하고 쓸모 있는 줄을 깨달아야 할 때가 아닐까?

우리나라 선비 학자들의, 글을 배우고 가르치는 '학교學敎 전통'의 흐름 속에서 작지만 소중한 이러한 '작은 물줄기들'을 발견한다는 것은 이러한 관점에서 매우 뜻깊다. 그러한 뜻깊음을 나는, 이미 '복류천伏流川'이 되어 버린, 일제 강점기를 살다간 한 전라도 시골 선비가 남긴 글 속에서 찾아보게 되어 기쁘다. 이 선비는 호당壺堂 류명석柳命錫이다.

호당 선생은 고흥류씨高興柳氏 충정공忠正公 탁濯의 19세 손으로, 일제가 그 간악한 마수를 우리나라에 뻗혀 들어오기 시작하던 무렵인 1887년(정해년, 단기 4220년, 고종 24년) 음력 6월 16일 전남 영광군 홍농읍 진덕리에서, 부친 류희선柳喜善과 모친 남평문씨南平文氏 사이에서 독자로 태어났다.

그의 부친 희선喜善은 나이 마흔이 되도록 슬하에 여식만을 두고 아들을 못 두다가 마흔이 넘어서 호당을 얻었다고 한다.

호당의 나이 13세 되던 해에 모친 남평문씨가 돌아가시어, 호당은 부친 회선을 모시고 살림을 맡아 하게 되었다. 부친 희선은 본시 고창군 고수면 봉산 마을에서 살다가 호당이 태어난 전남 영광으로 이주하였으나, 늘 고향인 고창을 잊지 못해 하였다.

호당은 그러한 부친의 뜻을 받들어 환향還鄕을 결심하고 고창의 마땅한 산수를 두루 살펴본 후, 호당의 나이 39세 되던 해에 전북 고창군 아산면 반암리 호암 마을로 이주하게 되었다. 그는 이곳에다 집 자리를 잡고 초당을 지어, 평생 동안을 이곳에서 소요음영逍遙吟詠하며 살다가, 1966년 8월 13일 이곳 호암 마을에서 향년 80세로 돌아가, 전남 무안군 몽탄면 승달산 선영에 들었다.

그는 어려서부터 남들보다 뛰어난 글재주와 성실한 심성을 갖추었으나, 혹독한 가난이 그의 이 천질天質을 억누르고, 시대가 심히 어지러운 지경에 처하게 되어, 평생의 수심愁心을 자연과의 화해를 통해 극복하면서, 거의 독학으로 터득한 글로, 심회가 있을 때마다 자유롭게 글을 읊어 기록으로 남기었다.

그의 글에서 우리가 배울 것들은 다음과 같은 것들이다.

첫째, 그의 글은 '자연 친화'의 묘법, 자연과 더불어 일체가 되는 묘법을 잘 보여준다. 오늘날 우리나라 거의 대부분의 시인들이 이 '묘법'을 잃어 가고 있음은 매우 우려되는 일이다.

둘째, 그의 글에는 세상을 감싸 안는 부드럽고 너그러운 겨레의 마음씨가 배어나고 있다. 가난과 불우한 시대를 살다간 선비답게 그의 시에는 깊은 한과 우수가 스며들어 있지만, 그러한 우수와 한 속에서도, 세상을 두루 감싸 안아 자기화하고, 그것을 다시 자연과의 일체라는 경지에까지 이끌고 나아가, '체념'의 경지를 열어놓고 있다는 것은, 우리가 배워야 할 것이다. 이 점은, 오늘날 아직도 서구에서 나타난 무슨무슨 이데올로기에 함몰된 채 자기 자신을 자기의 '전통' 속에서 재발견하지 못하고 있는 설익은 글쟁이들의 시와는 차원이 다른 경지의 것으로 보인다.

셋째, 그의 시는 궁극적으로 '상생相生 세계'에로의 지향을 자연스럽게 보여주고 있다. 즉, 그의 시는 갈등의 문제들을 치열하게 부각시켜서 그것을 통해 감동을 주는 것이 아니라, 갈등의 문제들을 상호 침투시킴으로써 그것들과는 전혀 다른 새로운 세계를 '변환 transformation'해 낸다.

역자가 호당의 시문을 접하게 된 것은, 우리의 한문문학漢文文學에 각별한 관심을 기울이지 못한 나로서는, 참으로 많은 것들을 생각해 볼 수 있는 귀중한 기회였다. 호당은 나의 외우畏友 류연창 형의 증조부다. 류형과 나는 전주고등학교 1학년 때 '글내'라는 학내 문학 써클에서 처음 만났다. 그는 매우 여리고 부드러운, 그러면서도 자상한 성품의 소유자임을 나는 그 때 바로 느낄 수 있었고, 그러한 나의 인상은 그 후 지금까지 변함이 없다. 고등학교 때 그는 이과였고 나는 문과였다, 그가 그런 성품으로 그 후 어떻게 그 '승한' 의사修業을 마치고 의사가 되었는지 의아할 정도였다. 이제, 그의 그러한 성품은 그의 증조부 호당壺堂으로부터 이어받은 것임을, 그의 증조부 호당의 시문을 통해서 다시 깨닫게 되니, 이 면면한 인연에 다시금 옷깃을 여미게 된다.

   호당의 시문은 매우 많은 양이었다고 한다. 그러나 현재 남아 있는 것은, 호당이 그의 벗들이나 인연을 맺은 당시의 사람들과 주고받은 것들의 일부와, 그가 남긴 친필 원고들의 한 묶음뿐이다. 그가 남긴 친필 유고 묶음은 『호당신제壺堂新題』라는 제목으로 그의 후손에게 전한다. 이번에 번역해 내는 『호당유고壺堂遺稿』는 현재 모을 수 있는 이 유고들을 호암의 장자 류제두柳濟斗 옹이 호암의 손자이자 제두 옹의 장자인 류문상柳文相과 더불어 정리한 것이다.

   본 역서譯書는 역자가 1992년 가을에 외우 류연창 형으로부터 건네받았는데, 올 가을에야 역서가 간행되니, 꼭 2년이 걸린 셈이다. 역자로서는 최선을 다하고자 하였으나 원체 한문 실력이 짧아, 비단을 갈포로 바꾸어 놓은 허물이 역문譯文의 구절마다 역력하리라 생각한다. 아무쪼록, 후손들과 강호의 여러 어진 이들의 아량과 충고를 빌 뿐이다.

1994년 초가을<br>역자 김익두 삼가.